1000 Jahre deutsche Literatur

Von den Anfängen bis zur Aufklärung

2ND EDITION

1000 Jahre deutsche Literatur

Von den Anfängen bis zur Aufklärung

2ND EDITION

Gudrun Clay, Ph.D.
Metropolitan State College of Denver

Cover image © Amy Coldwell

ISBN 978-1-58510-287-7
ISBN 10: 1-58510-287-3

10 9 8 7 6 5 4 3 2 1

1207TS

INHALT

Preface

We are pleased to present you with the second edition of *1000 Jahre deutsche Literatur - von den Anfängen bis zur Aufklärung*. It introduces the third and fourth year college student of German to early German literature within the appropriate historical, cultural, and linguistic context. The purpose of this textbook is not to give a complete history of literature, but rather to guide the student toward appreciation of literature as a mirror of historical and cultural events in Germany and neighboring countries. Therefore, history and culture do not merely offer a background or atmosphere for literature; rather, they are shown as the driving force behind the literary creativity.

The guiding philosophy in writing this book was to make it appealing to students and easy for the teacher to use. The book has been classroom tested with upper-level college students who commented that this cultural content brings literature to life and that it makes the literature much more understandable and easier to appreciate. One might say that this book attempts to teach literature through culture.

The teacher will find pedagogically sound exercises to reinforce the material in each chapter. Every student can participate in these exercises, as they range from straightforward content information and language-building exercises to more complex thought-provoking questions. The integration of oral and written exercises in each chapter, the consistency of lesson format, and the pedagogic philosophy behind this textbook set it off from all other textbooks dealing with the same subject matter.

Each of the seven chapters is built on the same principle and divided into four sections:

I. History and culture

Students gain the appropriate historical and cultural background to understand the literature that was produced in this particular time.

II. Language

The development of the German language shows the interrelationship with other Indo-European languages. It explains the difference between Germanic and Romance languages. In the beginning, the chapters compare and contrast German vocabulary and syntax with those of its neighbors, especially Latin and English.

In the later chapters, it illustrates the changes within the German language as brought on through conquests, conversion to Christianity, knighthood, contact with the Orient, the various translations of the Bible, and other developments. These sections are brief, but also thorough enough to give the students an understanding of the German language used in each of the seven chapters, as well as an appreciation of the reading selections themselves.

III. Literature

Some of the literary selections in this book were chosen because they are the best known ones in a specific era; others were chosen for their ability to capture the imagination of the students. The selections include magic charms and prayers, poetry, epics, prose (both fictional as well as based on historical events), translations, songs, and fables. Each selection is long enough to offer an understanding of the circumstance under which it was written, and short enough to keep the students' interest.

IV. Time table

This overview of events of the time under consideration in each chapter goes more into detail, highlighting historical happenings and cultural and literary achievements. It is not necessary to include this information into each chapter and its assignments, but it will work very well as background information.

Acknowledgments

I would like to thank all my colleagues at the AATG (American Association of Teachers of German) and the SIG (Small Interest Group-German) for their ongoing encouragement and helpful ideas. My special thanks go to Dr. Franz-Joseph Wehage, Muskingum College, for his tireless search for original text and material sources, to Dr. Helmut Diekmann, University of Helsinki, for making his own research on cultural and historical material available to me, and to Dr. William Petig, Stanford University, for his editorial work.

Thanks also go to the third and fourth year students at Metropolitan State College of Denver who for several years have been putting up with makeshift versions of this book while enthusiastically participating in the selection of text.

This second edition of *1000 Jahre deutsche Literatur - von den Anfängen bis zur Aufklärung* owes its improvements largely to Dr. Dennis Mahoney, Professor of German at the University of Vermont. Not only does Dr. Mahoney have an immense knowledge in early German literature, but he also test-drove the entire textbook in his course. His suggestions for improvement were invaluable to me, and together we decided on many changes, ranging from spelling and punctuation to content, time line, and appearance. His obvious fascination with the historical, cultural, and literary material presented in this book made this co-operation a sheer pleasure.

What to look for in the second edition:

1. **Spelling**: The German spelling and punctuation reform has imposed certain changes which have been incorporated. However, since all reforms have not been accepted universally in the German speaking countries and within Germany, some spelling and orthography represent simply the preference of the author. Misspelled words have been corrected.

2. **Length**: The length is approximately the same because it has been proven to be manageable in one semester.

3. **Punctuation**: Many periods and semi-colons as well as quotation marks have been changed, observing the new rules.

4. **Capitalization**: Consistency in the footnotes has been observed.

5. **Clarification**: Additional explanations within the text help clarify the subject matter.

6. **Dates**: Although exact dates cannot always be established, the author has attempted to follow the general acceptance. The Time line has been improved by changing the chronology in several places.

7. **Moving paragraphs**: Several paragraphs have been moved or re-written, resulting in improved clarity and better understanding.

8. **Hyphenation**: In this edition, hyphenated words have been kept to a minimum. Whenever necessary, they follow the German rules of hyphenation.

9. **Illustrations**: Some illustrations have been replaced with more attractive ones and a few have been added.

10. **Content**: Although each professor of German has certain literary passages that he or she would like to be represented in a literature textbook, I was happy to learn that my colleagues accepted and praised my selections as being outstanding in each literary epoch. The content and length of the seven chapters seem to be ideal for covering in one semester without losing the students' attention.

Quellennachweis der Texte und Illustrationen

Die Autorin dankt den genannten Personen, Institutionen und Unternehmen für ihre freundliche Genehmigung zum Abdruck von Copyright-Material. Intensive Bemühungen haben mitunter den Copyright-Inhaber nicht feststellen können. Die Fundstelle ist jedoch angegeben. Für jeden Hinweis wäre die Autorin dankbar.

Photo Credits:

1.1   Die Völkerwanderung, Max Hueber Verlag

1.2   Waldweg in Germanien, ClipArtCity

1.3   Rhein und Donau als Grenze zwischen den Römern und German, Dt. Geschichte und Kultur, Die Blauen Bucher

1.4   Porta Nigra in Tier, römisches Stadt tor aus dem 4. Jhdt. A.D. , © Presse- und Informationsamt der Bundesregierung - Bundesbildstelle - Bonn.

1.5   Golden Horn of Gallehus, Waterman, *History of the German Language*, U. of Washington Press

1.6   Runic Alphabet, Waterman, *History of the German Language*, U. of Washington Press

1.7   Gothic Bible, Waterman, *History of the German Language*, U. of Washington Press

1.8   Königin Ute sieht die Könige, Arthur Kampf, Dt. Heldensagen, Knaur. Berlin 1938.

1.9   Kriemhild erschlägt Hagen, Arthur Kampf, Dt. Heldensagen, Knaur. Berlin 1938.

2.1   Kaiser Karl der Große, Inter Nationes, Bonn, © Presse- und Informationsamt der Bundesregierung - Bundesbildstelle - Bonn.

2.3   Büste Karls des Großen, Inter Nationes, Bonn, Inter Nationes Archiv-Bild

2.4   Münze , Inter Nationes, Bonn, Foto: IN-Press. Inter Nationes e. V., Bonn.

2.5   Thron Karls des Großen, Inter Nationes, Bonn, Bundesbildstelle Bonn Bild Nr. 54 284/35

2.6   Reichsteilung von Verdun 843, Michael Diekmann

2.7   Benediktiner-Kloster Maria Laach, Inter Nationes, Bonn, © Inter Nationes / DZT-Archiv

2.8   Dom in Speyer, Inter Nationes Archiv-Bild Bundesbildstelle Bonn Bild Nr. 108 121

2.9   Innenansicht des Doms in Speyer, Inter Nationes, Bonn, Inter Nationes, Bonn.

2.10   Wessobrunner Gebet oder Wessobrunner Schöpfungsgedicht (9. Jhdt.) [facsimile]

3.1   Burg Eltz an der Mosel, © IN-Press/Deutsche Zentrale Für Tourismus

3.2   Schloss Hohenzollern, Inter Nationes, Bonn, Lufthansa Photo

Textual Credits:

p. 18-20   Thorgeirs Vaterrache, Nacher-zählt von B. Blume, McGraw-Hill

p. 22-26   Das Nibelungenlied Nacher-zählt von B. Blume, McGraw-Hill

p. 74-75   Parzival Dt. Literaturlesebuch, Pearson Publishing

p. 75   Tristan und Isolde, Dt. Literaturlesebuch, Pearson Publishing

p. 112-113   Der heilige Georg reitet durch die Stube Nacher-zählt von B. Blume, McGraw-Hill

p. 114-116   Der fahrende Schüler im Paradies Dt. Literaturlesebuch, Pearson Publishing

p. 148-49   Aus Erasmus' Briefen (excerpts from five letters), modernisiertes Original aus dem 16. Jh.

p. 157   „Wie Eulenspiegel in Magdeburg fliegen wollte", Dt. Literaturlesebuch, Pearson Publishing

p. 159   Reineke Fuchs und die Wölfin, Dt. Literaturlesebuch, Pearson Publishing

p. 186-191   Aus dem Simplizissimus, modernisiertes Original aus dem 17. Jh.

p. 224-225   Aus einer Unterhaltung des Königs mit Gellert, Dt. Literaturlesebuch, Pearson Publishing

I

Das Germanentum
Vor 800

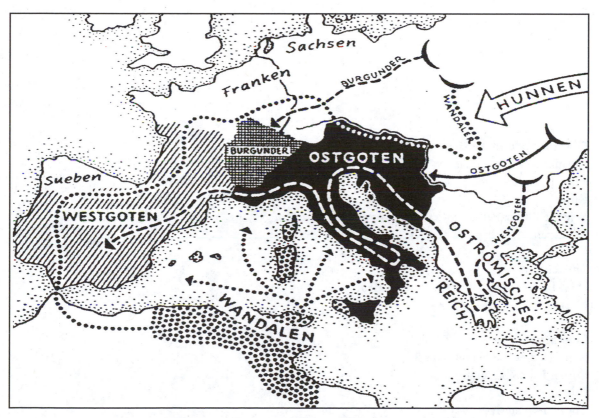

Die Völkerwanderung

Geschichte und Kultur

Germanen und Römer

Von den Germanen der Frühzeit wissen wir sehr wenig. Wir wissen aber, dass sie zu der großen Völkergruppe der Indoeuropäer gehörten. Sie kamen aus dem Ostseegebiet nach Süd-Westen und verdrängten dort die Kelten. Die Kimbern und Teutonen waren Germanen, die 120 B.C. Jütland (Dänemark) verließen, nach Süden zogen und mit den Römern in Kontakt kamen. Mit ihrem Aussehen jagten sie den Römern einen so furchtbaren Schrecken ein, dass die Römer von einem „furor teutonicus" sprachen. Kurz vor Christi Geburt schrieb Cäsar in seinem Buch „De bello Gallico" über die kriegerischen Stämme der Germanen und nannte ihr Land *Germanien*. Später, 98 A.D., beschrieb der Römer Tacitus die Germanen in seinem Buch „De Germania" in sehr positivem Licht. Er betonte alles Gute und Lobenswerte. Vielleicht wollte er damit der römischen Bevölkerung eine Lehre erteilen - wegen ihres Sittenverfalls. Tacitus berichtete aber auch, dass die Germanen neben ihrem großen Mut im Kampf nicht viel Kriegsdisziplin hatten. Ihre ganz große Schwäche war die Uneinigkeit unter ihren Sippen und Stämmen.

Waldweg in Germanien

Treue und Ehre galten als oberste germanische Tugenden. Wir finden sie immer noch bei den Rittern im Mittelalter und auch noch bei den Offizieren im preußischen und deutschen Staat. Die Ehre des Einzelnen ist verbunden mit der Ehre der Sippe oder der Gruppe, zu der er gehört. Beleidigung, Verletzung und Totschlag waren Ehreverletzungen der ganzen Sippe und mussten gerächt werden. Die Frau war geachteter als bei den Römern; ihre wichtigste Rolle war die der Mutter und Wahrsagerin.

Die Gastfreundschaft spielte eine ganz wichtige Rolle. Jeder wurde eingeladen und aß am Tisch der Familie. Nie durfte ein Gast beleidigt werden. Leben und Ehre eines Gastes waren heilig.

Da man einen Gast nicht gleich nach dem Namen fragte - denn Neugierde war etwas Niedriges - konnte sogar der Feind im Haus seines Feindes sicher sein, solange er dort Gast war.

Die Römer hatten schon vor Christi Geburt versucht, sich im Norden anzusiedeln, in dem Gebiet, das sie *Germania* nannten. Sie errichteten Kastelle am Rhein und an der Donau, die sich später zu Städten entwickelten: Köln (Colonia Agrippina), Koblenz (Con-

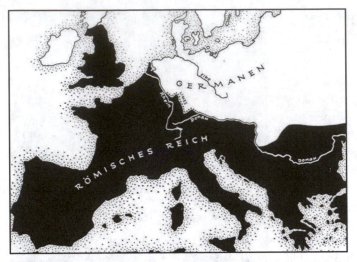

Rhein und Donau als Grenze zwischen den Römern und Germanen

fluentes), Regensburg (Castra Regina) und andere. Sie wollten sogar mehrmals bis an die Elbe vordringen, aber diesen Plan mussten sie endlich aufgeben, als Hermann der Cherusker (auf römisch *Arminius*) sie im Jahr 9 A.D. im Teutoburger Wald vernichtete. Danach blieben der Rhein und die Donau, verbunden durch einen Grenzwall, genannt *Limes*, die Grenze zwischen den Römern und den Germanen.

Die Römer bewunderten die Kampflust und Tapferkeit der Germanen. Sie stellten auch Germanen in ihre eigenen Heere ein. Im Jahr 350 A.D . wurde Flavius Magnus, ein Germane, sogar römischer Kaiser! Und Stilicho, ein Wandale, wurde General der römischen Armee. Stilicho schlug Alarich, einen Westgoten, der Rom einnehmen wollte, zurück. Alarich kam allerdings 410 A.D. wieder und plünderte Rom - wie das damals so üblich war. Odoaker, ein germanischer Stammesfürst, setzte Romulus, den letzten Kaiser der Römer, im Jahre 476 A.D. ab. Daraufhin wurde er selbst von Theoderich[1] geschlagen. Das war das Ende des Weströmischen Reichs.

Aus dem Kontakt der Römer mit den Germanen haben wir noch heute Wörter im Deutschen, die aus dem Lateinischen stammen: Straße = strata, Fenster = fenestra, Mauer = murus, Schule = scola und viele andere. Alle diese Dinge bezeichnen etwas, was die Germanen von den Römern übernommen und gelernt haben. Auf den Gebieten der Architektur, Landwirtschaft, Staatslehre und in der Bildung waren die Römer den Germanen nämlich weit überlegen.

Porta Nigra in Tier, römisches Stadttor aus dem 4.Jhdt. A.D.

---

1   In der Sage heißt er auch Dietrich von Bern.

Die Völkerwanderung

Die Zeit der Völkerwanderung von ca. 350 A.D. bis 500 A.D. war eine furchtbar unruhige Zeit. Als die Hunnen ca. 370 A.D. aus dem Osten einbrachen, gerieten viele germanische Stämme in Bewegung. Die Hunnen vernichteten das Burgunderreich. Die übriggebliebenen Burgunder flüchteten nach Westen, nach Gallien, dem heutigen Frankreich.

Attila, der bekannteste Anführer der Hunnen, fiel 451 A.D. in Gallien ein, dem heutigen Frankreich, und wurde dort zurückgeschlagen. Römer, Franken und Westgoten hatten nämlich ein gemeinsames Heer aufgestellt, also ein römisch-germanisches Heer, um Attila zu schlagen. Das war die berühmte Schlacht auf den Katalaunischen Feldern bei Châlons. Attila kam aber nicht in dieser Schlacht um, sondern er starb zwei Jahre später in seiner Hochzeitsnacht mit einer germanischen Prinzessin namens Hildigo.

Attila und seine Hunnen legten eine Riesenstrecke zurück, von dem heutigen Ungarn bis nach Frankreich. Aber andere Stämme sind sogar noch weiter gewandert. Ein germanischer Stamm, die Wandalen, wanderte bis nach Afrika und fiel dann von Süden her in Italien ein. Die Wandalen waren ein gefürchteter Stamm; von ihren Raubzügen her soll das Wort „Wandalismus" stammen.

Die Ostgoten, unter Theoderich, saßen um 520 A.D. in Italien. Die Westgoten hatten sich schon 450 A.D. in Spanien niedergelassen, bis sie dort 711 A.D. von den einfallenden Mauren[2] vertrieben wurden. Fast 800 Jahre lang waren die Mauren - das waren Moslems - politisch und militärisch führend und lebten anfangs friedlich mit den christlichen Römern und Westgoten zusammen. Sie lebten an märchenhaft schönen Höfen und errichteten phantastische Bauwerke[3].

Auf ihren Eroberungszügen stürmten die Mauren in Blitzeseile immer weiter nach Norden, überquerten die Pyrenäen und waren schon 732 A.D. in Tours und Poitiers, dem heutigen Frankreich. In diesem Jahr wurden sie aber dort von Karl Martell[4] geschlagen. Sie konnten also nicht weiter vordringen und die christliche Welt nördlich der Pyrenäen erobern. Da Karl Martell also verhindert hatte, dass der Islam sich in Westeuropa verbreitete, nennt man ihn deshalb den „Retter der Christenheit".

---

2 Aus Arabern und Berbern entstandenes islamisches Volk in Mauretanien, NW Afrika , dem heutigen Marokko und Algerien

3 Eins der schönsten Bauwerke ist die *Alhambra* in Granada.

4 Großvater Karls des Großen

Die Langobarden, die seit 568 A.D. in Oberitalien saßen, bereiteten dem Papst mit ihren Überfällen immer wieder großen Ärger, sodass er Pippin, Vater Karls des Großen, bat, ihm zu helfen. Pippin konnte wahrhaftig den Papst gegen die Langobarden verteidigen. Er nahm sogar den Langobarden Land ab und schenkte es dem Papst. Das nennt man die „Pippinsche Schenkung". Dieses Stück Land wurde der Kirchenstaat, der heutige Vatikan. Die Langobarden waren aber hartnäckig, und später musste Karl der Große, Pippins Sohn, dem Papst wieder helfen. Kirche und Staat waren von jetzt an miteinander verbunden.

Die Verbindung von Kirche und Staat, geistlicher und weltlicher Macht, war stark. Im 8. Jhdt. weihte der Papst den Missionar Bonifatius[5] zum Erzbischof und gab ihm die Aufgabe, ganz Germanien zu missionieren. Man nennt ihn den „Apostel der Deutschen".

Jüten, Angeln und Sachsen eroberten um 470 A.D. die Britischen Inseln, wo die Römer sich auch festgesetzt hatten. Das Römische Reich selbst gab es Ende des 5. Jahrhunderts in Westeuropa nicht mehr. Man sagt, es ist „untergegangen".

Mehrere germanische Reiche entstanden und verschwanden wieder. Außer dem Frankenreich dauerten die germanischen Reiche nicht lange. Die römisch-christliche Welt und die germanisch-heidnische Welt verschmolzen schließlich und daraus entwickelte sich die deutsche Kultur.

Runen

Die Schrift der Germanen bestand aus 24 Runen oder Buchstaben, die sie auf Stein, Holz, Metall oder Knochen einritzten. Daher die geraden Linien. Diese Schrift wurde vom 3. bis zum 13. Jhdt. gebraucht[6]. Runen wurden in Buchenstäbchen[7] geritzt - daher kommt das Wort „Buchstabe". Ein Priester ließ sie auf die Erde fallen, um aus ihrer Konstellation die Zukunft zu deuten. Ein sehr schönes Exemplar einer Runeninschrift finden wir auf einem goldenen Horn.

---

5   Im Jahr 744 A.D. gründete Bonifatius das Kloster Fulda.
6   Das Wort „Runen" ist mit dem Verb „raunen" verwandt, d.h. flüstern oder ein Geheimnis sagen. Ein altes englisches Verb dafür ist „to roun".
7   kleine Zweige einer Buche (beech tree)

Das goldene Horn von Gallehus
ist ein 60 cm langes goldenes
Trinkhorn von ca. 400 A.D.
Es wurde bei Gallehus auf Jütland
gefunden. Bemerkenswert ist die
Runeninschrift.

Ein frühes germanisches
Runenalphabet oder „futhark",
so genannt nach den ersten sechs
Runen f-u-th-a-r-k.

Wie sich die Germanen die Welt vorgestellt haben

Die Welt war ein gigantischer Baum, in dessen Wurzeln die Zwerge lebten. Noch tiefer, unter den Wurzeln, war das Reich der Totengöttin Hel. Drei Göttinnen, die Nornen, saßen in einer Höhle unter dem Baum und spannen den Lebensfaden der Menschen. Sie spannen das menschliche Schicksal. Die Menschen lebten auf der Mitte des Baumes. Ganz oben im Baum war die Götterburg, Walhall.

Die Götter waren eine Art Übermenschen, weder allmächtig noch ewig. Wotan (auch Odin genannt) war der höchste Gott, die Walküren waren seine Töchter. Die Walküren schützten die Krieger im Kampf und trugen die gefallenen Helden nach Walhall. Wotan kannte das Schicksal der Menschen, aber konnte es nicht ändern. Denn Götter waren nicht allmächtig.

Frigga war Wotans Frau, die Göttin der Liebe und Ehe. Die Linde war ihr heiliger Baum, unter dem Ehen geschlossen wurden. Noch in unserer Zeit spielt in manchen Dörfern die Dorflinde eine Rolle im gesellschaftlichen Leben der jungen Dorfjugend. Ein deutsches Volkslied besingt die Linde mit den Worten: „Am Brunnen vor dem Tore, da steht ein Lindenbaum…"

Donar (auch Thor genannt), der Gott des Gewitters, war Wotans Sohn. Sein heiliger Baum war die Eiche, ein sehr hoher Baum, in den oft Blitze einschlagen.

Die größten Feinde der Götter waren die Riesen. In ihrer Macht waren sie den Göttern ähnlich. Andere mythologische Wesen waren Elfen, Zwerge, Hexe, Werwölfe, Kobolde und andere freundliche und unfreundliche Wesen, die in unseren Märchen herumspuken. Am Ende der Zeit, zur Götterdämmerung, werden Himmel und Erde vernichtet.

Übungen

Fragen zur Geschichte und Kultur

Germanen und Römer

1. Wo war das Heimatland der Kimbern und Teutonen?
2. Wie reagierten die Römer, als sie zum ersten Mal mit den Kimbern und Teutonen zusammenstießen?
3. Wie beschrieb Tacitus die Germanen in seinem Buch?
4. Von welchen positiven und negativen Eigenschaften der Germanen hören wir?
5. Welche deutschen Städte wurden von den Römern gegründet?
6. Warum ist das Jahr 9 A.D. in der deutschen Geschichte so wichtig?
7. Woher wissen wir, dass die Römer die Tapferkeit der Germanen bewundert haben?
8. Wie kommt es, dass alltägliche deutsche Wörter wie «Fenster» und «Straße» ursprünglich römische Wörter waren?

Völkerwanderung

1. Ungefähr wann war die Völkerwanderungszeit?
2. Was geschah mit so vielen germanischen Stämmen, als die Hunnen nach Westen zogen?
3. Was geschah mit dem Stamm der Burgunder?
4. Nennen Sie vier germanische Stämme.
5. Wie weit nach Süden zog der germanische Stamm der Wandalen?
6. Welcher germanische Stamm ließ sich in Spanien nieder?
7. Welches islamische Volk drang in Spanien ein?
8. Woher kommt der Ausdruck «Mauren»?
9. Mit welchen Völkern trafen die Mauren zusammen, als sie nach Spanien kamen?
10. Woher wissen wir, dass die Mauren großartige Architekten waren?
11. Wie ist Karl Martel mit Karl dem Großen verwandt?
12. Warum nennt man Karl Martel «Retter der Christenheit»?

13. Welche germanischen Stämme ließen sich ca. 470 A.D. auf den Britischen Inseln nieder?

14. Was für eine Aufgabe hatte Bonifatius vom Papst bekommen?

Runen

1. Was sind „Runen"?

2. Woher bekam das germanische Runenalphabet den Namen „Futhark"?

3. Wie kommt es, dass die Runen so ganz gerade Linien haben und keine gebogenen wie das lateinische Alphabet?

4. Woher kommt das Wort „Buchstabe"?

Wie sich die Germanen die Welt vorgestellt haben

1. Was für Ähnlichkeiten finden Sie zwischen der germanischen und der christlichen Vorstellung von „Himmel" und „Hölle"?

2. Wie unterschieden sich die germanischen Götter von dem christlichen Gott?

3. Was geschah mit den gefallenen Helden?

4. Welche Rolle spielte die Göttin Frigga in der germanischen Mythologie?

5. Warum können die Götter die bösen Riesen nicht vernichten?

Etwas zum Nachdenken

☼ Was wäre wohl geschehen, wenn Karl Martel die Mauren nicht zurückgeschlagen hätte?

☼ Sehen Sie eine Parallele zwischen Hermann dem Cherusker und Karl Martel?

Sprache

Vom Indoeuropäischen zum Deutschen

Wir wissen, dass Deutsch und Englisch germanische Sprachen sind, und dass Spanisch und Französisch romanische Sprachen sind. Dazu gibt es noch viele andere „Sprachfamilien". Wie hat man diese Sprachen in „Familien" eingeordnet?

Um 1800 entdeckte man, dass es in verschiedenen Sprachen ähnliche Wörter für dieselben Dinge gab, besonders für Verwandtschaftsbezeichnungen. Daraus schloss man, dass es eine gemeinsame Ursprache gegeben haben muss. Man nannte sie „Indoeuropäisch", denn diese Sprache sprach man zwischen Indien und Westeuropa. Pflanzen- und Tiernamen in dieser Ursprache passen zu Osteuropa. Es gab kein Wort für „Seefahrt", deshalb hatte man Nordeuropa ausgeschlossen. Wie alt genau diese indoeuropäische Sprache ist, wissen wir nicht, aber sie muss älter als Griechisch sein, denn sie war schon ca. 1500 BC da , und sogar älter als Hetitisch, das schon um 2000 BC existierte. Wir wissen, dass die Indoeuropäer Nomaden waren[8], dass sie in Hütten mit Türen lebten[9]. Es gab keinen Herd und keine Möbel. Da sie keine Metallwerkzeuge kannten, nehmen wir an, dass sie in der Jüngeren Steinzeit lebten, zwischen 4000 und 2000 BC.

Die drei größten indoeuropäischen Sprachfamilien sind GERMANISCH, aus dem das heutige Deutsch, Englisch, Dänisch, Holländisch, Jiddisch und andere Sprachen hervorgegangen sind; ROMANISCH, aus dem sich das heutige Französisch, Italienisch, Spanisch und einige andere Sprachen entwickelt haben, und SLAWISCH mit den Sprachen Russisch, Polnisch, Tschechisch und anderen.

Mit dem Ende der Völkerwanderung um ca. 500 und mit dem Untergang vieler germanischer Stämme sind auch viele Einzelsprachen untergegangen. Das Gotische, das Burgundische und das Langobardische z.B. gibt es nicht mehr. Die deutsche Sprache entwickelte sich aus den Sprachen der germanischen Stämme, die auf deutschem Boden weiter lebten. Das waren vor allem die westgermanischen Stämme der Franken, Sachsen, Bayern und Alemannen. Die Sprache der Franken entwickelte sich zu den romanischen Sprachen Frankreichs und den westgermanischen Sprachen Deutschlands. In Frankreich wurde die erste Sprache der einheimischen Völker von den Römern verdrängt, aber nicht in Deutschland.

---

8 Man fand kein Wort für „Heimat .
9 Diese Wörter kommen in Überlieferungen vor.

Vor 500 B.C. fing eine große Gruppe der indoeuropäischen Sprachfamilie an, sich sprachlich zu verändern. Diese Veränderung nennen wir die 1. Lautverschiebung oder germanische Lautverschiebung[10]. Damit trennten sich alle germanischen Sprachen von den übrigen Sprachen. Alle germanischen Völker sind sich damit in ihrer Sprache ähnlich und unterscheiden sich von den anderen, die diese Lautverschiebung nicht mitgemacht haben.

Wann beginnt denn nun die Geschichte der deutschen Sprache? Im 8. Jahrhundert vielleicht? Das würde stimmen, wenn wir die geschriebene Sprache meinen. Seit dieser Zeit haben wir die ersten deutsch geschriebenen Texte. Die ersten kleinen Dokumente sind nur Wortlisten, die die deutsche Bedeutung für lateinische Wörter geben. Dann gibt es lateinische Schriftstücke, die mit dem Recht zu tun haben und deutsche Namen und Orte angeben. Wir haben auch religiöse Schriften wie Gebete und Beichtformeln. Sie zeigen ganz deutlich, dass sie Übersetzungen aus dem Lateinischen sind, denn die Satzbildung ist oft eine Übersetzung Wort für Wort.

Die Geschichte der deutschen Sprache geht aber viel, viel weiter zurück und entwickelte sich lange bevor sie aufgeschrieben wurde. Diese Entwicklung können wir rekonstruieren.

Wenn wir Englisch mit Deutsch vergleichen, bemerken wir große Ähnlichkeiten. Das ist nicht so erstaunlich, denn sie stammen ja beide aus dem Zweig der germanischen Sprachfamilie. Aber nicht nur zwischen diesen beiden Sprachen, sondern auch unter mehreren anderen europäischen Sprachen gibt es solche Ähnlichkeiten:

deutsch: Vater	spanisch: padre	gotisch: fadar
englisch: father	holländisch: fader	griechisch: pater
lateinisch: pater	isländisch: fader	sanskrit: pitar

Diese Ähnlichkeiten sind kein Zufall, weil diese Sprachen alle auf die Ursprache Indoeuropäisch zurückgehen.

Aus dem Lateinischen haben wir sehr frühe Dokumente, die uns zeigen, wie sich die Sprache in dem riesigen Römischen Reich im Laufe der Zeit veränderte. In den verschiedenen Gegenden des Römischen Reichs hatten sich unterschiedliche Sprachen aus dem Latein entwickelt, aus dem gesprochenen Latein, dem Vulgärlatein. Die Menschen in einem Teil der Römischen Reichs konnten die Menschen in einem anderen Teil schließlich nicht verstehen. Deshalb können die heutigen Rumänen, Portugiesen, Franzosen und Spanier einander nicht verstehen und alle müssen Latein als Fremdsprache lernen.

---

10 Germanic Sound Shift

Wie es mit dem Latein geschah, so geschah es noch viel früher mit dem Indogermanischen. Es hatte sich ebenso verzweigt. Aus einem dieser Zweige entstand Altenglisch, Althochdeutsch und Altniederdeutsch.

Um ca. 500 A.D. begann im Althochdeutschen eine Veränderung. Aber nur in Süd-und Mitteldeutschland. Die deutsche Sprache in Norddeutschland, das Plattdeutsch, wurde nicht davon betroffen.

Diese Veränderung betraf die Konsonanten. Ganz allmählich, aus dem Süden kommend, schlich sich diese Veränderung in die Sprache, und schließlich unterschied sich diese deutsche Sprache ganz deutlich von den anderen Sprachen im germanischen Sprachbereich, der sich bis nach England und Skandinavien erstreckte. Wir nennen diese Veränderungen die 2. Lautverschiebung oder Hochdeutsche Lautverschiebung[11]. Das Englische wurde nicht davon betroffen, und deshalb können wir die Veränderungen mit Hilfe von Englisch und Deutsch so schön zeigen.

Als Beispiel sehen wir uns an, wie die Buchstaben „p" und „t" sich veränderten:

		Englisch	Deutsch
p nach einem Vokal wurde zu f	➜	open ☞	offen
p am Wortanfang wurde zu pf	➜	path ☞	Pfad
Beispiel für beide Veränderungen:	➜	peppe r☞	Pfeffer
t nach einem Vokal wurde zu Doppel ss	➜	eat ☞	essen
t am Wortanfang wurde zu z	➜	ten ☞	zehn

So kommt es also, dass wir im Plattdeutschen wie im Englischen „water" sagen und im Hochdeutschen „Wasser".

b,d, g veränderten sich auch, und zwar zu p,t,k. Wer Englisch und Deutsch kann, wird sicher sehr viele Wörter finden, die im Englischen und im Deutschen diese Konsonantenkorrespondenz haben.

Als die ersten deutschen Dokumente geschrieben wurden, waren diese Veränderungen schon geschehen. Wir nennen diese Zeit die *althochdeutsche* Zeit. Sie geht von ungefähr 750-1050.

Alle germanisch sprechenden Stämme, die im Reich Karls des Großen[12] lebten, sprachen ihre eigenen Dialekte, die sich sehr voneinander unterschieden.

Wegen der Dialektunterschiede in der gesprochenen Sprache gab es noch lange keine gemeinsame Schriftsprache für alle deutsch-

---

11 High German Sound Shift
12 Karl der Große 742-814

sprachigen Gebiete. So sehen wir in einer süddeutschen Fassung des *Vaterunser* für „gib uns unser Brot", „kip uns unseer prooth" und weiter im Norden, „gib uns unseer brooth".

Übungen

Fragen zur Sprache

1. Wie heißt die ursprüngliche Sprache, aus der z.B. Englisch, Deutsch, Dänisch und Holländisch hervorgingen?
2. Ungefähr wann hat diese Sprache existiert?
3. Zu welcher Sprachfamilie gehören Französisch und Spanisch?
4. Was geschah durch die 1. Lautverschiebung?
5. Was für Dokumente sind die ersten Dokumente in Althochdeutsch?
6. Wie kommt es, dass die Wörter für „Vater" im Englischen, Französischen, Spanischen und Isländischen ganz ähnlich sind?
7. Wann war die 2. Lautverschiebung und was für Änderungen hat sie bewirkt?
8. In welche Zeit gehört Althochdeutsch?

Übungen zur Sprache

Suchen Sie Wörter, die im Englischen und Deutschen verwandt sind und die die 2. Lautverschiebung zeigen.

Beispiel: engl. Foot = dt. der Fuß

Englisch	Deutsch	
ape	der Affe	(p nach Vokal)
weapon	_____	(p nach Vokal)
_____	zu	(t am Wortanfang)
_____	zwei	(t am Wortanfang)
pipe	_____	(p am Wortanfang und nach einem Vokal)
water	_____	(t nach einem Vokal)
_____	waten	(d wird zu t)
ship	_____	(p nach Vokal)
_____	tunken	(d wird zu t)
_____	_____	( )

Literatur

Merseburger Zaubersprüche[13] (ca. 750)

Die früheste Literatur bei den Germanen war wahrscheinlich Kultdichtung[14]. Man gebrauchte sie für Gebete, in Liedern zum Preis der Götter oder bei Opferzeremonien. In der Dombibliothek in Merseburg hat man zwei Zaubersprüche gefunden, die bei Beschwörungen gebraucht wurden. Sie zeigen uns die erste Form des Dichtens, den Stabreim[15]. Wie alt die beiden Zaubersprüche sind, wissen wir nicht, aber wir wissen, dass sie ca. 750 aufgeschrieben wurden.

Der erste Spruch zeigt, wie man einen Gefangenen mit Hilfe einer Zauberformel befreien kann:

> Eiris sazun idisi, sazun hera duoder.
> Einst sassen die Frauen, sassen hier und da.
>
> Suma hapt heptodun, suma hera lezidun,
> Einige legten Fesseln an, einige hinderten das Heer,
>
> suma clubodun umbi cuoniouuidi:
> einige versuchten Ketten zu lösen:
>
> insprinc haptbandun, inuar uigandun!
> spring aus den Banden, entferne dich von dem Feind!

Der zweite Zauberspruch soll den verrenkten Fuß eines Götterpferdes heilen:

> Phol[16] und Uuodan uuorun zi holza
> Phol und Wotan ritten in den Wald.
>
> Du uuart demo Balderes uolon sin uuoz birenkit.
> Da verstauchte sich Baldurs junges Pferd den Fuß.
>
> Thu biguolen Sinthgunt, Sunna era suister,
> Da sprach Sinthgunt einen Zauberspruch, dann die Sonne,
>   ihre Schwester,

---

13 Zaubersprüche, im Engl. *magic charms* oder *spells*, nach dem Lateinischen *carmen*. Ursprünglich Beschwörungen (incantations) mit Zauberkraft. In der alten englischen Literatur finden wir Beschwörungen gegen einen Zwerg und gegen Viehdiebstahl.

14 Verse, die eine religöse oder magische Kulthandlung begleiten. Kultdichtungen und Kultlieder sind die älteste poetische Ausdrucksform und finden sich in fast allen Frühkulturen.

15 Engl. *alliteration* oder *head rhyme*. Die Anfangsbuchstaben nebeneinanderstehender Wörter oder Silben sind gleich. Vergl. engl: *dead as a door nail* oder deutsch: mit Haus und Hof.

16 Phol war wahrscheinlich derselbe wie Baldur, der Sohn von Wotan (oder Odin) und seiner Frau Freya (oder Frigga).

thu biguolen Friia, Uolla era suister,
dann sprach Frigga einen Zauberspruch, dann Volla, ihre Schwester,

thu biguolen Uuodan, so he uuola conda:
dann sprach Wodan einen Zauberspruch, wie er das so gut konnte:

sose benrenki, sose bluotrenki, sose lidirenki:
sei es ein verrenkter Knochen, sei es verrenktes Blut, sei es ein verrenktes Glied:

ben zi bena, bluot zi bluoda
Bein zu Bein, Blut zu Blut

lid zi geliden,
Glied zu Glied

sose gelimida sin
als ob sie geleimt seien

Ulfilas' Bibelübersetzung[17]

Die Goten waren der größte untergegangene Germanenstamm. Seit dem 4. Jahrhundert waren Missionare damit beschäftigt, die Germanen zum Christentum zu bekehren. Der westgotische Bischof Ulfilas (er erscheint in der Literatur auch als *Wulfila*) übersetzte 350 A.D. die Bibel aus dem Griechischen in die germanische Sprache der Goten. Das war eine unerhörte Leistung, weil er nicht nur eine eigene Schrift entwickelte, sondern auch viele neue Wörter und Begriffe schaffen musste, die den Germanen völlig unbekannt waren. Christliche Ideen gab es einfach im Germanischen nicht. Um den Germanen den Bibeltext nun schmackhaft zu machen, bekamen die biblischen Gestalten germanisches Wesen. Aus Gott wurde ein Gefolgsherr, dem man Treue schwören musste, wie man sie seinem weltlichen Gefolgsherrn schwört.

Der Anfang des Vaterunsers in Ulfilas gotischer Sprache lautet so:

„Atta unsar, Þu[18] in himinam, wīhnai namo Þīn
Vater unser, du im Himmel, geweiht dein Name

werthai wilja Þīns…"
Es werde Wille dein …

Für Vieles, was den Germanen unbekannt war, musste Ulfilas sich also nicht nur Erklärungen ausdenken, sondern er musste dafür ganz neue Wörter erfinden, wie z.B. für „Sünde". Andere Dinge, die

---

17 In der Bibliothek in Uppsla, Schweden, befindet sich der „codex argenteus" (Silberkodex), eine westgotische Handschrift mit der Übersetzung von Ulfilas auf Purpurpergament mit Silber- und Goldtinte geschrieben. Es ist 383 A.D. datiert und ist damit das älteste existierende germanische Dokument, das wir haben.

18 Der Buchstabe Þ wird wie das englische th ausgesprochen.

dem Germanen wichtig waren, wie «Macht", «Schuld", «Übel" und «Versuchung", verkleidete er in moralische Gesetze. Auch die Germanen hatten über Weltschöpfung und Weltende nachgedacht, nur hatten sie sich dabei etwas ganz anderes vorgestellt.

Zwei Verse aus der gotischen Bibel, Markus 7 Vers 6-7:

Transkribiert sieht der gotische Text folgendermaßen aus:

«iÞ is andhafjands qaÞ du im Þatai waila Þraufetida Essaïas bi izwis Þans liutans, swe gameliÞ ist: so managei wairilommik sweraiÞ, iÞ hairto ize fairra habaiÞ sik mis. (7) iÞ sware mik blotand, laisjand-ans…[19]

19 Die Version in der King James Bibel lautet: „He answered and said unto them, Well has Esaias prophesied of you hypocrites, as it is written, This people honoureth me with their lips, but their heart is far from me. (7) Howbeit in vain do they worship me, teaching ..."

Edda[20] (13. Jahrhundert)

Diese isländische Literatursammlung gibt uns einen Einblick in die germanische Mythologie. Sie enthält Götter- und Heldensagen[21], die zwischen dem 9. und 12. Jh. entstanden sind und in Island im 13. Jh. aufgeschrieben wurden. Der Inhalt kommt aus uralten mündlichen Erzählungen und berichtet von geschichtlichen und erdichteten Ereignissen. Viele dieser Geschichten finden wir auch in der deutschen mittelalterlichen Dichtung. Wir finden z.B. die Geschichten um Siegfried und das tragische Schicksal der Burgunder[22].

In ihrer ursprünglichen isländischen Form sind diese Geschichten grausam und gewalttätig. Obwohl das Christentum zur Zeit der Niederschrift in Europa schon weit verbreitet war, findet sich in diesen Sagen keine Spur von Nächstenliebe, Vergebung oder irgendwelchen anderen christlichen Elementen.

In der Sammlung der *Edda* finden wir auch ein Sittengedicht mit Vorschlägen und Warnungen, von denen viele heute noch zutreffen:

> Einem Freunde soll man ein Freund sein
> und des Freundes Freund auch;
> doch man soll sich nie zum Freund
> seines Feindes Freund nehmen.
>
> Besitz stirbt, Sippen sterben,
> du selbst stirbst wie sie;
> eins weiss ich, das ewig lebt:
> des Toten Tatenruhm.
>
> Nach allen Türen, ehe man eintritt,
> soll man sorglich sehen, soll man scharf schauen:
> du weißt nicht gewiß, ob nicht ein Feind
> auf der Diele vor dir wartet.

---

20 Eine Literatursammlung aus Island. Die *Jüngere Edda* soll junge Hofdichter (Skalden) in ihrer Kunst unterrichten und ihnen die alte isländische Mythologie nahebringen. Die *Ältere Edda* ist eine Sammlung von Heldengedichten und mythologischen Stoffen in Gedichtform.

21 Das Wort „Sage" ist verwandt mit „to say". Isländische Sagen handeln von Familien, die zwischen 930-1030 in Island gelebt haben. Das Hauptthema ist menschliches Leid, Heldentaten, Treue und Blutrache. Die *Volsunga Saga* erzählt uns Legenden, die wir aus dem deutschen *Nibelungenlied* kennen.

22 in der Sage auch die Nibelungen

Thorgeirs Vaterrache

Aus der *Forstbroedra Saga* (11. Jahrhundert)

Ein Mann hieß Havar. Er wohnte auf dem Hof Gletscherquell. Seine Frau war Thorelf. Sie hatten einen Sohn namens Thorgeir. Er war früh entwickelt, groß, kräftig und kampflustig. Schon in jungen Jahren nahm er Schild und Schwert in die Hand.

Auf dem Hof Schalenhang wohnte ein Mann namens Jödur. Ein großer Häuptling und Haudegen[23] war er, streitsüchtig and ungerecht, aber mächtig und einflußreich im Bezirk.. Er hatte viele Totschläge vollbracht[24] und hatte sie niemals mit Geld gebüßt[25].

Einmal im Winter ritt Jödur mit seinen Knechten nach Ackerspitze, um Mehl zu kaufen. Sie kamen an Havars Gehöft[26] vorüber, und Jödur bat Havar, ihm ein Pferd zu leihen für seine Fahrt. Havar lieh ihm das Pferd, sagte aber: «Ich will, dass du das Pferd auf dem Rückweg hier läßt. Länger sollst du es nicht haben». Jödur versprach es. Er ritt nach Ackerspitze und kaufte wie beabsichtigt Mehl ein. Sobald er alles erledigt hatte, machte er sich auf den Heimweg[27].

Als sie wieder an Havars Hof vorüberkamen, sagten die Knechte, dass man Havar das Pferd zurückgeben müßte. «Ich habe keine Lust, mich damit aufzuhalten!», erwiderte Jödur, «das Pferd soll seine Last bis nach Hause tragen, und ich schicke es zurück, sobald ich es nicht mehr brauche». — «Tu, was du willst», meinten die anderen, «doch hat es Havar nie geliebt, dass seine Bestimmungen missachtet werden». —

«Darum werden wir uns nicht kümmern», sagte Jödur.

Havar sah die Schar kommen and erkannte, wer es war. Er ging auf sie zu, grüßte und sagte: «Jetzt mußt du das Pferd hierlassen, Jödur!» — «Du wirst es mir doch bis nach Hause leihen», erwiderte Jodur. — «Ich will nicht, dass das Pferd weiter mitkommt», sagte Havar. — «Dann werden wir das Pferd behalten, ob du es willst oder nicht!» rief Jödur. — «Kann sein, dass es dazu kommt», versetzte Havar. Er lief zum Pferd, warf die Last herunter, ergriff es bei den Zügeln und wollte es nach Hause führen. Jödur hatte einen Speer mit Widerhaken in der Hand. Er stürzte auf Havar zu und durchbohrte ihn. Die Wunde kostete Havar das Leben. Darauf nahm Jödur das Pferd and führte es nach Hause.

Havars Hausgenossen[28] fanden, dass er reichlich[29] spät nach Hause käme. Sie begannen nach ihm zu suchen und fanden ihn dort liegen, wo Jödur ihn erschlagen hatte. Das schien ihnen ein großes Ereignis zu sein. Die Kunde[30] von Havars Tod verbreitete sich rasch über den Bezirk.

Havars Sohn, Thorgeir, befand sich damals bei seinem Freund Thormod im Eisfördenbezirk[31]. Als ihn die Nachricht von dem Tode seines Vaters erreichte, ließ er sich über die Breitforde rudern und machte sich auf den Weg nach Süden. Die Wege waren gut, und in der ganzen Gegend gab es keinen Schnee. Die Gewässer waren alle zugefroren.

---

23 Kämpfer
24 hatte viele getötet
25 wieder gut gemacht
26 Bauernhof
27 begann er seinen Heimweg

28 Hausbewohner
29 sehr
30 Nachricht
31 Bezirk der Eisfjorde

Als Thorgeir über die Weißach[32] gekommen war, nahm er Richtung auf Schalenhang. Es war neblig und lau[33]. Es war dunkel, weil es Nacht zu werden begann.

Am späten Abend kam Thorgeir nach Schalenhang. Die Tür war schon geschlossen, und die Leute waren gerade aus der Küche in die Stube gegangen. In der Stube brannte Licht. Thorgeir pochte an die Tür. Jödur sagte: «Es ist an die Tür geklopft worden. Gehe einer hinaus!» Ein Knecht schaute hinaus und sah einen bewaffneten Mann vor der Tür stehen. «Wer bist du?», fragte er. «Ich heiße Vigfus!»[34], antwortete der Mann. «Tritt ein», sagte der Knecht, «du kannst Obdach haben!» — «Ich nehme kein Obdach an von einem Knecht. Sage dem Jödur, dass er herauskommen soll». Der Knecht ging wieder hinein, und Thorgeir blieb draußen. Als der Knecht wieder in der Stube war, fragte Jödur: «Wer ist da draußen?» — «Ich habe keine Ahnung, wer es ist. Er weiß es ja selber nicht!» antwortete der Knecht. «Was hat er denn dazu gesagt?» — «Er hat gesagt, dass er sich von Knechten nicht einladen ließe. Du selbst möchtest[35] herauskommen».

Jödur nahm einen Speer und setzte sich einen Helm auf. Darauf ging er mit zwei Knechten zur Tür. Er sah einen Mann davor stehen, senkte den Speer und setzte ihn mit der Spitze auf die Schwelle. Er fragte, wer der Ankömmling sei. «Ich heiße Thorgeir!», sagte der Mann. — «Was für ein Thorgeir bist du?» — «Ich bin Havars Sohn». — «In welcher Angelegenheit bist du gekommen?» — «Was es für eine Angelegenheit wird, weiß ich noch nicht. Ich will fragen, ob du mir

Buße zahlen willst für die Erschlagung meines Vaters». «Hast du denn noch nie gehört, dass ich schon manchen Mann erschlagen und doch niemals Buße gezahlt habe dafür?» — «Darüber ist mir nichts bekannt. Doch, wie dem auch sei[36], mir kommt es zu, diese Buße zu fordern, denn der Hieb traf mich nahe». Da sagte Jödur: «Es liegt mir nicht ganz fern[37] dir irgendwie entgegenzukommen. Büßen aber kann ich den Tod deines Vaters nicht, Thorgeir, denn dann wird manch anderer der Meinung sein, dass ich auch ihm eine Buße zu zahlen hätte». So sprachen sie weiter. Thorgeir stand in einem gewissen Abstand von der Tür. Er hatte einen Speer in seiner Rechten und hielt ihn mit der Spitze nach vorn. In der Linken hatte er eine Axt. Jödur und seine Leute konnten draußen schwer etwas erkennen, da sie aus dem Licht gekommen waren. Thorgeir dagegen konnte leichter sehen, wie sie in der Tür standen. Als sie es am wenigsten erwarteten, trat Thorgeir heran und durchbohrte Jödur mit dem Speer, so das er seinen Leuten in die Arme fiel. Darauf entfernte sich Thorgeir schnell im Dunkel der Nacht. Die Knechte aber bemühten sich um Jödur.

Fünfzehn Jahre alt war Thorgeir, als er diesen Totschlag vollbrachte.

Thorgeir ging geradewegs nach Hause. Als er dort angelangt war, klopfte er an die Tur, musste aber lange warten, bis jemand kam. Thorelf, seine Mutter, weckte einen Knecht, damit er hinausginge. Der rieb sich die Augen und zeigte wenig Neigung aufzustehen. «Unnötig scheint es mir aufzustehen, wenn Leute bei nachtschlafender Zeit[38] kommen!», sagte er. — «Wenn einer bei Nacht und Nebel kommt, wird er schon

---

32 Name eines Flusses

33 warm

34 Thorgeir gibt sich selbst den Namen; er bedeutet «zum Töten bereit».

35 sollst

---

36 das mag sein, wie es will

37 ich hätte nichts dagegen

38 spät in der Nacht

einen Grund haben", sagte Thorelf. — «Das scheint mir nicht so sicher!", erwiderte der Knecht, erhob sich ziemlich langsam, ging zur Tur und öffnete. Da sah er vor der Tür einen Mann stehen in der Dunkelheit. Der Knecht sagte nichts und ging wieder zu seinem Bett, legte sich hin und deckte sich zu. Thorgeir trat ins Haus, schloß die Tür und ging in die Stube.

«Wer war da?", fragte Thorelf den Knecht. «Erstens weiß ich es nicht und zweitens will ich es auch nicht wissen", antwortete der Knecht. — «Wenig wissbegierig bist du!", entgegnete Thorelf. Dann sprach sie zu einer Magd: «Steh auf, geh in die Stube und sieh nach, was es für ein Mann ist, der hergekommen ist". Die Magd stand auf, ging zur Stube, öffnete die Tür auf einen Spalt und fragte, ob da jemand wäre. «Gewiß ist hier jemand", war die Antwort. Sie fragte, wer da sei. «Ich heiße Thorgeir", wurde geantwortet. Die Magd schloß darauf die Tür und ging wieder in die Schlafstube. «Wer ist gekommen?", fragte Thorelf. «Ich glaube, dein Sohn Thorgeir ist gekommen", antwortete die Magd.

Da stand Thorelf auf, machte Licht und ging in die Stube. Sie begrüßte herzlich ihren Sohn und fragte, was geschehen sei. «Eine Wunde ist heute auf Schalenhang geschlagen worden", sagte Thorgeir. «Wer hatte Teil daran?", fragte Thorelf. «Ich kann nicht bestreiten, dass ich dabei war", erwiderte Thorgeir. «Wie groß war die Wunde?" — «Ich glaube nicht, dass die Wunde, die er von mir bekam, einen Verband brauchte. Meinem Speer konnte ich es ansehen, dass er ganz hindurchgegangen war. Und der Mann fiel zurück in die Arme seiner Leute!" Da rief Thorelf aus froher Brust: «Wie ein Mann hast du dich benommen, mein Sohn. — Heil über deine Hände! Warum haben dich denn aber seine Leute nicht verfolgt?" — «Zunächst hatten sie anderes zu tun", sagte Thorgeir, «und später war nicht mehr viel von mir zu sehen bei dieser Dunkelheit". —«So wird es gewesen sein", sagte Thorelf. Und Thorgeir bekam sein Abendessen.

Thorgeir und seine Mutter verkauften ihren Besitz und zogen in eine andere Gegend. Im Sommer wurde ein Vergleich[39] abgeschlossen mit der Sippe des Jödur.

---

39 Abkommen

Das Nibelungenlied

Das 4. - 8. Jahrhundert ist die Blütezeit der Heldenlieder. Aus dieser Zeit kommt der Stoff der Erzählungen, die aber erst viel später aufgeschrieben wurden. Von den Angelsachsen haben wir *Beowulf*. Aus Island kommen die Prosaerzählungen, die wir *Sagas* nennen. Das *Nibelungenlied* (teilweise aus Burgund und aus Island) erzählt von einem Helden und geschichtlichen Ereignissen. Die Geschichte ist hier der Hintergrund für märchenhafte Erzählungen.

Zur Zeit der Völkerwanderung (4. und 5. Jahrhundert) gab es viele blutige Kriege. Aus der Bewunderung der Taten und aus der Trauer um die Anführer entwickelte sich die germanische Helden-dichtung. Die Geschichten aus dieser Zeit wurden mündlich von Generationen zu Generationen weiter erzählt. Fast 800 Jahre lang lebten die Geschichten der Heldentaten so fort, bis sie aufgeschrieben wurden. Wenn wir das *Nibelungenlied* lesen, das um 1200 von einem unbekannten Dichter in Österreich aufgeschrieben wurde, finden wir eine Mischung von altgermanischen Motiven mit höfischen Sitten späterer Jahrhunderte. Wir treffen einen König namens Gunther, der der frühere König Gundahari der Burgunder war. In Italien finden wir Dietrich von Bern; das war der alte Ostgotenkönig Theoderich. Auch der Hunnenkönig Etzel tritt auf, den wir als Attila wiedererkennen. Allerdings ist der märchenhafte Held Siegfried wirklich märchenhaft. Er ist keine historische Figur, sondern eine Gestalt, die in mehreren germanischen Sagen erscheint.

In der isländischen *Edda* finden wir schon im *Sigurdlied* und im *Atlilied* Themen aus dem *Nibelungenlied*. In unserer Fassung von 1200 werden dann diese urgermanischen Themen, z.B. Sippen-und Gefolg-schaftstreue und Furchtlosigkeit, verbunden mit mittelalterlichen Zügen von ritterlicher Höflichkeit und Abenteuern. Über dem Ganzen klingen hier und da ein paar christliche Töne an. Das musste so sein, denn in der christlich-ritterlichen Zeit um 1200 war die Dichtung eines ganz und gar heidnischen Epos wohl nicht denkbar. So finden wir hier und da christliche Elemente wie das Münster, den Kirchgang, die Frühmesse, ein Kreuz, den Kaplan.

Die Hauptmotive, der Inhalt des *Nibelungenlieds* sind Treue und Rache. Form und Sprache passen in die mittelalterliche Blütezeit der Literatur. Kriemhilds Liebe zu Siegfried hat ritterlich-höfische Züge und die ritterliche Bildung am Hof der Burgunder passt auch viel eher in die Zeit um 1200 als in die Völkerwanderungszeit . Der Inhalt aber gehört in die Völkerwanderungszeit. Hier gibt es mythische und manchmal zauberhafte Wesen und Dinge (Tarnkappe, Ahnungen und Prophezeiungen, Wasserweiber, Zwerge, Drachenblut, unverwundbar sein), und ein kriegerisches Geschehen voller Rache und ohne Verge-bung. Und weil der Stoff aus der Völkerwanderungszeit kommt, wol-len wir es uns das *Nibelungenlied* schon hier ansehen.

Das Nibelungenlied (um 1200)

Zu Worms[40] am Rhein, im burgundischen Reich, lebt eine junge Königstochter, Kriemhild mit Namen. Drei Brüder schützen sie, Gunther, Gernot, und Giselher. Eines Nachts träumt Kriemhild, wie ein wilder Falke, den sie aufgezogen hat, von zwei Adlern zerrissen wird. Sie erzählt den Traum ihrer Mutter Ute. Die deutet ihn: „Der Falke ist ein edler Mann, den du gewinnen wirst; möge Gott ihn schützen, dass du ihn nicht allzu früh verlierst". Doch Kriemhild glaubt ihr nicht. Nie, sagt sie, wolle sie einem Manne gehören, nie solle Freude ihr sich in Leid verwandeln.

Um diese Zeit erscheint am Hof in Worms Siegfried, ein Königssohn aus den Niederlanden. Er ist ein weit berühmter Held; überall singen die Sänger von seinen Taten. Er hat in Drachenblut gebadet, kein Mann kann ihn verwunden; den fabelhaften Schatz der Nibelungen hat er gewonnen; das scharfe Schwert Balmung gehört ihm, auch eine Tarnkappe[41] die ihn unsichtbar macht.

Siegfried wirbt um Kriemhild. Doch Gunther verlangt zuerst einen Dienst. Fern über See, auf Island, wohnt die Königin Brunhild. Wer ihre Liebe gewinnen will, muss in drei Kampfspielen Sieger über sie werden: im Speerschießen, Steinwurf und Springen. Fehlt er in einem, so hat er das Leben verloren. Zusammen machen Siegfried und Gunther die Reise; unsichtbar steht Siegfried bei Gunther und hilft ihm den Wettkampf gewinnen; besiegt folgt Brunhild Gunther an den Rhein.

Mit großer Pracht wird in der Königsburg zu Worms die Doppelhochzeit gefeiert. Doch Brunhild weint, wie sie in der Halle Siegfried bei Kriemhild sitzen sieht. Sie will nicht dem schlechteren Manne gehören, nachts bindet sie Gunther Hände und Füße zusammen und läßt ihn bis zum Morgen in Fesseln hängen. Noch einmal muss Siegfried, unsichtbar, Brunhild für Gunther bezwingen. Ring und Gürtel, die er ihr abnimmt, schenkt er seinem Weibe Kriemhild.

Brunhild aber kann Siegfried nicht vergessen; mit bösen Augen sieht sie Kriemhilds Glück. Auf der Treppe zum Münster, beim Kirchgang, kommt es zum Streit zwischen den Königinnen. Höhnisch zeigt Kriemhild der Feindin Brunhild Ring und Gürtel, die Siegfried ihr im Übermut gegeben hat. Da verstummt Brunhild, doch tödlich beleidigt sinnt sie auf Rache.

Hagen von Tronje, der mächtigste Vasall König Gunthers, wird ihr Werkzeug. Siegfried muss sterben; der schwache Gunther fügt sich. Falsche Boten werden bestellt und melden Krieg. Kriemhild hat böse Ahnungen, und beim Abschied bittet sie Hagen, dem sie ganz vertraut, in der Schlacht über Siegfrieds Leben zu wachen. Sie verrät ihm, dass Siegfried nicht unverwundbar ist: beim Baden im Drachenblut ist ihm ein Lindenblatt zwischen die Schultern gefallen. Auf Hagens Wunsch näht sie ein Kreuz auf Siegfrieds Gewand, um die Stelle zu bezeichnen.

Dann wird plötzlich der Kriegszug abgesagt; statt dessen reiten die Fürsten zur Jagd in den Odenwald[42]. Als Siegfried, vom Jagen erhitzt, sich über eine Quelle beugt, um zu trinken, rennt Hagen ihm den Speer zwischen die Schultern. Nachts bringen sie den toten Siegfried über den Rhein, zurück in die Burg, und legen ihn auf Hagens Befehl vor Kriemhilds Tür. Dort findet sie ihn am

---

40 Stadt am Rhein

41 ein Mantel, der unsichtbar macht

42 Odenwald: Bergland östlich des Rheins

Morgen, auf dem Weg zur Frühmesse; Burg und Stadt erschallen von ihrer Klage. Räuber, heißt es, haben den Helden erschlagen. Doch Kriemhild weiß, wer die Mörder sind. Als Hagen vor Siegfrieds Sarg tritt, fangen die Wunden des Toten wieder an zu bluten. Mehr als vier Jahre spricht Kriemhild mit ihrem Bruder kein Wort; ihren Todfeind Hagen sieht sie niemals; doch täglich geht sie zum Grabe des Geliebten. Mit vollen Händen aber teilt sie Siegfrieds Gold aus, den Nibelungenschatz; viele Freunde schafft ihr der Hort. Da nimmt ihr Hagen, der ihre Rache fürchtet, den Schatz und versenkt ihn im Rhein. Nur er und die Könige wissen den Platz; sie schwören sich einen Eid, dass, solange sie leben, ihn niemand erfahren soll.

Dreizehn Jahre trauert Kriemhild um Siegfried. Da stirbt im fernen Ungarn[43] Frau Helke, die Gemahlin Etzels, des mächtigen Königs der Hunnen. Als Etzel sich aufs neue[44] vermählen will, schlägt man ihm Kriemhild vor. Markgraf [45] Rüdiger, des Königs treuester Vasall, wird nach Worms geschickt und soll um Kriemhild werben. Den Nibelungen — so heißen die Burgunder jetzt nach dem Schatz — ist die Werbung willkommen; Hagen jedoch rät ab. Auch Kriemhild weigert sich zunächst; erst als Rüdiger sie ein zweites Mal aufsucht und ihr schwört, dass er und seine Ritter alles Leid, das ihr geschehe, rächen wollen, willigt sie ein und folgt ihm ins Hunnenland.

Jahre vergehen. Kriemhild bleibt eine Fremde an Etzels Hof; heimlich denkt sie noch immer an Siegfrieds Tod. Doch langsam reift der Plan zur Rache in ihr, und schließlich bestimmt[46] sie König Etzel, ihre Verwandten zu einem Fest nach Etzelnburg einzuladen. Nichtsahnend[47] willigt Etzel ein; wieder werden Boten nach Worms geschickt, und wieder rät Hagen ab. Nur zu gut weiß er, dass Kriemhild unversöhnlich ist. Aber als Gernot und Giselher ihm vorwerfen, dass die Furcht aus ihm spreche, schließt er sich ihnen an. Doch ist Hagen nicht der einzige, der warnt: nachts hat die alte Königin Ute einen Traum, dass alle Vögel unter dem Himmel tot zur Erde gefallen seien, und Brunhild, ihr Kind auf dem Arm, bittet Gunther, in der Burg am Rhein zu bleiben. Aber nun treibt Hagen zur Fahrt, und ohne auf Bitten und Warnungen zu achten, ziehen[48] die Könige ins Hunnenland. Ein großes Heer begleitet sie; an der Spitze reitet Hagen.

Als sie auf ihrem Marsch an die Donau kommen, ist der Fluss weit über die Ufer getreten und nirgends ein Schiff zu sehen.

Königin Ute sieht die Könige von Worms ins Hunnenland ziehen.

43 Hungary

44 aufs neue: wieder

45 Markgraf: Befehlshaber einer Grenzprovinz

46 bestimmt: überredet...dazu

47 ohne etwas zu ahnen

48 reisen

Wie Hagen am Ufer nach einer Fähre sucht, trifft er zwei Wasserweiber[49]; die sagen ihm, dass vom ganzen Heer nur der Kaplan nach Hause zurückkehren wird. Hagen lacht über die Weissagung und geht weiter; er findet einen Fährmann, raubt ihm sein Schiff und setzt das ganze Heer über. Bei der letzten Fahrt erblickt er den Kaplan im Schiff; er nimmt ihn und wirft ihn über Bord. Wie der Mann schwimmend das Schiff wieder zu erreichen sucht, stößt Hagen ihn nur tiefer in die reißende Flut; da wendet sich der Kaplan und kommt zuletzt auch glücklich ans andere Ufer. Als Hagen ihn drüben stehen sieht, sein nasses Gewand schüttelnd, weiß er, dass sie alle verloren sind. Da schlägt er das Schiff in Stücke. Und als einige sich wundern und fragen, wie sie denn auf der Rückreise über den Fluss kommen sollen, sagt er ihnen, daß keiner ein Schiff zur Rückfahrt brauchen wird.

Doch kommen zunächst noch gute Tage. Markgraf Rüdiger, durch dessen Gebiet sie nun ziehen, nimmt sie gastfreundlich auf. Drei Tage lang wird ein großes Fest gefeiert; es gipfelt in Giselhers Verlobung mit Rüdigers Tochter Dietlinde. Reiche Geschenke nehmen die Gäste beim Abschied auf den Weg: Gernot erhält von Rüdiger ein Schwert, Hagen einen kostbaren Schild. Mit eigener Hand hebt ihn die Markgräfin von der Wand; es ist der Schild ihres toten Sohnes. Rüdiger selbst begleitet die Gäste an den Hof des Königs.

Vor Etzelnburg kommt ihnen Dietrich von Bern entgegen, der gewaltigste Held am Hofe Etzels. Ob sie wüssten, fragt er sie, daß Kriemhild noch jeden Morgen um Siegfried weine? «Lass sie weinen,» erwidert Hagen trotzig, «Siegfried ist lange tot, der kommt nicht wieder.»

Kriemhild steht am Fenster, wie die Nibelungen im Schlosse einreiten. Viele drängen sich, Hagen zu sehen, den Mann, der Siegfried erschlug: er ist groß, schwarz die Haare, mit Grau untermischt, furchtbar die Züge[50], herrlich der Gang[51]. Dann geht Kriemhild, die Gäste zu empfangen. Giselher, der einzige, der dem Mord im Odenwald ferngeblieben war, ist auch der einzige, den sie küßt. Wie Hagen es sieht, bindet er sich den Helm fest. Da wendet sich die Königin zu Hagen, und fragt ihn nach dem Nibelungenhort. Der liege tief im Rhein, erwidert Hagen, auch habe er an seinen Waffen genug zu tragen gehabt.

Später sieht Kriemhild Hagen mit seinem Freunde Volker, dem Spielmann, auf einer Bank im Hofe sitzen. Von einer Schar bewaffneter Hunnen gefolgt, die Krone auf dem Haupt, begibt sie sich zu ihnen. Volker will vor der Königin aufstehen, aber Hagen bleibt sitzen. Breit über seine Kniee legt er ein blankes Schwert; an seinem Knauf[52] leuchtet ein strahlender Jaspis[53,] grüner als Gras. Kriemhild erkennt es wohl, es ist der Balmung, Siegfrieds Schwert. Laut klagt sie Hagen des Mordes an Siegfried an. «Ja», sagt Hagen, «ich habe Siegfried erschlagen. Räche es, wer da will». Doch niemand wagt, ihn anzugreifen.

Nachts halten Hagen und Volker Wache vor dem Saal, in dem die Nibelungen schlafen sollen. Schweigend stehen die beiden im Dunkeln, bis Volker den Schild an die Wand lehnt, seine Fiedel ergreift und sich auf den Stein an die Tür setzt. Süß läßt er sein Lied ertönen, bis alle Helden entschlummert sind. Dann nimmt er wieder den Schild zur Hand. Später in der Nacht glänzen Helme

---

49 Nymphen

50 Gesichtszüge
51 wie er geht
52 Griff
53 ein Edelstein

aus der Finsternis: es sind Hunnen, von Kriemhild geschickt. Doch als sie die Tür so wohl bewacht finden, kehren sie um.

Am nächsten Morgen fällt es auf, dass die burgundischen Ritter alle gewaffnet zur Kirche gehen. Nach der Kirche werden Ritterspiele abgehalten; als Volker einen Hunnen durchsticht, droht offener Streit auszubrechen, doch Etzel selbst greift ein und kann noch einmal vermitteln. Inzwischen sucht Kriemhild Hilfe bei Dietrich von Bern; aber Dietrich weigert sich, das Gastrecht zu verletzen. Mehr Glück hat Kriemhild bei Etzels Bruder Blödel. Mit einer großen Schar Hunnen zieht er zur Halle, in der Hagens Bruder Dankwart mit den Knappen[54] untergebracht ist. Sie werden alle erschlagen; Dankwart ist der einzige, der sich aus dem Überfall rettet. Blutig, mit zerhauenem Schild, schlägt er sich durch nach der Königsburg, wo Etzel und Kriemhild mit den burgundischen Rittern beim Mittagsmahl sitzen. Eben wird Etzels und Kremhilds junger Sohn, Ortlieb, zu Tisch gebracht. Da steht plötzlich Dankwart in der Tür; laut ruft er in den Saal, dass alle burgundischen Knappen von den Hunnen erschlagen sind. Zornig springt Hagen auf und schlägt mit seinem Schwert dem jungen Ortlieb das Haupt ab, dass es der Königin in den Schoß springt. Ein wilder Kampf bricht aus. Dietrich von Bern gelingt es schließlich, Etzel und Kriemhild zum Saal hinauszubringen; die Hunnen im Saal jedoch werden alle niedergemacht, die Toten die Stiege[55] hinabgeworfen.

Die Nibelungen atmen auf. Doch draußen stehen Tausende; draußen steht Kriemhild und verspricht dem, der ihr Hagens Haupt bringt, einen Schild voll Gold, dazu Burgen und Land. Dies reizt zu neuem Kampf; doch können sich die Nibelungen in der Burg halten. Endlich unterbricht die Nacht das Morden. Kriemhild will den Eingeschlossenen das Leben schenken, wenn sie ihr Hagen ausliefern. Dies lehnen die Könige ab; lieber wollen sie alle zusammen sterben als treulos werden. Da lässt Kriemhild Feuer an die Halle legen; bald brennt das ganze Haus. Die Nacht durch stehen die Burgunder und wehren mit ihren Schilden das Feuer und die fallenden Balken ab. Als die Sonne über der rauchenden Halle aufgeht, sind sie zum Erstaunen der Hunnen noch immer am Leben.

Auch ein neuer Angriff bringt keine Entscheidung. Da wendet sich die Königin in ihrer Not an Rüdiger. Sie erinnert ihn an den Eid, den er ihr einst in Worms geschworen hat, als König Etzels Brautwerber. Doch Rüdiger ist nicht nur Etzels Vasall, er ist zugleich den Nibelungen in Freundschaft verbunden, seine Tochter Giselher zur Frau versprochen. Er bittet Etzel, Land und Burg zurückzunehmen, und ihn frei zu lassen aus seinem Vasalleneid. Aber Etzel besteht auf seinem Recht. Schweren Herzens zieht Rüdiger mit seinen Mannen[56] vor die Königsburg. Die Nibelungen jubeln, wie sie ihn kommen sehen; sie denken, er kommt als Freund. Doch Rüdiger muss ihnen die Freundschaft kündigen. Kein Wort des Vorwurfs wird laut; gefasst nehmen die früheren Freunde Abschied voneinander, und noch während sie sich zum tödlichen Streit rüsten[57], bittet Hagen Rüdiger um einen letzten Freundschaftsdienst: sein Schild, derselbe, den er in Rüdigers Haus erhalten hat, ist ihm zerhauen. Rüdiger reicht ihm den seinigen hinüber. Und dann beginnt der bittere Kampf, in dem Rüdiger erschlagen wird mit

---

54 Edelleute
55 Treppe

56 Männer
57 rüsten

dem Schwert, das er Gernot als Freundes-
gabe gegeben hat. Nicht einer seiner Mannen überlebt ihn. Doch auch Gernot verliert
in diesem Zweikampf sein Leben.

Lautes Klagen über den Tod so vieler
Helden ertönt. Der alte Hildebrand, Dietrich von Berns Waffenmeister, erscheint mit
einer großen Schar und bittet um Rüdigers
Leichnam. Sie sollen ihn nur aus dem Hause
holen, höhnen die Nibelungen. Dies gibt
den Anlass zu einem letzten verzweifelten
Ausbruch gegenseitiger Vernichtung, in dem
nur Gunther und Hagen übrig bleiben, und
auf der andern Seite Hildebrand. Aus einer
schweren Wunde blutend kehrt er zu Dietrich von Bern zurück, und berichtet den Tod
all seiner Mannen.

Nun geht Dietrich selbst zu Gunther
und Hagen. Sie sollen sich ihm ergeben, verlangt er, dann wolle er selbst sie heimbringen
an den Rhein. Das solle nie geschehen, antwortet Hagen, dass zwei Männer in Waffen
sich einem Einzelnen ergeben. So kämpft
Dietrich erst mit Hagen, verwundet ihn und
bringt ihn gebunden zu Kriemhild. Er verlangt, sie solle ihn am Leben lassen. Dann
kehrt er zurück, überwältigt auch Gunther,
und bringt auch ihn vor Kriemhild.

Kriemhild verspricht Hagen das Leben,
wenn er ihr wiedergibt, was er ihr genommen hat: den Nibelungenhort. „Ich habe",
anwortet Hagen, „einen Eid geschworen,
dass ich, solange einer meiner Herren am
Leben ist, nicht verraten werde, wo der Hort
verborgen ist". Da lässt Kriemhild ihrem
Bruder das Haupt abschlagen, und trägt es
an den Haaren selbst zu Hagen. „Nun ist es
so gegangen", sagt Hagen, „wie ich es mir
gedacht: nun weiß niemand als ich und Gott
um den Schatz. Und von mir, du Teufe-
lin, wirst du es nicht erfahren". Da schlägt
Kriemhild mit Siegfrieds Schwert, dem Balmung, Hagen das Haupt herunter. Der alte
Hildebrand aber kann es nicht ertragen, dass
die leben soll, die so vielen Helden den Tod
gebracht hat: er springt herzu und mit einem
mächtigen Schwertstreich erschlägt er sie.
Mit Jammer hat das Fest geendet, schließt
der Dichter sein Lied, so wie immer Freude
sich am Ende in Leid verwandelt.

Kriemhild erschlägt Hagen

Übungen

Merseburger Zaubersprüche

Fragen

1. Was machen die Frauen in den ersten drei Zeilen des
   ersten Spruchs?
2. Was geschieht in der vierten Zeile des ersten Spruchs?
3. Für welche Lebewesen ist der erste Spruch bestimmt?
4. Für welches Lebewesen gilt der zweite Spruch?
5. Die beiden Sprüche haben eine Art Einleitung, bevor
   die wirkliche Zauberformel beginnt. Wo beginnt die
   Zauberformel selbst?

Etwas zum Nachdenken

✿ Warum sitzen hier Frauen und nicht Männer oder eine
   gemischte Gruppe?

Übungen zur Sprache in den „Zaubersprüchen"

1. Suchen Sie einige Wörter in den beiden Zaubersprüchen,
   die im modernen Deutsch ganz ähnlich sind.
2. Wo finden Sie in den beiden Zaubersprüchen Stabreime?

Zur Diskussion der „Zaubersprüche"

1. Wozu gebrauchte man Zaubersprüche? Kennen Sie so
   etwas Ähnliches im modernen Leben?
2. Wie nennt man die erste Art von Reimen in der
   germanischen Dichtung? Was für Reime erwarten wir in
   der heutigen Dichtung? Muss Dichtung sich reimen?
3. Wurden die Merseburger Zaubersprüche für gute oder
   böse Zwecke gebraucht? Kennen Sie Zaubersprüche aus
   Märchen und Sagen?
4. In der Magie geschehen Dinge oft dreimal. Finden Sie hier
   die Dreizahl?

Ulfilas' Bibelübersetzung

Fragen

1. Wann übersetzte Bischof Ulfilas die Bibel in eine
   germanische Sprache?
2. Aus welcher Sprache übersetzte er sie?
3. In welche germanische Sprache übersetzte er sie?

4. Wie unterscheiden sich die Bibelfiguren dieser ersten Bibel von den Bibelfiguren in unserer heutigen Bibel?

5. Warum musste er für viele Dinge ganz neue Wörter erfinden?

Etwas zum Nachdenken

✿ Woran erinnert Sie die Schrift in Ulfilas Bibel? Woher kommt das wohl?

Zur Diskussion

Was für sprachliche und inhaltliche Schwierigkeiten präsentierten sich Bischof Ulfilas bei seiner Übersetzung?

Edda

Fragen

1. Wo liegt Island im Verhältnis zu Deutschland?

2. Warum ist für uns die isländische Literatur wertvoll?

3. Auf welche Jahrhunderte gehen die isländischen Götter- und Heldensagen zurück?

4. Sind die Sagen alle ganz erdichtet oder haben sie einen geschichtlichen Kern?

5. Was ist das Hauptthema der isländischen Sagen?

6. Beschreiben Sie mit Ihren eigenen Worten, was in den Versen des Sittengedichts steht.

Etwas zum Nachdenken

✿ Wie kommt es wohl, dass die *Edda*, die im 13. Jahrhundert aufgeschrieben wurde, nicht-christlich ist?

Übungen zur Sprache

A. Ersetzen Sie das kursivgedruckte Wort durch ein Synonym, das unten aufgelistet ist.

1. *Besitz* stirbt ...
2. ..., *Sippen* sterben
3. *eins* weiß ich, ...
4. ..., das *ewig* lebt:
5. des *Toten* Tatenruhm.
6. ..., *ehe* man eintritt
7. soll man *sorglich* sehen,
8. ..., soll man *scharf* schauen:
9. du weißt nicht *gewiss*,
10. *auf der Diele* vor dir wartet.

etwas / bevor / im Flur / Eigentum / genau / Geschlechter / für immer / Gestorbenen / vorsichtig / bestimmt

B. Fassen Sie jetzt in ca. 50 Wörtern die drei Verse mit ihren neuen Ausdrücken als Bericht zusammen.

Thorgeirs Vaterrache

Fragen

1. Wer ist der Autor dieser Sage?
2. Welcher Mann wird in positivem Licht dargestellt und welcher in negativem?
3. Warum lässt Thorgeir sich nicht von dem Knecht ins Haus einladen?
4. Woran erkennen wir, dass Jödur etwas Schlimmes ahnt, als er zur Haustür geht?
5. Woran erkennen wir, dass Thorgeir an Jödurs Haustür zu kämpfen bereit war?
6. Wodurch war Thogeir im Vorteil, als er mit Jödur und den Knechten in der Haustür stand?
7. Werden Jödurs und Thorgeirs Sippen weiter kämpfen, um die Morde zu rächen (revenge)?
8. Nennen Sie einige Stellen, die durch Untertreibung (understatement) gekennzeichnet sind.
9. Welche christlichen Elemente sehen Sie in dieser isländischen Sage?

Etwas zum Nachdenken

✧ Warum war Thorgeirs Mutter nicht böse auf ihren Sohn, als sie erfuhr, was er getan hatte?

✧ Finden Sie, dass Erzählstil und Inhalt gut zusammen passen? Warum (nicht)?

Übungen zur Sprache

A. Ersetzen Sie das kursivgedruckte Wort durch ein Synonym unten.
1. Er hatte niemals mit Geld *gebüßt*.
2. ..., machte er sich auf den *Heimweg*.
3. Ich habe keine Lust, *mich* damit *aufzuhalten*.
4. ..., dass seine *Bestimmungen* missachtet werden.
5. Die Wunde *kostete* Havar *das Leben*.
6. *Die Gewässer* waren alle zugefroren.
7. Wenn einer *bei Nacht und Nebel* kommt, ...
8. ..., wird er *schon* einen Grund haben.
9. Im Sommer wurde ein *Vergleich abgeschlossen*.
10. ... mit der *Sippe* des Jödur.

Weg nach Hause / Familie / Zeit zu verschwenden / Seen, Flüsse und Bäche / wahrscheinlich / Abkommen getroffen / bezahlt / Anweisungen / in tiefer Nacht / tötete

Übungen zum Inhalt

1. Suchen Sie fünf Stellen, die mit ganz großer Nüchternheit berichten, was passiert ist.
2. Drücken Sie diese Stellen mit Ihren eigenen Worten aus und zeigen Sie dabei mehr Gefühl.

Zur Diskussion

1. Erkennen Sie in dieser Sage etwas von Gastlichkeit? Wenn ja, an welchen Stellen?
2. Erkennen Sie in dieser Geschichte etwas von christlicher Nächstenliebe?
3. Suchen Sie einige Stellen, die durch Untertreibung (understatement) gekennzeichnet sind.

Das Nibelungenlied

1. Wer ist Kriemhild und wo lebt sie?
2. Wie heißen Kriemhilds Brüder?
3. Wer ist Siegfried und woher kommt er?
4. Wie kommt es, dass niemand Siegfried verwunden kann?
5. Wozu dient eine Tarnkappe?
6. Wie heißt Siegfrieds Schwert?
7. Was muss Siegfried für Gunther tun, bevor Gunther ihm seine Schwester versprechen will?
8. Wo lebt Brunhild?
9. Wie kann Siegfried seinem Schwager Gunther in der Hochzeitsnacht helfen, ohne von Brunhild entdeckt zu werden?
10. Wo streiten sich die Königinnen?
11. Kriemhild tut etwas sehr Dummes, wodurch Siegfried sein Leben verliert? Was tut sie?
12. Wer tötet Siegfried?
13. Was machen Kriemhilds Brüder und Hagen mit dem Nibelungenschatz?
14. Warum wollte Kriemhild König Etzel heiraten. Liebte sie ihn wirklich?
15. Wo lebt König Etzel (auch Attila genannt)?
16. Wie heißt König Etzels treuester Vasall?
17. Aus welchem Grund kommt Markgraf Rüdiger nach Worms?

18. Warum willigt Kriemhild ein (einwilligen = to agree), König Etzel zu heiraten?

19. Warum rät Königin Ute (die Mutter von Gunther, Gernot, Giselher und Kriemhild) davon ab, ins Hunnenland zu reiten?

20. Welche Weissagung (prediction) geben die Wasserfrauen (Nymphen)?

21. Wie zeigt Markgraf Rüdiger seine Gastfreundschaft?

22. Woher weiß Kriemhild jetzt mit Sicherheit, dass Hagen Siegfried erschlagen hat?

23. Warum können die Könige Hagen nicht an Kriemhild ausliefern?

24. Wie versucht Kriemhild, die Burgunder - ihre eigenen Leute - zu töten?

25. Hat Kriemhild Gelegenheit, Hagen zu töten? Tut sie es (nicht)? Warum?

26. Warum kann Hagen Kriemhild nicht verraten, wo der Nibelungenschatz ist? (Wissen Sie, wo er ist?)

27. Warum tötet Hildebrand Kriemhild?

Etwas zum Nachdenken

✿ Die Nibelungensage wurde in christlicher Zeit aufgeschrieben und hat mehrere christliche Elemente. Warum zählt sie trotzdem zu den germanischen nicht-christlichen Sagen?

Übungen zur Sprache

A. Ersetzen Sie die kursivgedruckten Wörter durch Synonyme, die unten aufgelistet sind.

1. ..., lebt eine junge *Königstochter*
2. Die *deutet* ihn (den Traum).
3. Ein *Königssohn* aus den Niederlanden.
4. Kein Mann kann ihn *verwunden*.
5. Nachts *bindet* sie Gunther Hände und Füße *zusammen*.
6. Noch einmal muss Siegfried Gunther für Brunhild *bezwingen*.
7. ..., um die Stelle zu *bezeichnen*.
8. Räuber, heißt es, haben den Helden *erschlagen*.
9. Aber nun *treibt* Hagen zur Fahrt.
10. *An der Spitze* reitet Hagen.
11. Hagen lacht über die *Weissagung*.

12. Der *gewaltigste* Held am Hofe Etzels.
13. Sie erinnert ihn an den Eid, den er ihr *einst* in Worms geschworen hat.
14. *Schweren Herzens* zieht Rüdiger vor die Königsburg.
15. ..., wo der Hort *verborgen* ist.

fesselt / vorne / versteckt / Prinzessin / verletzen / drängt / traurig / damals / erklärt / markieren / überwältigen / umgebracht / hervorragendste / Prophezeiung / Prinz

B. Wie heißen die Substantive, die mit den folgenden Verben verwandt sind? Was ist ihre englische Bedeutung?

1. deuten _____
2. verwunden _____
3. binden _____
4. bezwingen _____
5. bezeichnen _____
6. erschlagen _____
7. treiben _____

Zur Diskussion

1. Wie würden Sie die Stimmung beschreiben, die über diesem Epos liegt?

2. Wie kommt es, dass wir christliche Elemente in der Nibelungensage finden, wo sie doch in unserer vor-christlichen Zeit spielt?

3. Welche Elemente im *Nibelungenlied* könnte man als heidnisch und welche als christlich bezeichnen?

4. Wen finden Sie im *Nibelungenlied* am sympathischsten? Warum?

5. Wie wahr sind die Geschehnisse des *Nibelungenlieds*? Woher wissen wir das?

6. Welche Textstellen beweisen, dass das *Nibelungenlied* eine germanische Erzählung ist?

7. Wie ist das *Nibelungenlied* mit Island und Deutschland verbunden?

Zeittafel

51 B.C. unterwirft Julius Cäsar Gallien (Frankreich). Im 9. Jahrhundert sind alle im westfränkischen Reich lebenden Germanen romanisiert.

9 A.D. werden die Römer in Germanien (Deutschland) von Hermann, einem Cheruskerfürst (lat. Arminius) geschlagen. Germanien wird nicht romanisiert.

313 A.D. wird unter Konstantin das Christentum im Römischen Reich offiziell anerkannt. 391 A.D. erklärt Theodosius das Christentum zur römischen Staatsreligion. Häretiker und Heiden werden verfolgt.

350 A.D. übersetzt Ulfilas, ein Gotenbischof, die Bibel ins Gotische, mit eigenem Alphabet. Es ist die erste Bibelübertragung in eine germanische Sprache. Biblische Begriffe passen sich dem Empfinden der Germanen an.

375 A.D. fallen die Hunnen, ein mongolisches Reitervolk, in Europa ein. Die Zeit der Völkerwanderung beginnt.

476 A.D. umfasst das Reich des germanischen Stammes der Wandalen jetzt Sizilien, Sardinien, Korsika und die Balearen.

477 A.D. gehören zum Reich des germanischen Stammes der Westgoten das Gebiet zwischen Loire, Rhône und Durance (Frankreich), auch Teile der Alpen und große Teile der Iberischen Halbinsel (Spanien). 409 A.D. waren die Westgoten von Rom in die Hispanischen Provinzen geschickt worden, um dort andere, feindliche germanische Stämme (Sueben, Alanen u.a.) zu vertreiben. Seit dem 3. Jhdt. waren diese über die Pyrenäen eingedrungen. Die Westgoten unterwerfen die Sueben in Galizien und beseitigen die byzantinische Herrschaft in Andalusien. Im 7. Jhdt. gelingt es ihnen, eine politische Einheit in der Pyrenäenhalbinsel herzustellen. Toledo wird Zentrum des Reichs. Die Westgoten treten zum römisch-katholischen Glauben über und assimilieren sich mit der Bevölkerung. Ihre Sprache geht unter.

496 A.D. läßt sich Chlodwig, der merowingische Herrscher im Frankenreich, taufen.

537 A.D. soll König Artus gefallen sein. Man kennt ihn als nordbritischen Heerführer und Besieger der eindringenden Sachsen. Keltische und irische Märchenmotive umgeben ihn. Mit seiner Tafelrunde von Rittern erscheint er in der mittelalterlichen Literatur in mehreren Ländern Westeuropas.

Um 550 A.D. taucht zum ersten Mal das Kruzifix (Kreuz mit Christus) in der christlichen Kunst auf.

552 A.D. geht der germanische Stamm der Ostgoten in einer Schlacht am Vesuv unter.

568 A.D. zieht der germanische Stamm der Langobarden in Italien ein und herrscht in Ober-und Mittelitalien. Als sie Rom angreifen wollen, ruft der Papst den Frankenkönig Pippin[58] (Vater Karls des Großen) zu Hilfe. Schließlich besiegt Karl der Große 774 A.D. die Langobarden bei Pavia. Das ist das Ende des Langobardenreichs.

587 A.D. werden die Westgoten in Spanien zum römisch-katholischen Christentum bekehrt.

---

58 Pippin, Sohn Karl Martells, kam aus dem Stamm der Merowinger. Er half dem Papst gegen die Langobarden zu kämpfen. Er schenkte dem Papst Land, woraus sich der Vatikan entwickelte.

711 A.D. kommt der Berber Tarik mit einem kleinen Heer über Gibraltar nach Spanien. Zweihundert der westgotischen Adelsfamilien, die in Spanien herrschen, verbünden sich mit ihm, da sie unter sich nicht einig sind. Tarek hatte Mauren mitgebracht. So nannte man die aus dem heutigen Marokko und Algerien stammenden Mohammedaner. In rasender Eile stürmen diese Mauren nach Norden. Sie überrennen fast die gesamte Halbinsel - außer einem ganz kleinen Teil im NW - und werden erst 732 in Südfrankreich von Karl Martell, einem Franken, zurückgeschlagen. In Spanien tritt die ländliche Bevölkerung fast geschlossen zum Islam über. Christliche Minderheiten, „Mozaraber" genannt, koexistieren mit Mauren und jüdischen Minderheiten und bilden blühende Gemeinden innerhalb von Al-Andalus (Andalusien). Die Westgoten, die sich nicht mit den Mauren verbünden wollen, fliehen in den NW der Halbinsel, in das Kantabrische Gebirge. Dort bilden sie das Königreich Asturien. Sie betrachten sich als rechtliche Erben der westgotischen Monarchie. Hier liegt der Ausgangspunkt der Reconquista[59].

725 A.D. fällt Sankt Bonifatius die heilige Eiche des Gottes Donar, um den Germanen zu beweisen, dass ihr heidnischer Glaube nutzlos ist.

750 A.D. ist die Blütezeit der arabischen Medizin, Astronomie, Mathematik, Optik und Chemie in Spanien. Das Wissen breitet sich in Europa aus.

778 A.D. wird die Nachhut des Heeres Karls des Großen auf der Rückkehr von Spanien von den Basken vernichtet. Karls Neffe und bester Freund Roland findet dort den Tod.

782 A.D. kommt der Gelehrte Alcuin aus England, um Karl dem Großen im Erziehungswesen zu helfen.

796 A.D. leitet Alcuin die Universität in Tours

799 A.D. hat Papst Leo III. Schwierigkeiten in Rom und flieht an den Hof Karls des Großen.

---

59 Reconquista bedeutet Wiedereroberung. Im Jahr 1492 war es Isabel und Ferdinand gelungen, die letzten Araber und Juden zu vertreiben oder zur Konversion zum Christentum zu zwingen. Spanien war von jetzt an ein römisch-katholisches Land.

II

Frühes Mittelalter
800 – 1050

Kaiser Karl der Große

Geschichte und Kultur

Karl der Große

Der bedeutendste Herrscher im Reich der Franken war Karl der Große (742-814). Die Sprache an seinem Hof war Rheinisch-Fränkisch, ein althochdeutscher Dialekt. Sein Reich erstreckte sich von Nordspanien bis an die Elbe im Osten Deutschlands und von der Nordsee bis nach Rom. Er vereinte zum ersten Mal alle germanischen Stämme, die später zum deutschen Volk zusammen wuchsen. 32 Jahre lang hatte er versucht, die Sachsen zu besiegen und zum Christentum zu bekehren. Schließlich wurde auch dieser letzte Stamm ein Teil seines Reichs.

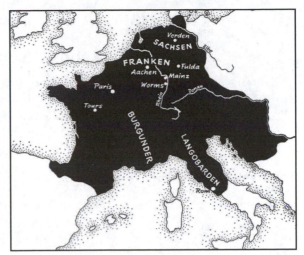

Das Reich Karls des Großen

Ausbreitung des Christentums

Als Karl am Weihnachtstag im Jahr 800 in Rom vom Papst zum Kaiser gekrönt wurde, wurde sein Reich sozusagen die Nachfolge des „Imperium Romanum", des Römischen Reichs. Allerdings spricht man von jetzt ab vom „Heiligen Römischen Reich", denn kirchliche und weltliche Macht waren von nun an eng miteinander verbunden.

Mit der Eroberung der verschiedenen germanischen Stämme breitete sich auch das Christentum weit über Mitteleuropa aus. Das neue christlich-abendländische Denken findet sich deshalb ebenso bei den Westgoten in Spanien wie bei den Langobarden in Norditalien sowie bei den Angelsachsen.

Dass Karl ein hervorragendes militärisches Genie war, ist nicht zu bestreiten. Dass er aber gleichzeitig beinah väterlich für sein Volk sorgte und sich für Literatur und die Bildung im Allgemeinen einsetzte, ist ebenso bemerkenswert. Er sorgte dafür, dass in den Klöstern christliche Literatur geschrieben wurde und dass die alte heidnische Literatur gesammelt wurde.

Obwohl Karls Lieblingsstadt Aachen war, reiste er ständig in seinem Reich umher, um sich

Karl der Große

**Eine Art EURO- Währung vor
1200 Jahren: Münze Karls des
Großen um 800.**

von seinen Pfalzen[1] aus über die Zustände im Reich zu informieren.
Außer diesen Pfalzen baute Karl auch um den riesigen Komplex seiner Länder einen breiten Gürtel von Marken[2].

Lehnswesen

Bei Karl liegen die Anfänge des Lehnswesens, einer feudalisti-
schen Verwaltungsstruktur[3]. Das bedeutet, dass seine Gefolgsleute,
die Vasallen, ihm in Notzeiten helfen mussten. Dafür bekamen sie
Land, ein Lehen[4]. Bischöfe konnten auch mit Land belehnt werden.
Damit unterstanden sie nicht mehr nur dem Papst, sondern wurden
auch Vasallen des Kaisers. Mit dieser feudalen Verwaltungsordnung
baute Karl wohl die Grundlage einer staatlichen Verwaltung, aber er
legte auch den Grundstein zu den vielen späteren Auseinanderset-
zungen zwischen Kirche und Staat.

Karl kümmerte sich um die niedrigsten und um die höchsten
Dinge in seinem Reich. Er kümmerte sich um das Leben der Bauern und führte die „Dreifelderwirtschaft"[5]ein, die bessere Ernten
erzielte. Königliche Güter entwickelten sich zu Musterwirtschaften,
wo genau festgelegt wurde, welche Blumen- und Gemüsearten ange-
baut werden sollten und wie viele Gänse und Hühner man haben
sollte. Er gründete Klosterschulen und Domschulen, in denen Kinder von freien Bauern und Handwerkern lesen und schreiben lernten
und Religionsunterricht bekamen. An seiner Palastschule in Aachen
wurden seine Beamten ausgebildet. Berühmte Gelehrte und Künstler
kamen an seinen Hof. Seine Mönche arbeiteten an einer deutschen
Grammatik, er führte eine deutsche Schrift ein (nach lateinischem
Vorbild). Er holte Sänger aus Italien, die den Kirchengesang seiner
Franken verbessern sollten. Aus Rom und Ravenna ließ er Bausteine
und Marmor kommen, die nach römischem Muster in seinen Kirchen und Palästen eingebaut wurden.

---

1   Eine Pfalz war eine königliche Wohnburg. Dort tagte das Hofgericht. Der
    Pfalzgraf wurde Vertreter des Königs im Gericht.
2   Eine Mark ist im Fränkischen Reich ein Grenzterritorium zur Sicherung der
    Grenze. Dort wohnte der Markgraf, der mehr Rechte und Freiheiten hatte
    als andere Grafen. Er waltete dort als Stellvertreter des Königs. Im 12. Jhdt.
    wurden aus den meisten Marken die Reichsfürstentümer.
3   Lehen auf lat. ist *feudum*, daher Feudalordnung oder engl. *feudalism*.
4   Das Verb"leihen" ist damit verbunden.
5   Ein Feld musste jedes dritte Jahr brach liegen, damit der Boden sich erholen
    konnte.

Karls Ruhm verbreitete sich weit über die Grenzen seines Reichs. Sogar der mächtige Kalif Harun al Raschid in Bagdad[6] wollte sich mit Karl anfreunden. Er schickte ihm Geschenke und soll ihm auch eine Art Schutzherrschaft über das Heilige Grab gewährt haben.

Kulturzentren

Die Kulturzentren zur Zeit Karls des Großen waren Klöster und Schulen. Karl interessierte sich so sehr für Kunst und Literatur, dass er alles sammeln ließ, was aufgeschrieben war, Heidnisches und Christliches. Zu dieser Zeit entstand das im Stabreim geschriebene *Hildebrandslied*, das einzige Heldenepos in Althochdeutsch (heidnisch im Charakter) und das Epos *Heliand*, das ein geistlicher Dichter ebenfalls im Stabreim schrieb und in dem das Leben Christi noch im Stil der germanischen Heldenlieder geschildert wird.

Thron Karls des Großen

Teilung des Reichs

Karls Sohn und Nachfolger war Ludwig der Fromme. Man sagt, er habe viel heidnische Literatur vernichten lassen, eben weil sie heidnisch war. Auch ihn krönte der Papst zum Kaiser, diesmal in Reims. Ludwigs großes Reich wurde unter seinen drei Söhnen aufgeteilt.

842 in Straßburg verbündeten sich Karl (der Kahle) und Ludwig (der Deutsche) gegen ihren Bruder Lothar. Den Soldaten Karls musste dieser Eid auf Altfranzösisch vorgelesen werden, damit sie ihn verstehen konnten, und Ludwigs Soldaten hörten ihn auf Althochdeutsch. Die Menschen in dem großen Frankenreich konnten sich nicht untereinander verständigen. In dem großen fränkischen Reich hatte sich die Sprache des Volks

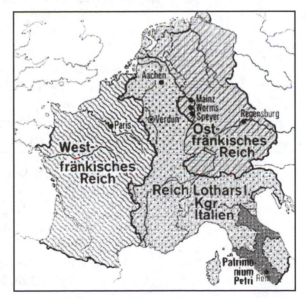

Die Teilung des Reichs Karls des Großen

---

6   Al Raschid heißt „der Gerechte". Er ist der Held vieler Erzählungen in *Tausend und eine Nacht*. Auch er versammelte Dichter und Gelehrte an seinem Hof und überschüttete sie mit Geschenken. Nachts ging er verkleidet durch die Straßen von Bagdad, um sich unter sein Volk zu mischen und aus erster Hand dessen Sorgen und Nöte zu erfahren. Er war aber auch ein tyrannischer, egoistischer Despot, der seine grausame Seite zeigte, wenn er sich bedroht glaubte.

unterschiedlich entwickelt. Der westliche Teil entwickelte sich mit seiner romanisch sprechenden Bevölkerung zu Frankreich, und der östliche mit seiner germanisch sprechenden Bevölkerung zu Deutschland. Im folgenden Jahr, im Vertrag zu Verdun, erhielt Lothar einen Landstreifen, der durch die Mitte des Landes lief, von der Nordsee bis nach Italien. Von jetzt an nahm die Geschichte Frankreichs und Deutschlands ihren eigenen Verlauf. Wir können aber noch lange nicht von einem Deutschland im heutigen Sinn sprechen.

Die Karolinger starben aus und der Sachse Heinrich I. wurde zum König gewählt. Er schloss Lothringen an sein Reich an, besiegte die wieder einmal eindringenden Ungarn (die früheren Hunnen), erwarb Brandenburg, besiegte die Dänen und schloss Schleswig seinem Reich an. Heinrich gilt als der Gründer des 1. Deutschen Reichs.

Otto I., Kaiser des Heiligen Römischen Reichs

Als Heinrich starb, wurde sein Sohn Otto I. zum König gewählt. Nach Ottos Krönung durch den Papst - jetzt wieder in Rom - wurde er römisch-deutscher Kaiser. Er war jetzt, wie sein Vorgänger Karl, Schutzherr der Christenheit. Er war Kaiser des «Heiligen Römischen Reiches Deutscher Nation", das bis 1806 bestand, bis zur Zeit Napoleons.

Ottos größter militärischer Sieg war der endgültige Sieg über die Ungarn 955 auf dem Lechfeld bei Augsburg. Sie hatten das Reich schon vor Karl dem Großen immer wieder angegriffen, aber von jetzt an wagten sie sich nie wieder so weit ins Land.

Ottos Reich erstreckte sich von der Nordsee bis Italien und vom Rhein bis an die Elbe. Seit den Straßburger Eiden gehörte Frankreich nicht mehr dazu. Ottos riesiges Reich musste durch gute und treue Gefolgsleute verwaltet werden. Deshalb wählte er sich seine Vasallen aus und belehnte sie zum Dank mit Land. Auch er belehnte Bischöfe mit Land; er setzte sogar Bischöfe in ihr Amt ein[7]. Eine Lehnsordnung bildete sich heraus, bei der Vasallen ihre Untervasallen haben durften. Die Untervasallen konnten auch wieder Vasallen haben. Sie schwuren sich den Eid:

«Deine Feinde sind meine Feinde, deine Freunde sind meine Freunde.

---

7 Kaiser und Papst gerieten später in einen heftigen Streit darüber, den Investiturstreit, wer das Recht haben soll, Bischöfe einzusetzen. Die Päpste wollten selbst Bischöfe einsetzen, um durch sie die Politik des Kaisers zu beeinflussen. Der Konflikt wurde endlich 1122 bei einem Konzil in Worms geregelt: der Papst ernennt die Bischöfe und der Kaiser belehnt sie mit Land.

Ich will dir allzeit treu zugetan und gegenwärtig sein, wenn du mich brauchst".

Aus den beliehenen Lehen wurden im Lauf der Zeit erbliche Lehen, die dem Menschen einen bestimmten gesellschaftlichen Stand oder Klasse gaben. Daraus entwickelte sich eine Klassengesellschaft, denn die Geburt in einen Stand bestimmte die gesellschaftliche Stellung, die ein Mensch hatte. Dieses Standesdenken prägte sich sehr stark aus. Gewöhnlich blieb man sein Leben lang in dem Stand, in den man geboren worden war. Bestimmte Stände hatten bestimmte Privilegien, die sich in Kleidung und Benehmen zeigten. Man musste sich standesgemäß benehmen, also „anständig".

Benediktiner-Kloster Maria Laach in der Eifel feierte 1993 das 900-jährige Bestehen.

Romanische Architektur

Der Dom in Speyer (1082-1106) ist ein ganz frühes romanisches Bauwerk mit imposanten Gewölben. Wie alle anderen romanischen Bauwerke erscheint er blockig und fest. Die Wände sind dick, die Fenster nicht sehr groß, mit Rundbögen. Wenn man diese große Kirche ansieht, muss man unwillkürlich an eine Burg denken. Kirchen und Burgen boten nämlich den Menschen Schutz. Die einfachen Dorfkirchen haben meistens runde, fast fensterlose Türme. Auf die schönen bunten Glasfenster müssen wir noch warten.

Zu den Bauwerken der romanischen Architektur gehören auch die rheinischen Kaiserdome Worms und Mainz, der Dom in Hildesheim, die Benediktiner-Abtei Maria Laach und viele noch heute erhaltene Kirchen.

Das vor dem Jahr 800 begonnene Münster in Aachen steht am Anfang dieser Baukunst und zeigt noch einen starken südlichen und byzantinischen Einfluss. Karl der Große hatte den Bau des Aachener Münsters angeregt. Aachen war seine Lieblingsstadt. Im Münster liegt er begraben.

Dom in Speyer

Innenansicht des Doms in Speyer

Übungen

Fragen zur Geschichte und Kultur

Karl der Große

1. Welche Sprache wurde am Hof Karls des Großen gesprochen?
2. Wie groß war das Reich Karls des Großen?
3. Welches war der letzte germanische Stamm, der zum Christentum bekehrt wurde?

Ausbreitung des Christentums

1. Welche germanischen Stämme saßen in Spanien und Norditalien?
2. Wann, wo und von wem wurde Karl der Große zum Kaiser gekrönt?
3. Was bedeuten „Pfalz" und „Mark"?

Lehnswesen

1. Was deutet darauf hin, dass Karl der Große sich sehr um das Wohlergehen seines Volkes kümmerte?
2. Was bekamen die Vasallen für ihre Dienste?

Kulturzentren

1. Was beweist, dass Karl der Große sich für Kunst und Literatur interessierte?
3. Wo befanden sich die Stätten des Lernens?
4. Wovon handelt der *Heliand*?

Teilung des Reichs

1. Was tat Ludwig der Fromme mit den Literatursammlungen seines Vaters?
2. Was bedeutete der Vertrag zwischen Karls Enkeln Karl, Ludwig und Lothar für das Heilige Römische Reich?

Otto I.

1. Gegen welchen nicht-germanischen Feind musste auch Otto I. kämpfen?
2. Wie lange bestand das „Heilige Römische Reich"?
3. Wie zeigten die Menschen, zu welchem Stand sie gehörten?
4. Woher kommt das Adjektiv „anständig"?

Romanische Architektur

1. Seit ungefähr wann baute man in Deutschland im romanischen Baustil?
2. Wie würden Sie die Wände und Fenster dieses Baustils beschreiben?
3. Wie sehen die Türme aus?
4. Wo stehen heute noch in Deutschland romanische Bauwerke?
5. Warum wollte Karl der Große, dass das Münster in Aachen gebaut wurde?
6. Sind sich alle romanischen Bauten in Europa ähnlich? Begründen Sie bitte Ihre Antwort.

Etwas zum Nachdenken

✿ Warum wurde der Name „Römisches Reich" in „Heiliges Römisches Reich" geändert?

✿ Können Sie sich erklären, woher das Adjektiv „feudal" kommt, das so viel wie „vornehm" oder „herrschaftlich" bedeutet?

✿ Die Straßburger Eide wurden auf Altfranzösisch und Althochdeutsch vorgelesen. Gut, aber warum hätte man sie denn nicht einfach auf Lateinisch schreiben können, wie man fast alle Dokumente schrieb?

Sprache

Althochdeutsch

Im Jahr 768 (Regierungsantritt Karls des Großen) wird Deutsch zum ersten Mal als Sprache erwähnt: 'tam latine quam <u>diutiske</u>'[8] = sowohl in Latein als auch in <u>Deutsch</u>. „Deutsch" bedeutet hier „zum Volk gehörend". Zu dieser Zeit wurden *fränkisch* und *deutsch* manchmal noch als gleiche Sprachen behandelt, aber dann setzte sich das *francisce* für fränkisch durch. In den Straßburger Eiden 842, als das Reich Karls des Großen unter seine Enkel aufgeteilt wurde, und als damit der Anfang der französischen und deutschen Reiche begann, war auch die sprachliche Trennung da.

Latein, im Gegensatz zur Volkssprache, ist die Sprache der Kirche, der Mönche. Die Mönche gebrauchten das Wort „deutsch" im gleichen Sinn wie „teutonisch", dem germanischen Stamm der Teutonen zugehörend. Da die Teutonen 102 B.C. mit den Römern zusammengestoßen waren und ihnen mit ihrem barbarischen Benehmen den „furor teutonicus" eingejagt hatten, setzten die Mönche das Wort „deutsch" dem Wort „teutonisch = barbarisch" gleich. Es wurde anfangs im Gegensatz zu der zivilisierteren christlich-lateinischen Kirchenkultur gebraucht.

Auch heute noch bezeichnen andere Nationen die Deutschen nach ihrer eigenen Auffassung, was die Deutschen eigentlich sind: im Französischen heißen sie „Alemannen" (nach einem einzigen Stamm), im Englischen „Germanen" (andere Völker sind aber auch Germanen), im Finnischen „Sachsen" (was auch nur ein einziger Stamm war) und die Russen nennen sie einfach „Ausländer".

Unter Karl dem Großen wird lateinische kirchliche Literatur auf Deutsch übersetzt. Er will, dass die Kinder in seinen Schulen zumindest das Vaterunser auf Deutsch sagen können. Man weiß, dass er eine deutsche Grammatik schreiben ließ, aber leider ist sie nicht mehr erhalten.

Deutsch hat im Laufe seiner Sprachentwicklung zuerst viel aus dem lateinischen und später aus dem französischen Wortschatz übernommen. Besonders durch die fortschreitende Christianisierung hat das Deutsche viele lateinische Wörter assimiliert:

---

8   Latein: theodiscus, AHD: diutisk, von diot = Volk, MHD: diutsch = Volkssprache

Latein	Deutsch
claustrum	Kloster
nonna	Nonne
monicus	Mönch
praedicare	Predigen
missa	Messe
scribere	Schreiben
tabula	Tafel

Die allererste althochdeutsche Grammatik zeigt noch ganz stark den lateinischen Einfluss auf die Sprache:

Latein:	dicitis	me (Akk)	ejicere	demonia
Althochdeutsch:	ir quedet	mih(Akk)	werphan	diuvala
Neuhochdeutsch:	ihr sagt	ich (Nom)	werfe hinaus	Dämonen

Nach dem Tod Karls des Großen zerfiel sein Reich in ein Westreich und ein Ostreich. Dabei war die politische Grenze auch ungefähr die sprachliche Grenze zwischen Französisch und Deutsch. Das Wort „deutsch" beschrieb zuerst die Sprache im östlichen Teil des Reichs, dann die Sprecher „die Deutschen" und erst viel, viel später das Land „Deutschland".

Althochdeutsch (750-1050) als Literatursprache[9] finden wir z. Z. Karls des Großen. Sie war aber noch nicht einheitlich im gesamten deutschsprachigen Gebiet. Zur Zeit Ottos I. kommt Lateinisch wieder in den Vordergrund. Das Latein verdrängt das Deutsch so sehr, dass wir von ca. 900-1050 fast gar keine deutsche Literatur haben. Außer rein lateinischen Dichtungen gibt es allerdings deutsch-lateinische Mischpoesie, in der sich je eine deutsche Zeile mit einer lateinischen abwechselt[10].

Seit ungefähr 850 finden wir den germanischen Stabreim nicht mehr. Es ist möglich, dass die Lautverschiebungen diese Art zu reimen schwieriger gemacht haben, aber es ist wahrscheinlicher, dass das Latein mit seinen Endreimen sich einfach durchgesetzt hat. Da die meisten Schriften aus den *scriptoria*[11] der Klöster kamen, standen sie unter dem Einfluss der römischen Kirche.

---

9 Es gab keine standardisierte althochdeutsche Schriftsprache, denn die Dialekte bestimmten die Schreibweise.

10 Ein deutsches Weihnachtslied, das noch heute gesungen wird, zeigt diese Mischpoesie: *„In dulci jubilo, nun singet und seid froh!"*

11 Schreibstuben

Althochdeutsch zeigt gotische Spuren, die auf die christliche Missionierungsarbeit zurückgehen. Die Goten und Lombarden hatten das arische[12] Christentum angenommen und brachten den Deutschen wahrscheinlich durch die östliche Kirche griechische Wörter, die mit ihrer Religion zu tun hatten: gr. papas = dt."Pfaffe", gr. angelos = dt. „Engel".

Als immer mehr auf Deutsch übersetzt wurde, hatten die Mönche eine Riesenarbeit damit, die vielen lateinischen Ausdrücke und den lateinischen Satzbau ins Deutsche zu übertragen. Kein Wunder also, dass das älteste deutsche Buch ein lateinisch-deutsches Wörterbuch ist. Es entstand 760, wahrscheinlich im Kloster Fulda, und heißt „Abrogans". *Abrogans* ist das erste lateinische Wort im Buch und bedeutete althochdeutsch *dheomodi* und neuhochdeutsch *demütig*. Außer diesem Wörterbuch gibt es mehrere „Glossen", das sind deutsche Erklärungen des lateinischen Textes, die zwischen die Zeilen (interlinear) oder an den Rand (marginal) geschrieben wurden.

Sehen wir uns als Beispiel dieser Zeit die *Straßburger Eide* von 842 an.

Das „ich" ist Ludwig, der „Bruder" ist Karl. Sie verschwören sich gegen ihren gemeinsamen Bruder Lothar.

In godes minna ind in thes christanes folches	*Aus Liebe zu Gott und zu dem christlichen Volk*
ind unser bedhero gehaltnissi,	*und zum Heil von uns beiden*
fon thesemo dage frammordes,	*von diesem Tag an*
so fram so mir got geuuizci indi mahd furgibit,	*so weit mir Gott Weisheit und Kraft gibt*
so haldih thesan minan bruodher,	*so werde ich bei meinem Bruder stehen*
soso man mit rehtu sinan bruodher scal,	*wie man mit Recht bei seinem Bruder stehen soll*
in thiu dhazer mig so sama duo,	*sodass er es ebenso mit mir tue*
indi mit Ludheren in nohheiniu thing ne gegango,	*und ich werde mit Lothar kein Bündnis schließen*
the minan uuillon imo ce scadhen uuerdhen.	*das ihm (Karl) durch mich Schaden bringen wird.*

---

12 Der Grieche Arius behauptete, Jesus sei nicht Gott gleich, sondern Gott ähnlich.

Übungen

Fragen zur Sprache

1. Was bedeutet „diutisk"?
2. Ungefähr wann sehen wir im fränkischen Reich eine Trennung der Volkssprache in zwei Teile, die sich später zum Französischen und Deutschen entwickelten?
3. Was meinten die Mönche mit „barbarisch"?
4. Manche Völker gebrauchen nur den Namen eines einzigen germanischen Stammes, wenn sie die Deutschen meinen. Kennen Sie Beispiele?
5. Woran können wir erkennen, dass Karl der Große die deutsche Sprache gern hatte?
6. Welche modernen deutschen Wörter haben ihren Ursprung in den lateinischen Wörtern „tabula" und „scribere"?
7. Wie nennen wir die Literatursprache zwischen 750 und 1050?
8. Warum gebrauchten die Schreiber zu dieser Zeit nicht alle dieselbe Schriftsprache?
9. Erklären Sie, was man mit „deutsch-lateinischer Mischpoesie" meint.
10. Von welchem griechischen Wort kommt das deutsche Wort „der Engel"?
11. Was für ein Buch ist „Abrogans"?

Etwas zum Nachdenken

☼ Wie kommt es, dass die meisten Schriften aus der althochdeutschen Zeit lateinisch geschrieben sind?

Literatur

St. Galler Vaterunser (8. Jhdt.)

Die ersten deutschen religiösen Schriftstücke sagen uns, dass das Christentum jetzt Fuß fasst. Die folgenden Beispiele gehören zu den frühesten volkssprachlichen (deutschen) Dichtungen, die den Missionaren bei ihrer Christianisierungstätigkeit helfen sollten. Die Verfasser sind fast nie bekannt, aber wir wissen, dass es Geistliche waren. Wenn wir uns diese deutschen Literaturstücke ansehen, müssen wir daran denken, dass sie wirklich nur ganz kleine deutsche Inselchen in einem Meer von lateinischer Literatur sind. Die Anfänge waren sehr bescheiden: ein Vaterunser und ein Glaubensbekenntnis, die man im Kloster St. Gallen gefunden hat (8. Jhdt.).

Ein kleiner Blick auf Denkmäler zeigt uns, wie sehr sich die althochdeutsche Sprache noch von unserer neuhochdeutschen unterscheidet.

> Fater unseer, thu pist in himile, uuihi namun dinan,
> Unser Vater, du bist im Himmel, geheiligt sei dein Name,
>
> qheme rihi din,
> dein Reich komme,
>
> uuerde uuillo din, so in himile sosa in erdu.
> dein Wille geschehe, wie im Himmel so auf Erden.
>
> Prooth unseer emezzihic kip uns hiutu,
> Gib uns heute unser täglich Brot,
>
> oblaz uns sculdi unseero,
> vergib uns unsere Schuld,
>
> so uuir oblazem uns sculdikem,
> wie wir vergeben unseren Schuldigern,
>
> enti ni unsih firleiti in khorunka,
> und führe uns nicht in Versuchung,
>
> uzzer lozi unsih fona ubile.
> sondern erlöse uns von dem Übel.

Ungefähr zur selben Zeit entstand im Kloster Fulda ein ähnliches Vaterunser (aus Tatians *Evangelienharmonie* ~830). Das deutsche Vokabular, die Schreibweise und der Satzbau kommen dem modernen Deutsch ein kleines bisschen näher. Die Unterschiede in der Schreibweise gehen auf die unterschiedlichen deutschen Dialekte zurück .(pist/bist, prooth/brót):

Fater unser, thu thar bist in himile, si giheilagot thin namo,
qheme thín rihhí,
si thín uuillo, só hér in himile ist, só si hér in erdu.
Unsar brót tagalihhaz gíb uns hiutu,
inti furlaz uns unsara sculdi,
só uuír fúrlazemes unsaren sculdigon,
inti ni gileitest unsih in costunga,
úzouh árlosi unsih fón ubile.

Wessobrunner Gebet oder Wessobrunner Schöpfungsgedicht (9. Jhdt.)

Es wurde im bayrischen Kloster Wessobrunn gefunden. Dass es der Missionstätigkeit diente, zeigt die Auseinandersetzung mit heidnischen Gebräuchen. Hier werden der Weltanfang und die Existenz des allmächtigen Gottes gepriesen.

Es besteht aus zwei Teilen. Der erste Teil ist ein Schöpfungsgedicht in Stabreimen geschrieben, das den Germanen die christliche Lehre bringen soll, nach der ein einziger allmächtiger Gott die Welt mit allen ihren Bestandteilen erschaffen hat. Die einzelnen Bestandteile der Erde wie Wasser, Feuer, Gestirne sind alle ein Teil dieser Schöpfung und sollen nicht - wie im germanischen Brauch - als einzelne Götter verehrt werden.

Übersetzung:
Das erfuhr ich unter den Menschen als größtes Wunder, dass Erde nicht war, noch oben Himmel, noch irgend ein Baum, noch Berg war, noch Sonne schien, noch leuchtete der Mond, noch war das herrliche Meer. Da dort nirgends etwas war, weder Anfang noch Ende, da war doch der eine allmächtige Gott, der reichste an Gnade, und da waren auch bei ihm manche herrlichen Geister. Du allmächtiger Gott

Transkription:
Dat gafregin ih mit firahim firiuuizzo meista,
dat ero ni uuas noh ufhimil
noh paum noh pereg ni uuas,
ni nohheinig noh sunna ni scein,
noh mano ni liuhta, noh der mareo seo.
Do dar niuuiht ni uuas enteo ni uuenteo.
enti do was der eino almahtico cot,
manno militisto, enti dar warun auh mannake mit inan
cootlihhe geista. ento cot jailac. Cot almahtico du

Der zweite Teil ist ein Gebet an Gott, in Prosa.

Allmächtiger Gott,	Cot almahtico,
der du Himmel und Erde geschaffen hast,	du himil enti erda gauuorahtos,
und der du den Menschen	enti du mannun
so viel Gutes gegeben hast,	so manac coot forgapi
gib mir in deiner Gnade	forgip mir in dino ganada.
den rechten Glauben und guten Willen,	rehta galaupa enti cotan uuilleon,
Weisheit und Wissen und Kraft,	uuistóm enti spahida enti craft,
den Teufeln zu widerstehen	tiuflun za uuidarstantanne
und das Üble zu vermeiden	enti arc ze piuuisanne
und deinen Willen zu tun.	enti dinan uuilleon za gauurchanne.

Muspilli (9. Jhdt.)

Am Weltende steht das göttliche Gericht. Eine ausführliche Beschreibung gibt ein Bild davon, wie die Heerscharen des Himmels und der Hölle um die Seele der Verstorbenen kämpfen. Je nach Ausgang des Kampfes wartet auf die Seele der Verstorbenen entweder ewige Seligkeit oder ewige Verdammnis.

Wenn der mächtige König	so denne der mahtigo khuninc
das Gericht zusammenruft	das mahal kipannit
dann wird kommen jede Rasse:...	dara scal queman chunno kilihaz:...
Dort wird er verantwortlich sein	dar scal er uorademo rihhe
vor der Autorität	az rahhu stantan,
für das, was er in der Welt getan hat.	pi daz er in uuerolti kiuuerkot hepata.

Hildebrandslied (830/840)

Das *Hildebrandslied* ist das einzige erhaltene Exemplar eines frühmittelalterlichen Heldenliedes in der deutschen Literatur. Es wurde im Kloster Fulda aufgeschrieben, wahrscheinlich nach einem Text aus den Jahren vor 800. Es beschreibt den tragischen Zweikampf zwischen Vater und Sohn.

Diese unchristliche Heldensage haben zwei Mönche im Kloster Fulda auf die Innenseiten des Deckels einer theologischen Handschrift aufgeschrieben.

Hildebrand, der 30 Jahre lang fort gewesen war, kommt zurück und trifft Hadubrand, seinen Sohn. Der Vater erkennt den Sohn, aber Hadubrand will nicht glauben, dass er vor seinem Vater steht. Er beleidigt ihn. Ein Zweikampf bricht aus. Es geht um die Ehre. Hier bricht das Dokument ab. Das Ende kennen wir nicht, aber nordische Quellen berichten, dass der Vater den Sohn getötet hat.

Das Lied soll auf einer geschichtlichen Tatsache beruhen: Hildebrand war Gefolgsmann des Ostgotenkönigs Theoderich (+526). Theoderich wurde von Odoaker aus Italien vertrieben und Hildebrand musste auf der Flucht Frau und Sohn zurücklassen. Nach 30 Jahren kehrte er zurück und traf seinen Sohn.

Vers 49-54 des Heldenlieds (frei übersetzt):

«welaga nu, waltant got (quad Hiltibrant), wewurt skihit" ...

"O weh, waltender Gott, jetzt nimmt das Schicksal seinen Lauf! Sechzig Sommer und Winter war ich nicht im Land. Man hat mich immer in die Schar der Bogenschützen gestellt. Vor keiner Burg hat mich der Tod ereilt, und jetzt soll es geschehen, dass mich mein eigener Sohn mit dem Schwert erschlägt, mich mit seiner Waffe zu Boden fällt - oder dass ich ihm den Tod bringe."

Heliand (830)

Ludwig der Fromme, Sohn Karls des Grossen, hatte einen sächsischen Dichter beauftragt, das Leben Jesu so aufzuschreiben, dass die neue Religion für die kämpferischen Sachsen verständlich wurde. Der *Heliand* sollte für Christus, den Gefolgsherrn werben und seine Lehren verkünden. So musste das Werk also auf Deutsch geschrieben werden und Jesus als germanischer Held erscheinen und seine Jünger als Gefolgsleute, mit denen man sich identifizieren kann. Herodes' Fest wurde zu einem Trinkgelage und Städtenamen bekamen einen germanischen Klang, wie Nazarethburg und Bethleemaburg. Damit konnte sich das Bekannte und Beliebte der Sachsen mit dem Neuen und Fremden der christlichen Religion verschmelzen.

Roswitha von Gandersheim (935-973)

Sie gilt als erste deutsche Schriftstellerin, aber sie schrieb lateinisch. Denn mit dem Aussterben des letzten Karolingers (911) stirbt auch die deutschsprachige Literatur aus. Von nun an wird lateinisch geschrieben. Obwohl die deutsche Literatur im hohen Mittelalter noch einmal eine Blütezeit erlebt, bleibt das Lateinische in Deutschland die Sprache der Wissenschaft und Bildung bis ins 17. Jahrhundert hinein.

Roswitha von Gandersheim war Nonne in dem Benediktinerkloster Gandersheim. Sie war von der Kunst des heidnischen Römers und Komödiendichters Terenz bezaubert, schrieb in seinem Stil, aber über christliche Themen. Sie schrieb Gedichte, die auf christlichen und geschichtlichen Legenden beruhten, z.B. über Theophilus' Pakt mit dem Teufel und über die großen Taten Kaiser Ottos I. Auch erotisch gefärbte Themen behandelte sie. Aber in allen ihren Werken liegt der tiefe Glaube, dass in Gottes irdischer Schöpfung eine Harmonie und Vollkommenheit liegt.

Roswitha folgte dem Trend ihrer Zeit. Für die nächsten 150 Jahre wurde eben nicht mehr deutsch geschrieben. Ihre lateinischen Schriften geben uns einen Einblick in die Kultur ihrer Zeit, in das geistliche Leben, auch in die Entwicklung der deutschen Bildung. Aber in die Entwicklung der deutschsprachigen Literatur gehören sie eigentlich nicht.

Notker der Deutsche (950-1022)

Er steht am Ende der althochdeutschen Sprachepoche. Seine deutsche Schreibtätigkeit bezog sich vor allem auf Übersetzungen aus dem Latein und auf Texterklärungen.

Er wird auch „Notker Theotonicus" genannt und „Notker Labeo", der Großlippige. Er war Mönch und Schulleiter im Benediktinerkloster St. Gallen. Als Lehrer hatte er erprobt, dass man in der Muttersprache schneller begreift, was man in einer fremden Sprache entweder schwer oder nicht ganz begreifen kann. Das Latein wollte er seinen Schülern mit Hilfe des Deutschen erklären. Das war etwas ganz Neues, beinahe ein Wagnis. Biblische Werke wie das Buch Hiob schrieb er in seine deutsch-lateinische Mischsprache um und zeigte sich dabei als großer Sprachschöpfer und Grammatiker, der ganz neue Ausdruckswege fand. Seine kommentierten Übersetzungen sind bedeutend für die Entwicklung der deutschen Sprache. Wir wissen, dass er aus tiefstem Herzen Lehrer war und dass seine Schüler ihn achteten und liebten. Seine Übersetzungen und Kommentare schrieb er vor allem für die Schule.

Hier ein kleiner Ausschnitt aus Psalm 3 mit Notkers althochdeutschen Erklärungen zu dem lateinischen Text:

Latein:

Ego dormivi et soporatus sum, et exsurrexi, quia dominus suscepit me.

Althochdeutsche Erklärung:

Ih slief mînes danches âna nôt, ih slief den slâf des tôdes unde slâf râuuota mir dâ ana, daz die sundigen netuont, uuanda er leitet sie ze unrâuun; unde ih irstuont, uuanda mîn trohtin imphieng mih, er nam mih ana sih, mit dero chrefte irstuont ih.

Neuhochdeutsche
Übersetzung: Ich schlief, weil ich schlafen wollte, nicht weil ich musste. Ich schlief, weil ich todmüde war, und der Schlaf erfrischte mich. Die Sündigen tun so etwas nicht, denn das macht sie nur ruhelos; und ich stand auf, denn der Herr war bei mir, er nahm mich zu sich. Mit dieser Kraft stand ich auf.

Übungen

St. Galler Vaterunser

Fragen:

1. Sehen Sie einen inhaltlichen Unterschied zwischen dem *Vaterunser* des 8. Jahrhunderts und dem heutigen *Vaterunser*?

2. Warum wurde das *Vaterunser* überhaupt auf Althochdeutsch übersetzt?

Übungen zur Sprache

1. Suchen Sie die beiden althochdeutschen Formen für die folgenden Ausdrücke:

	St. Galler Vaterunser	Aus Tatians Evangelienharmonie
du bist	_____	_____
geheiligt	_____	_____
dein Name	_____	_____
dein Reich	_____	_____
unser Brot	_____	_____
täglich	_____	_____
unsere Schuld	_____	_____
von	_____	_____

2. Markieren Sie die Form, die dem Neuhochdeutschen näher kommt.

3. In welchen Beispielen folgt das Adjektiv dem Substantiv? Suchen Sie 3 Beispiele.

_____   _____   _____

Wessobrunner Gebet

Fragen:

1. Wo in Deutschland befindet sich das Kloster Wessobrunn?
2. Wovon handelt das *Wessobrunner Gebet*?
3. Sind beide Teile Gebete? Wenn nicht, wie unterscheiden sie sich?

Übungen zur Sprache

Schreiben Sie das althochdeutsche Wort vor das neuhochdeutsche Wort. Können Sie daraus eine linguistische Regel erkennen?

_____	Erde
_____	deinen
_____	Gnade
_____	Willen
_____	Glaube

Muspilli

Fragen:

1. Von welcher Zeit berichtet das Gedicht?
2. Wer kämpft um die Seelen der Verstorbenen?
3. Was kann ausschlaggebend dafür sein, ob die Seele des Menschen in den Himmel oder in die Hölle kommt?

Hildebrandslied

Fragen:

1. Wo fand man dieses Heldenlied?
2. Wer hat es aufgeschrieben?
3. Wie heißen die beiden Hauptfiguren im *Hildebrandslied*?
4. Wenn das *Hildebrandslied* nicht vollständig erhalten ist, woher wissen wir dann das Ende?
5. Gibt es „Beweise", dass diese Geschichte wirklich passiert ist?

Etwas zum Nachdenken:

✿ Wir haben das Ende des *Hildebrandslieds* nicht. Glauben Sie, es ging verloren? Oder halten Sie es für möglich, dass es nie zu Ende geschrieben wurde? Wenn man bedenkt, wer es aufgeschrieben hat und wo es aufgeschrieben wurde .....? Was meinen Sie?

✿ Als der Sohn den Vater beleidigte, musste es nach altem Recht zum Zweikampf kommen. Was wäre Ihrer Meinung nach die „christliche" Lösung des Konflikts gewesen?

Heliand

Fragen:

1. Wer hat den *Heliand* geschrieben?

2. In welchem Dialekt ist er geschrieben?

3. Wer hat den Auftrag gegeben, den *Heliand* zu schreiben?

4. Wozu sollte der *Heliand* dienen?

5. Warum wird Jesus im *Heliand* als germanischer Held dargestellt und seine Jünger als Gefolgsleute oder Vasallen?

6. Warum hat der Schreiber des *Heliand* die Städtenamen Nazareth und Bethlehem nicht so gelassen, wie wir sie auch heute gebrauchen?

Roswitha von Gandersheim

Fragen:

1. In welchem Zeitraum finden wir keine deutsch geschriebene Literatur?

2. Wieso kann man sagen, dass Roswitha die erste deutsche Schriftstellerin war, wenn sie doch gar nicht auf Deutsch schrieb?

3. Was hat Roswitha mit dem heidnischen römischen Dichter Terenz zu tun?

4. Worüber schrieb Roswitha außer über rein religiöse Themen?

Etwas zum Nachdenken:

✿ Wenn Sie Student der Germanistik wären und Latein könnten, würden Sie Roswithas Schriften lesen wollen? Begründen Sie Ihre Antwort.

Notker der Deutsche

Fragen:

1. Was war Notker der Deutsche von Beruf?
2. Warum wollte Notker im Unterricht nicht nur die lateinische Sprache gebrauchen?
3. Für welchen Leserkreis schrieb Notker?
4. Im Psalm 3 gebraucht Notker den Ausdruck „unrâuun" für „ruhelos". Welches andere deutsche Adjektiv kommt dem althochdeutschen grammatisch etwas näher?
5. „aufstehen" hat im modernen Deutsch eine trennbare Vorsilbe. Wie sieht das im Althochdeutschen aus?

Etwas zum Nachdenken:

✿ Nicht jeder Lehrer konnte sich damals und kann sich heute die Freiheit nehmen, eine andere Unterrichtssprache zu gebrauchen, als es die Regeln vorschreiben. Woher nahm sich Notker wohl das Recht, auf Lateinisch und Deutsch zu unterrichten?

Zeittafel

Um 800 übernehmen die Araber die Zahl Null und das Stellensystem von den Indern. Sie entwickeln Algebra (arabisch: al-jabr).

800 war Papst Leo III. an den Hof Karls des Großen geflohen. Nach seiner Rückkehr nach Rom krönt der Papst Karl den Großen zum Kaiser. Karl wird offiziell Oberhoheit über den Kirchenstaat. Unter Karl dem Großen blühen Kunst und Literatur. Man spricht von der «karolingischen Renaissance». Werke in althochdeutscher Sprache werden von Mönchen in den Klöstern St.Gallen, Fulda und Regensburg geschrieben. Am Hof Karls des Großen werden Gedichte mit Musik vorgetragen. In den Schulen Karls des Großen entsteht eine neue Schriftart, die «karolingische Minuskel». Diese Schrift ist etwas leichter zu lesen und wird zur Grundlage der späteren lateinischen Schrift.

814 Karl der Große stirbt in Aachen. Sein einziger überlebender Sohn Ludwig (der Fromme) wird Kaiser im Frankenreich. Er übergibt die von Karl eingeführte Armenpflege der Kirche.

820 wird die arabische Wissenschaft führend in Europa. Sie bestimmt fast haargenau den Erdumfang.

830 beginnen die Wikinger beginnen mit ihren Eroberungszügen. In diesem Jahr fallen sie in Irland ein, 845 zerstören sie Hamburg, 856 plündern sie Paris und Orléans, 861 plündern sie noch einmal Paris und außerdem Aachen, Köln, Mainz und Metz und zwei Jahre später zerstören sie Xanten am Rhein. 885 belagern sie Paris wieder.

831 beendet Einhard, der Hofschreiber Karls des Großen, die Biographie des Frankenkaisers: «Vita Caroli Magni».

843 im Vertrag zu Verdun wird das Reich unter den Söhnen Ludwigs aufgeteilt. Lother bekommt den Mittelstreifen des Reiches sowie Italien, Ludwig (der Deutsche) bekommt die Gebiete östlich davon, das heutige «Deutschland», und Karl (der Kahle) die westlichen, das heutige «Frankreich». Das Land besteht jetzt aus romanisch- und germanisch-sprachigen Gebieten.

850 entwickelt sich das fränkische Heer zum Reiterheer, woraus später die Ritter entstehen. Mitteleuropa leidet unter großer Hungersnot. Im Rheinland allein verhungern 50 000 Menschen. Jüdische Gruppen lassen sich in Deutschland nieder und beginnen ihre eigene Sprache zu entwickeln, Jiddisch.

855 hört man zum ersten Mal polyphone Musik.

856 stirbt Hrabanus Maurus, Abt von Fulda und Verfasser einer 22-bändigen Enzyklopädie «De rerum natura». Man nennt Maurus den «Praeceptor Germaniae», den Lehrer der Deutschen.

Um 870 erfolgt die Blüte der karolingischen Buchmalerei [13].

900 entsteht die arabische Märchensammlung *Tausend und eine Nacht* [14].

---

13 Miniaturmalerei in handgeschriebenen und später gedruckten Büchern. Figürliche und ornamentalische Darstellungen.

14 In Frankreich und Deutschland wurde sie beliebt durch Gallands Übersetzung ins Französische und Littmanns ins Deutsche.

910 wird das Kloster Cluny gegründet, dessen Regeln in den nächsten Jahrhunderten vorbildlich für alle Klöster wurden. [15]

919 wird Heinrich I. zum deutschen König gekrönt. Er gilt als Begründer des deutschen Reiches, denn unter seiner Herrschaft wird das Ostfrankenreich zum ersten Mal „Regnum teutonicorum", Reich der Deutschen, genannt.

955 werden die immer wieder ins Reich einfallenden Ungarn ein für allemal von Otto I. geschlagen. Deutsche und böhmische Stämme sind in Ottos Heer.

962 wird Otto I. von Papst Johann XII. zum Kaiser gekrönt. Er ist jetzt Kaiser des „Heiligen Römischen Reiches Deutscher Nation".

975 werden die heutigen mathematischen Zeichen der Arithmetik von den Arabern in Europa eingeführt.

Um 1016 vertreiben die Normannen die Sarazenen in Süditalien, siedeln sich selbst dort an und werden zur Stütze des deutschen Kaisertums.

1037 stirbt der arabische Philosoph und Arzt Avicenna (Ibn Sina). Er schrieb eine große Enzyklopädie der Mineralogie und verbreitete die Schriften des Aristoteles. Sein medizinisches Hauptwerk „Canon medicinae" galt als allgemeine Richtlinie für die mittelalterliche Medizin.

Zwischen 1044 und 1046 sank die Würde des Papsttums auf den tiefsten Stand seiner Geschichte. Der Heilige Stuhl war ein Objekt geworden, das der bekam, der am meisten anbot. Kaiser Heinrich III. machte dem ein Ende. Er zog nach Italien, berief in Pavia eine Synode und setzte unter Beistimmung aller anderen den Bischof Suidger, von Geburt ein Sachse, als 151. Papst ein. Er nahm den Namen Clemens II. an.

1050 ergänzt polyphones Singen den Gregorianischen Gesang. Das erste deutsche Kirchenlied entsteht: „Sys willekommen heirre kerst" (Sei willkommen, Herre Christ).

---

15 Papst Urban II., der zum ersten Kreuzzug 1095 aufrief, stammt aus dem Kloster Cluny.

III

Hohes Mittelalter oder das christlich-ritterliche Mittelalter

1050 – 1300

Burg Eltz an der Mosel

Geschichte und Kultur

Kreuzzüge

Papst Urban II. hatte zu Kreuzzügen (1095-1291) aufgerufen. Er versprach jedem Kreuzritter Sündennachlass und damit einen schnelleren Weg in den Himmel. Die Ritter sollten das Heilige Grab von den heidnischen Türken befreien. Was für eine herrliche Chance für die Ritter, ihrer Kampf- und Abenteuerlust freien Lauf zu lassen und das alles im Namen der Kirche, im Namen der Religion! Diese Fahrten ins Morgenland wurden zu einem internationalen abendländischen Unternehmen.

Aber religiöse Gefühle waren bei vielen nicht die einzige Motivation. Die Kreuzzüge nach Jerusalem, die sich manchmal über viele Jahre hinzogen, kamen den Rittern wie gerufen. Sie boten einem Ritter Freiheit vom Vasallendienst zu Hause, Abenteuer und die Möglichkeit, Land und Schätze zu erwerben. Wer aber nicht mitgehen wollte oder konnte, hatte den päpstlichen Segen, zu Hause gegen die Ungläubigen zu kämpfen. So gab es zur selben Zeit interne Kreuzzüge gegen heidnische Slawen, Preußen und Litauer auf deutschem Gebiet, gegen die Albigenser in Südfrankreich und gegen die Moslems und Juden in Spanien.

Der Kontakt mit dem Orient durch die Kreuzzüge brachte neue religiöse Einsichten. Er brachte neue Erkenntnisse in den Wissenschaften, der Philosophie, auf militärischem Gebiet und in der Seefahrt. Neue Produkte fanden den Weg nach Europa, wie Zucker, Gewürze und Reis, Zitronen und Orangen, Seidenstoffe, Sirup und Parfüm. Das deutsche Vokabular wurde reicher durch Begriffe wie Kompass, Admiral, Basar und Magazin. Auf vielen Gebieten des Wissens waren die Araber den Europäern überlegen, und so machte man im Westen durch die Kreuzzüge Fortschritte in der Medizin, Mathematik, Geographie, Physik und Alchemie.

Der ritterliche Hof als Kulturzentrum

Während zur Zeit Karls des Großen Literatur in den Klöstern geschrieben wurde (Mönche waren beinah die einzigen, die lesen und schreiben konnten), verlagerte sich jetzt das Kulturzentrum an die Höfe der Ritter. Dort las man, sang, schrieb und tanzte, und was von dort kam, war „höfisch". Das, was man im Umgang mit anderen Menschen tun soll, ist auch heute noch „höflich".

Bis ungefähr 1050 waren die Themen der Dichtung vor allem religiös. Sie sollten den Glauben verbreiten und vertiefen. Jetzt tritt der Ritter als Dichter auf, nicht mehr so sehr der Geistliche.

Schloss Hohenzollern bei Hechingen in der Schwäbischen Alb

Und der deutsche Ritter dichtete auf deutsch.

Jetzt begann eine literarische Epoche, die den hohen, adligen Menschen verehrte. Das gesamte Rittertum sollte als Vorbild für christlich-humanes Verhalten stehen. Ganz und gar idealisiert.

Das Vorbild kam aus Frankreich.

Ritterliche Tugenden

Das Rittertum ist eine Mischung von germanischen Kriegsgewohnheiten, islamischen Einflüssen aus Persien, Syrien und Spanien und christlichen Vorstellungen von Demut, Gottvertrauen und Hilfsbereitschaft. Der Ritter kam aus einer aristokratischen Familie. Er sollte idealerweise sowohl Held im Kampf sein als auch Edelmann seinen Mitmenschen gegenüber. Er sollte beinah ein Heiliger sein, was seinen christlichen Glauben betrifft. Seinem Herrn schwur er Treue, er beschützte die Frauen, die Armen und Schwachen. Anderen Rittern gegenüber benahm er sich «ritterlich», d.h. er behandelte sie wie seinesgleichen, auch wenn es feindliche Ritter waren[1]. All dies ist natürlich ritterliche Theorie. Es gab sicher ebensowenige Ritter im wahrsten Sinn des Wortes wie es wirkliche Christen gab.

Die größten Tugenden waren Tapferkeit (mannesmuot), Treue (triuwe), Verlässlichkeit (staete), Selbstbeherrschung (kiusche), Freigebigkeit (milte) und Mitleid (erbaermde). Das gute, höfliche Benehmen eines Ritters zeigte sich in seiner Zurückhaltung (mâze) und in seinen guten Manieren (zuht).

Der Lebensstil im Hochmittelalter wurde luxuriöser. Die kultivierte Gesellschaft liebte edlen Schmuck, kostbare Waffen und Rüstungen. Die soziale Struktur gliederte sich in vier Schichten: Geistliche, Ritter, Bürger und Kaufleute, Bauern. Über allen standen der König oder Kaiser und der Papst.

---

1   Im Französischen spricht man von „noblesse oblige", Adel verpflichtet.

Minnelied und höfisches Epos

Zwischen den Jahren 1180 und 1220 erreichte diese deutsche Literatur ihre Blütezeit, ihr Goldenes Zeitalter. Die Ritter pflegten an den Höfen der Fürsten ihre Kultur. Vor allem war es die Minnedichtung, der Minnesang[2], den die Ritter liebten. Es war eine Kombination aus Literatur und Musik, die die ritterlichen Tugenden betonte.

Die Minnelieder, die der Ritter sang, handelten von seiner Sehnsucht nach Liebe, die aber immer eine Sehnsucht bleiben musste und nie Erfüllung finden durfte. Denn die Frau, die er besang, war gewöhnlich verheiratet und spielte die Rolle der Erzieherin des Mannes. Sie sollte ihm zu höfischer Vollkommenheit verhelfen. Die Frau als Erzieherin des Mannes tritt hier zum ersten Mal in der deutschen Literatur auf. Vielleicht kann man in der Anbetung der Frau eine Parallele zur Anbetung der heiligen Maria sehen. Religiös musste der Ritter nämlich auch sein. Zu allen seinen menschlichen ritterlichen Tugenden durfte der Ritter sein Seelenheil nicht vergessen. Er musste «got und der werlt gevallen".

Neben den Minneliedern steht das höfische Epos[3]. Diese Buchdichtung wurde der höfischen Gesellschaft vorgelesen. Das Vorbild kam aus Nordfrankreich. Die Verse zeigen nicht mehr den altgermanischen Stabreim, sondern einen Endreim. Da die Dichtung im ganzen deutschsprachigen Reich verstanden werden sollte, bemühten sich die Dichter, Dialektwörter zu vermeiden. Die vielen französischen Wörter, die zu dieser Zeit in die deutsche Sprache eindrangen, wurden aber an allen deutschen Höfen verstanden.

Mit dem Tod Kaiser Friedrichs II. ging 1250 die Blütezeit der mittelhochdeutschen Dichtung zu Ende. Mit dem Zerfall der ritterlich-höfischen Kultur zerfiel auch ihre Literatur. Städte wuchsen, wurden mächtig und übernahmen die Führung in Politik,

---

2   Minnesänger waren Dichter-Musiker des 12. und 13. Jhdts. Ihre Lieder handelten von höfischer Liebe (minne). Die Kunstform kam aus Frankreich von den Troubadours und Trouvères. Die Jugulares, spanische Spielleute, die ihre Kunst von den Arabern gelernt haben, sollen dazu das Vorbild gegeben haben. Die Minnesänger dichteten ihre Verse und komponierten ihre Musik dazu wie ihre romanischen Vorbilder. Gewöhnlich waren Minnesänger nicht wohlhabend genug, ein komfortables Leben zu führen, sodass sie auf die Gunst und Unterstützung eines Hofes angewiesen waren.

3   Epen sind lange erzählende Gedichte, die in gehobenem Stil von Heldentaten berichten. Sie befassen sich auch mit historischen, legendären und religiösen Stoffen. Echt Menschliches kann neben übernatürlichen Wesen wie Engeln, Göttern und Dämonen auftreten. Zu den Heldenepen gehören das *Nibelungenlied* und das *Rolandslied*, zu den höfischen Epen mit ihrer Hervorhebung der wahren ritterlichen Tugenden gehören *Parzival*, *Tristan* und Isolde und *Der arme Heinrich*.

Wirtschaft und Kultur. Während im hohen Mittelalter die Dichter hauptsächlich aus adligen Familien kamen, begannen jetzt die wohlhabenden Bürger sich auf kulturellem Gebiet zu betätigten.

Spielleute und Minnesänger

Die volkstümliche Dichtung wurde von den Spielleuten gepflegt. Man nannte sie auch „fahrende Leute". Sie zogen von Hof zu Hof, von Dorf zu Dorf, um ihre Lieder „zu singen und zu sagen". Sie waren überall gern gesehen, sogar in den Klöstern, denn sie brachten Unterhaltung und Neuigkeiten. Aber geachtet waren sie nicht. Sie hatten keinen Grundbesitz und konnten kein Handwerk. So waren sie also ausgeschlossen aus der Gesellschaft und aus dem Recht von Dorf und Stadt. Wenn ein Spielmann geschlagen wurde, dann durfte er nur den Schatten seines Gegners wiederschlagen! Ihre Stellung haben sie später den Schauspielern vererbt, die - ehe es eine dauernde Bühne gab - auch im Lande herumreisten und „fahrendes Volk" hießen.

Neben den Spielleuten erschienen im 12. und 13. Jahrhundert die ritterlichen Sänger. Ihre lyrischen Dichtungen haben der Zeit ihren Namen gegeben. Es ist die Zeit des Minnesangs.

Zwischen 1150 und 1300 erlebte der Minnesang seine Blütezeit. Wir finden ihn zuerst Ende des 11. Jahrhunderts bei den Troubadours in der Provence in Südfrankreich. Aber schon der Araber Ibn Hazm schrieb 1022 über die höfische Liebe mit denselben Idealen. In Nordfrankreich finden wir die Trouvères und in Spanien die Jugulares.

Die Troubadour/Trouvère Tradition kam über Frankreich nach Deutschland. Deutsche Ritter komponierten monophone Melodien zu ihren Liedern von Liebe und anderen Themen.

Woher diese Kunstform ursprünglich kam, weiss man nicht genau. Manche sagen, sie sei aus maurischem Einfluss entstanden. Es ist möglich, dass die Araber sie nach Europa gebracht haben. Man kann die Anfänge auch bei den Kreuzfahrern suchen, die in jahrelanger Abwesenheit sehnsuchtsvoll an eine geliebte Frau im Heimatland denken. Schließlich aber sehen wir auch zur selben Zeit einen ganz intensiven Marienkult, die Anbetung der heiligen Maria.

Mystik

Eine neue Form von Religiosität kam auf: die Mystik. Das ist eine tiefe, individuelle Frömmigkeit, durch die der Mensch schon hier auf Erden eine Vereinigung mit Gott anstrebt (unio mystica). Mystikerinnen wie Hildegard von Bingen (1098-1179)[4] und Elisabeth von Schönau (1129-1164) schrieben hauptsächlich lateinisch, aber Mechthild von Magdeburg (1212-1280) schrieb (nieder)deutsch.

Der bekannteste deutsche Mystiker, der auf Lateinisch und Deutsch schrieb, war der Dominikaner Meister Eckhart (1260-1327). Er, wie auch die anderen Mystiker/innen schaffte viele neue Ausdrücke, um das persönliche Verhältnis Mensch-Gott ausdrücken zu können. Damit hatte er einen bedeutenden Einfluss auf die Entwicklung der deutschen Sprache. Er änderte zum Beispiel praktische Ausdrücke in solche mit spiritueller Bedeutung um:

begreifen = verstehen, mit dem Sinn greifen
Einfall = Idee, das was in den Sinn fällt.

Meister Eckhart und die anderen Mystiker wie Johannes Tauler und Heinrich Seuse konnten den deutschen Wortschatz gewaltig vergrößern, indem sie eine Wortbildungskunst entwickelten, die durch Affixe und Zusammensetzungen immer wieder neue Ausdrücke hervorbrachte. Das ist eine Eigenschaft der deutschen Sprache, die wir auch im modernen Deutsch kennen.

Hildegard von Bingen

---

4 Mit 8 Jahren trat sie in ein Benediktinerkloster ein. Sie war das 10. Kind ihrer Eltern. Mit 13 Jahren hatte sie ihre ersten göttlichen Visionen und Prophezeiungen über Weltgeschehen und Glauben. Sie stand mit bedeutenden Menschen ihrer Zeit in Verbindung, u.a. mit Kaiser Friedrich I. (Barbarossa) und Bernhard von Clairvaux und Papst Eugenius III. Man schätzte sie als Schriftstellerin von Liedern, moralischen Spielen und Visionen, aber auch als Ärztin, die von natürlichen Heilkräften wußte und die Behandlung von Krankheiten beschrieb. Sie gilt als erste deutsche Ärztin. Zu ihren Hauptschriften gehört *Causae et Curae* (Ursache und Behandlung). Bis zu ihrem 72. Lebensjahr reiste Hildegard im Land umher und predigte für eine Kirchenreform und gegen die Korruption der Zeit. In ihren letzten Lebensjahren kam sie in Konflikt mit der Kirche, als sie einem jungen, exkommunizierten, revolutionären Adeligen auf ihrem Friedhof ein christliches Begräbnis gab. Als sie im Alter von 81 Jahren starb, hatte sich die Kirche wieder mit ihr versöhnt.

Romanisch

Gotisch

Kathedrale in Burgos, Spanien

Gotische Baukunst

Die Gotik in der Architektur, die in der Mitte des 12. Jahrhunderts in Frankreich entstand, erreichte c.1220 Deutschland. Die Zeit der dicken, festen Mauern mit kleinen Fenstern war vorbei. Die Wände wuchsen höher und immer höher, die Fenster streckten sich lang und schlank nach oben und ließen durch ihre bunten Glasscheiben das Tageslicht in den Innenraum der majestätischen Kirchen tanzen.

Die Spitzbögen der Fenster hatten ihr Gegenstück in den Spitzgewölben des Gebäudes, denn auch der romanische Rundbogen hatte sich nach oben gestreckt. Die hohen Gewölbe werden von schlanken Säulen getragen. Sowohl im Innenraum als auch an der Fassade und den Türmen dominiert das Vertikale und Spitzige. Es schien, als ob die großen Gotteshäuser in den Himmel hineinwachsen wollten, und manchmal waren die Außenwände so schlank und hoch, dass sie sich ohne die Stütze von Strebepfeilern gar nicht hätten halten können. Figuren schmücken die Kirchen innen und außen. Sie werden naturgetreuer und bekommen individuelle Gesichtsausdrücke. Unter ihren Gewändern kann man einen anatomisch exakten Körper ahnen, dessen Darstellung später, in der Renaissance, vollkommen wird.

Außer lokalen Charakteristika, wie z.B. den arabischen Einfluss in Spanien, zeigen alle Dome des 12. bis 14. Jhdt. die Merkmale der gotischen Baukunst. Zu ihnen gehören in Frankreich Chartres, Reims, Paris, in England Canterbury und Salisbury, in Spanien Burgos und Toledo, in Italien der Mailänder Dom und in Deutschland der Kölner Dom und das Straßburger und Ulmer Münster.

Eine kleine Geschichte zu den beiden Kathedralen:

Eines Tages kam ein junger Architekt namens Hans von Köln nach Burgos in Spanien. Dort ließ er sich nieder und wurde als Juan de Colonia bekannt. Er arbeitete mit am Bau der Kathedrale und entwarf ihre feinziselierten Türme. In Burgos, wie in vielen anderen Orten Europas, wurde nach französischen Bauplänen gearbeitet, aber selten finden sich so große Ähnlichkeiten wie hier bei Burgos und Köln. Woher kommt das? Hans kannte ja die Baupläne des Doms in seiner Heimatstadt.

Übungen

Fragen zur Geschichte und Kultur

Kreuzzüge

1. Wann begannen die Kreuzzüge?
2. Aus welchen Gründen ging man auf einen Kreuzzug?
3. Wo kämpfte man auf westeuropäischem Boden gegen die Ungläubigen?
4. Was für Gutes kam durch die Kreuzzüge nach Westeuropa?

Der ritterliche Hof als Kulturzentrum

1. Aus welchem Grund hatte man zur Zeit Karls des Großen in den Klöstern geschrieben und nicht woanders?
2. Im Hohen Mittelalter verlagerten sich die Kulturzentren. Wohin?
3. Wie änderten sich die Themen der Literatur vom frühen Mittelalter zum Hohen Mittelalter?
4. Woher bekamen die deutschen Ritter ihr Vorbild?

Der Kölner Dom

Ritterliche Tugenden

1. Aus welchen Ideen und Einflüssen setzte sich das deutsche Rittertum zusammen?
2. Was bedeutete „ritterliches" Benehmen?
3. Was waren einige ritterliche Tugenden?
4. Wie viele soziale Schichten gab es?

Minnelied und höfisches Epos

1. Wann war das Goldene Zeitalter der ritterlichen Literatur?
2. Welche Art Dichtung assoziieren wir mit der Ritterdichtung?
3. Wie wird im Mittelhochdeutschen ausgedrückt, dass der Ritter menschliche und religiöse Tugenden besitzen soll?
4. Woher kamen Vorbilder für die höfische epische Dichtung?
5. In der Frühzeit unserer Literatur fanden wir den Stabreim. Welche Art zu reimen gibt es jetzt?

Spielleute und Minnesänger

1. Wie unterschieden sich die Spielleute von den Minnesängern?
2. Von woher kam die Tradition der Troubadours nach Deutschland?
3. Wo, glaubt man, entstand die Kunstform der Troubadours ursprünglich?

Mystik

1. Waren Mystiker Männer oder Frauen?
2. Schrieben die Mystiker auf Lateinisch oder auf Deutsch?
3. Wie haben die Mystiker den deutschen Wortschatz bereichert?

Gotische Baukunst

1. Wann und wo entstand die gotische Baukunst?
2. Wie würden Sie die gotische Architektur im Vergleich zur romanischen charakterisieren?
3. Wie würden Sie die menschlichen Figuren an den Innen- und Außenwänden der gotischen Gotteshäuser beschreiben?
4. Glauben Sie, Sie könnten am Baustil eines gotischen Gotteshauses erkennen, ob es in Spanien, Frankreich oder Deutschland steht? Erklären Sie Ihre Antwort.
5. Wie erklären Sie sich die großen Ähnlichkeiten zwischen dem Kölner Dom in Deutschland und der Kathedrale in Burgos, Spanien?

Etwas zum Nachdenken

✿ Glauben Sie, die Kirche hatte Einwände gegen[5] Mystiker? Begründen Sie Ihre Antwort.

---

5 hatte etwas gegen sie.

Sprache

Mittelhochdeutsch

Der Hauptunterschied zwischen der althochdeutschen (750-1050) und mittelhochdeutschen Sprache(1050-1300) besteht darin, dass

    a)   unbetonte Silben geschwächt werden, besonders i ➔ e und ir ➔ er

    b)   dass der Umlaut erscheint.

Beispiel:		
AHD: mahti	MHD: mächte	NHD: Mächte
AHD: suni	MHD: süne	NHD: Söhne
AHD: hûsir	MHD: hiuser (iu=ü gesprochen)	NHD: Häuser
AHD: gibit	MHD: gibet	NHD: gibt
AHD: gâbi	MHD: gäbe	NHD: gäbe

Eine standardisierte Schriftsprache gibt es immer noch nicht. So finden wir in den verschiedenen mittelalterlichen Handschriften ein „o" als o, ô, ö, oe oder ein „u" als u, û, ü, ue.

Ritterliche Standessprache

Mit dem ritterlichen Streben nach einem vollkommenen Menschen, der Gott und der Welt gefällt, kommt das Bemühen um eine angemessene Sprache, die den Ritter als edel erscheinen lässt. *Zuht* (gutes Benehmen nach gesellschaftlichen Regeln) und *mâze* (Selbstbeherrschung) zeichnen ihn aus. Seine Sprache ist höflich, also dem Hof angemessen, sie ist elegant und vermeidet alles Vulgäre. Er vermeidet auch alles, was an das ungehobelte bäuerliche Leben anklingt. Aus diesem Grund entstand auch eine Alternative zu dem Wort *wîp* = Weib, weibliche Person. Von jetzt an bezeichnete es die einfache, bäuerliche Frau und für die hochgestellte ritterliche Dame kam das Wort *vrouwe* = Frau in Gebrauch.

Die ritterlichen Dichter bemühen sich um eine allgemein akzeptable, normalisierte oder standardisierte Schriftsprache. Die deutsche Literatur hat um 1200 ihren Höhepunkt in sprachlicher Ausdruckskraft erreicht. Sie ist frei von lateinischen oder anderen syntaktischen Vorbildern. Fremdwörter sind so eingedeutscht worden, dass sie das deutsche Sprachgefühl nicht verletzen.

Französischer Einfluss

Frankreich galt schon seit einiger Zeit als Vorbild in Kultur und Bildung. Um c.1130 erschienen das *Rolandslied* (Chanson de Roland) und das *Alexanderlied* (von Albéric de Pisançon) in Deutschland. Das war der Anfang des französischen Einflusses auf die mittelalterliche höfische Dichtung. Als die Franzosen und die Deutschen gemeinsam unter ihren Königen Louis VII. und Konrad III. in den Zweiten Kreuzzug zogen, kamen die deutschen Ritter in engen anhaltenden Kontakt mit französischen Rittern. Danach war es gar nicht selten, dass deutsche Ritter Frankreich besuchten und sogar an französischen Höfen lebten. Auch kamen französische Privatlehrer nach Deutschland, um Kinder adliger Familien zu unterrichten. Kein Wunder also, dass das Französische in Sprache und Kultur seinen Weg nach Deutschland fand.

Manche Wörter wurden direkt aus dem Französischen übernommen:

AFR: aventure	MHD: âventiure	NHD: Abenteuer
AFR: rime	MHD: rîm	NHD: Reim

Andere Wörter wurden direkt übersetzt:

AFR: chevalier (der auf dem Pferd sitzt)	MHD: ritter (der auf dem Pferd reitet)
AFR: courtois (court=Hof)	MHD: hövesch (höfisch, von Hof)

Die altfranzösische Umgangsform, einander mit *vos* (modern: vous) anzureden, wurde auch von den deutschen Rittern übernommen, die einander jetzt mit *ir* (modern: Ihr) anredeten anstatt mit dem alten *du*. Die *Ihr*-Form wird in einigen deutschsprachigen Gebieten auch heute noch gebraucht.

Niederländischer Einfluss

Da die belgischen Ritter (ridder) den Deutschen als besonders elegant erschienen, wurden auch niederländische Ausdrücke in die deutsche Rittersprache aufgenommen:

NDL	wâpen	MHD	wâpen	NHD	Waffen
NDL	ors	MHD	ross	NHD	Ross
NDL	dörper	MHD	dörper	NHD	Dörpel[6]

---

6 Dörfler, ungebildeter Dorfbewohner (Dialekt).

Übungen

Fragen zur Sprache

Mittelhochdeutsch

1. Nennen Sie zwei bedeutende Unterschiede zwischen der althochdeutschen und der mittelhochdeutschen Sprache.
2. Nennen Sie zwei bedeutende Unterschiede zwischen der mittelhochdeutschen und der neuhochdeutschen Sprache.

Standessprache

1. Wie unterscheidet sich die Sprache eines Ritters von der Sprache des gemeinen Volks?
2. Die Bezeichnung für *Frau* war *wîp* und *frouwe*. Was war der Unterschied?
3. Wie stark richtet sich die mittelhochdeutsche Sprache nach dem Lateinischen?

Französischer Einfluss

1. Es gibt zwei französische Heldenlieder, die man an den Anfang des französischen Einflusses auf die mittelalterliche, höfische deutsche Dichtung stellt. Wie heißen sie?
2. Wann befanden sich deutsche und französische Ritter und Soldaten in engem Kontakt?
3. Aus welchem Land holten sich adlige Familien gern Privatlehrer?
4. Nennen Sie ein „ritterliches" Wort, das
   a. aus dem Französischen übernommen wurde
   b. aus dem Französischen übersetzt wurde
   c. aus dem Niederländischen übernommen wurde
5. Welche altfranzösische Form der formellen Anrede fand ihren Weg nach Deutschland?
6. Wie heißt die neuhochdeutsche Form der formellen Anrede?

Niederländischer Einfluss

1. Was haben die niederländischen Ritter mit der deutschen Rittersprache zu tun?

Etwas zum Nachdenken

✿ Wie kommt es wohl, dass es in Deutschland so lange dauert, bis sich eine Standardsprache herausgebildet hat?

Literatur

Heldenepos

Rolandslied (1130)

Das französische Nationalepos *Chançon de Roland* gab dem deutschen Pfaffen Konrad um 1130 das Vorbild zu seinem *Rolandslied*. Beide Lieder handeln von demselben geschichtlichen Ereignis, nämlich dem Feldzug Karls des Großen gegen die Mauren in Spanien im Jahre 778. Aber was für ein Unterschied zwischen der französischen und der deutschen Darstellung dieses geschichtlichen Ereignisses! Das patriotische Pathos der französischen Fassung fehlt in der deutschen Fassung ganz. Es geht hier nicht um *la douce France,* sondern um einen Held, der als christlicher Ritter auf einer Kreuzfahrt in Spanien für Gott im Kampf gegen die Heiden fällt.

Das *Rolandslied* zeigt noch nicht die sprachlichen Feinheiten und die ritterliche Eleganz der Klassiker des Hohen Mittelalters, sondern steht mit seiner Verschmelzung des heldischen Kriegers und des christlichen Ritters noch am Anfang.

Aus dem *Rolandslied*:

Der Anfang des Lieds betont, dass der hochangesehene Karl der Große ein Kämpfer für das Christentum ist:

Karl der was Pipines sun;	Karl war Pepins Sohn;
michel êre und frum	viel Ehre und Ansehen
hât der herre gewunnin,	hatte der Herr (Karl) gewonnen,
die grimmigen heiden bedwungin,	(er) hatte die wilden Heiden gezwungen,
daz si erkannten daz wâre liecht.	dass sie das wahre Licht erkannten.[7]

Der nächste Teil erinnert an altgermanische Heldensagen, wie man sie aus Island kennt, in denen ganz trocken berichtet wird, wer wen tötete:

Di cristen begunden nâhen...	Die Christen näherten sich...
Di haiden vergâzen ir ainunge,	Die Heiden vergassen ihren Pakt,
di si dâ vor swûren:	den sie vorher geschworen hatten:
vil unstaetelichen si fûren.	ihr Widerstand wurde schwächer.
Wî der gûte Durndart erchlanc,	Wie das gute Schwert Durndart klang,
dâ Ruolant an den chunc dranc!	als Roland sich zum Koenig durchzwang!
Der chunc vacht also chûner wîgant:	Der König kämpfte wie ein kühner Held:
er slûc mit sîner hant	Mit eigener Hand erschlug er

---

7 Die neuhochdeutsche Übersetzung soll sich so eng wie möglich an den Originaltext halten.

Gerharten von Rosselinen	Gerhart von Roslin
unt den erwelten Iven,	und den berühmten Ivo;
er reslûc Pegonen,	er erschlug Pegon
von Pilge Degionem.	Und Degion von Pilne.
Ruolant slûc dâ widere	Roland jedoch erschlug
den sun Marsilien,	Marsilies Sohn,
der hiez Jorfalir.	der Jorfalir hiess.

Karls Soldaten unter Anführung von Roland und in Begleitung des Priesters Turpin kämpften heldenhaft bis zum Ende, auch als sie schon einsehen mussten, dass sie den Kampf verlieren mussten. Denn zu ihrem großen Schrecken bekamen die maurischen Truppen Verstärkung:

50 000 Krieger erschienen plötzlich mit ihren Königen aus Karthago und Äthiopien auf dem Schlachtfeld. Karls Armee zählte nur noch 62 Mann. Der Schrecken vor der Masse von Menschen mit dem fremdländischen Aussehen muss unvorstellbar gewesen sein:

An si vaste draveten	Auf die Christen zu ritten
di gotlaiden geste,	die von Gott verachteten Fremden,
der sî dâ vor nîne westen:	von denen sie vorher nichts gewusst hatten:
si wâren swarz unt ubel getân.	sie sahen dunkel und furchterregend aus.

Dem Kriegerischen gegenüber steht aber immer wieder das Vertrauen auf Gott, sei es der mohammedanische oder der christliche:

Di haiden riefen alle zestet:	Die Heiden riefen alle zusammen:
«Nu rich unsich, here Machmet!»	«Sei uns gnädig, König Mohammed!»

Und die christlichen Kriegen riefen:

Der sêle phlege mîn trechtîn.	Möge mein Gott unsere Seelen zu sich nehmen.

Höfisches Epos

Wolfram von Eschenbach, *Parzival* (1200-1210)

Das Vorbild von Wolfram von Eschenbachs *Parzival* kam auch wieder aus Frankreich. Dort hatte Chrétien de Troyes seinen *Perceval* geschrieben. Der *Parzival* wurde einer der bekanntesten Texte des Mittelalters und gab eine der besten Schilderungen der ritterlich-höfischen Gesellschaft. Der *Parzival* zählt zu den Erziehungs[8]-und Entwicklungsromanen[9], in denen die Erziehung eines jungen Menschen beschrieben wird.

In einer abgelegenen Wildnis wird Jung Parzival von seiner Mutter Herzeloÿde erzogen. Sein Vater, ein tapferer Ritter, ist im Kampfe im Morgenland gefallen, und seitdem fühlt seine Mutter eine tiefe Abneigung gegen das Rittertum, das ihrem Mann das Leben gekostet hat. Sie will ihren Sohn vor diesem Schicksal bewahren.

So frei, gesund und unwissend wie seine Spielkameraden, die Tiere, wächst Parzival auf. Den ganzen Tag streift er fröhlich in Wald und Feld umher. Spielend schnitzt er sich selbst Pfeil und Bogen und versucht damit die Vögel zu treffen, die über ihm in den Baumkronen flattern. Aber als er wirklich einen geschossen hat und das tote Tierchen in den Händen hält, ist er ganz außer sich vor Leid und Reue. Seinem Herzen ist noch jede Gewalttat fremd.

Aber endlich kommt der Tag, den seine Mutter fürchtet. Der Knabe begegnet im Walde einigen fremden Rittern. Er staunt ihre blitzenden Rüstungen, Waffen und Pferde an; sie erscheinen ihm wie Götter, so schön und stolz. Die Ritter erzählen dem neugierigen Knaben, wer sie sind, und tief erregt eilt Parzival zu seiner Mutter: er will fort in die Welt und auch ein Ritter werden.

Die Mutter kann ihm seine Bitte nicht abschlagen. Traurig läßt sie ihn gewähren. Doch zieht sie ihm ein Narrenkleid an. Wenn ihn die Menschen deshalb verspotten, wird er, so hofft sie, zu ihr zurückkehren. Heimlich aber fühlt sie, dass sie ihn nie wiedersehen wird. Und als er Abschied genommen hat, stirbt sie vor Schmerz.

Parzival, der reine Tor, reitet in die Welt. Allmählich lernt er die Welt und ihre Sitten kennen. An König Artus' Hof besiegt er einen gefürchteten Ritter im Zweikampf und zieht dessen Rüstung über sein Narrenkleid. Seine Tapferkeit gewinnt ihm bald Freunde. Er kommt auch an den Hof einer jungen, schönen Königin, hilft ihr gegen ihre Feinde und wird ihr Gemahl. Er liebt sie wahrhaft und treu, und doch treibt es ihn wieder fort von ihr, neuen Abenteuern entgegen.

Eines Abends, auf der Suche nach einer Nachtherberge, kommt er zu der zauberhaften Gralsburg. Er weiß nichts vom Gral, der kostbaren, heiligen Schüssel, in der das Blut des Gekreuzigten aufgefangen wurde

---

8 Romane, in denen die Erziehung eines jungen Menschen geschildert wird. Diese Erziehung kann sich durch sein ganzes Leben ziehen.

9 Manchmal werden Erziehungsroman, Entwicklungsroman und Bildungsroman synonym gebraucht. Bekannte Erziehungsromane im 18. Jhdt. sind Rousseaus *Emile* und Goethes *Wilhelm Meisters Lehrjahre*.

und die von tapferen Rittern auf dieser Burg gehütet wird. Trotz aller Wunder, die er hier erlebt, und aller Geheimnisse, die ihn umgeben, fragt er aber nicht, wo er ist. Denn er hat gelernt, dass man nicht neugierig fragen soll im fremden Hause. Wegen dieser scheinbaren Gleichgültigkeit wird er wieder von der Gralsburg verstoßen.

Wieder durchwandert er die Welt und kommt schließlich zu dem Einsiedler Trevrizent. Dort bleibt er fünfzehn Tage, und die Lehren des Einsiedlers bringen ihn auf den rechten Weg. Mit großem Vertrauen auf Gott zieht er aus und kommt wieder auf die Gralsburg. Diesmal fragt er, wo er ist und warum der alte Gralskönig Anfortas leiden muss. Sein Mitleid erlöst den kranken Gralskönig und Parzival wird selbst Führer der Gralsritter. Parzival und seine Frau Condwiramur finden wieder zueinander.

Gottfried von Straßburg, *Tristan und Isolde* (1200 - 1210)

Das Hauptwerk Gottfrieds, das noch heute weltbekannte Hohelied des Minnesangs, ist *Tristan und Isolde.*

Gottfried von Straßburg schrieb sein deutsches Epos nach einer französischen Erzählung von Thomas von Bretagne. Aber der eigentliche Tristan-Stoff war noch älter. Er kam ca. 1100 aus dem Keltischen und wurde von Spielleuten verbreitet.

Das zentrale Thema hier ist der Zusammenhang von Liebe und Leid. Isolde ist eine vollendet höfische Dame und Tristan ein kultivierter Ritter.

Märchenhaftes und Wirkliches vereinigen sich in dieser spannenden Erzählung: die Tötung eines Drachen, ein Liebestrank, eine zauberkundige Königin und auch die Landschaften von Cornwall und Irland:

Der junge Held Tristan zieht aus, um für seinen Herrn, den alten König Marke, die junge schöne Prinzessin Isolde zu gewinnen. Auf der Rückfahrt zu Marke gibt aber eine alte Dienerin den beiden einen Liebestrank zu trinken. Für immer sind sie nun in Liebe aneinander gebunden. Isolde wird König Markes Gemahlin, aber sie bleibt Tristans Geliebte. Unter tausend Gefahren treffen sie einander heimlich, werden entdeckt, müssen fliehen. Die zarte Isolde, die das Elend der Verbannung nicht erträgt, kehrt endlich zu König Marke zurück. Tristan zieht in ferne Länder, heiratet eine andere Isolde, aber seine Sehnsucht nach der alten Geliebten bleibt immer gleich stark. Und immer gleich bleibt Isoldes Liebe zu ihm. In seiner Todesstunde eilt sie zu ihm, kommt aber zu spät und stirbt an seiner Leiche[10].

10 In Gottfrieds unvollendeter Version lesen wir nichts von Isoldes Tod an seiner Leiche. Andere Versionen haben dieses Ende.

Hartmann von Aue, *Der arme Heinrich* (1195)

Der Dichter Hartmann von Aue kam aus dem Kleinadel. Er nannte sich „dienstmann" und war abhängig von einem fürstlichen Herrn. Er bezeichnete sich aber auch als „ritter", weil er Mitglied einer höfischen Gesellschaft war, die nach ritterlicher Vollkommenheit strebte. Sein Thema war, größten Ruhm vor Gott und den Menschen zu erstreben, „got und der werlt gevallen".

Das Manuskript *Der arme Heinrich* stammt aus dem späten 13. oder frühen 14. Jhdt.

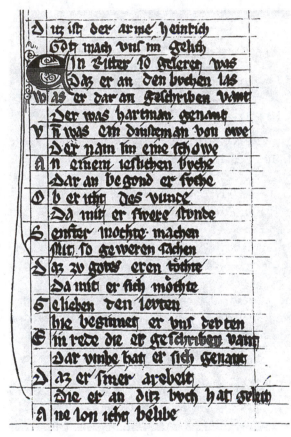

Hier ist eine Umschrift der ersten sieben Zeilen.

Ditz (Dies) ist der arme heinrich

Got mach uns im (ihm) gelich (gleich).

Ein Ritter so geleret was,

Daz er an den buchen las,

Was er dar an geschriben vant:

Der was Hartman genant

Unde was ein dinsteman (Dienstmann) von Owe (Aue).

In Schwaben lebte ein Ritter von hoher Geburt, großer Tapferkeit und Schönheit. Er hieß Heinrich von Aue. Eines Tages wurde er vom Aussatz befallen, einer unheilbaren Krankheit. Es gab aber doch ein einziges Heilmittel: das Blut einer reinen Jungfrau, freiwillig für ihn vergossen.

Sein Anblick wurde jedermann fürchterlich und Heinrich glaubte, er sei von Gott ausgestoßen worden, wie die biblische Gestalt Hiob. Er begann all seinen Besitz wegzugeben und zog sich von der Welt zurück auf ein kleines Gut, das einem Bauern gehörte. Die halberwachsene Tochter dieses Bauern wurde seine treueste Dienerin und er nannte sie oft im Scherz seine kleine Braut. Als er auf ihre Bitten erzählte, was ihn heilen könnte, sagte sie, sie wolle ihr Leben für Heinrich hingeben. Die Eltern waren zornig, aber schließlich gaben sie ihre Einwilligung. Heinrich zog mit ihr zu einem berühmten Arzt in Salerno. In Salerno hielt das Mädchen immer noch an ihrem Vorsatz fest. Aber als der Arzt das Messer hob, um sie zu töten, stürzte Heinrich dazwischen und verhinderte ihren Tod. Lieber wollte er weiter die schreckliche Krankheit ertragen als den Tod des Mädchens auf dem Gewissen haben. Da vergab ihm Gott und heilte ihn. Heinrich machte das Mädchen zu seiner Gemahlin.

Der Gedanke des Menschenopfers ist schrecklich, aber doch zählt die Dichtung zu einer der lieblichsten des Mittelalters. Die Sprache ist fast kindlich einfach, die Bekehrung des lebenslustigen Heinrich zur Liebe und Selbstlosigkeit ist ganz natürlich beschrieben und das opferbereite Mädchen ist so natürlich in seinem kindlich-trotzigen Wunsch nach Heiligkeit. Als der Arzt sie losbindet, wird sie böse auf ihn und Heinrich, dass die beiden ihr nicht erlaubten, in den Himmel zu kommen:

> Sie weinte bitterlich: «Weh mir Armen, o Weh!
> Wie wird es mir jetzt gehn,
> Muss ich so verlieren
> Die reiche Himmelskrone?
> Die würde mir zum Lohne
> Gegeben für diese Not.
> Nun bin ich ja erst tot!"
> So bat sie um ihren Tod.
>
> Da fing sie an zu schelten,
> Sie sprach: «Ich muß entgelten
> Die Feigheit meines Herrn.
> Ich hörte immer die Leute sagen,
> Ihr wäret tapfer und gut

Und hättet festen Mannesmut.
Gott helfe mir, das war gelogen.
Herr, weshalb
Erschrakt Ihr, als man mich band?
Es war doch eine dicke Wand
Zwischen Euch und mir!
Herre mein, getraut Ihr Euch nicht
Einen fremden Tod zu ertragen?"

Nun hatte sich die gute Magd
so abgeweint und abgeklagt,
Dass sie fast am Sterben war.
Da erkannte ihre Treue und Not,
Der alle Herzen sieht,
Vor dem keines Herzens Tor
Verschlossen ist.

Da zeigte der heilige Christ,
Wie lieb ihm Treu und Erbarmen ist,
Und heilte sie beide
Von all ihrem Leide
Und machte ihn zur Stund'
Rein und gesund.

Lyrik

Walther von der Vogelweide (1170-1230)

Walther von der Vogelweide wird von vielen als der größte deutsche Minnesänger des 12. und 13. Jahrhunderts betrachtet. Walther ist sowohl für seine höfischen *Liebeslieder* bekannt, die er nach französischem Vorbild schrieb, als auch für seine *Sprüche*, die sich mit politischen, gesellschaftlichen und religiösen Themen befassen.

Das ganze Mittelalter hindurch war Walther hoch angesehen. Neben dem *Nibelungenlied* ist Walther für deutsche Schüler der Inbegriff mittelalterlicher Literatur.

Walther war fahrender Berufssänger und stand im Dienst verschiedener Reichsfürsten, die manchmal gegensätzliche Interessen hatten. Das veranlasste ihn, politische Texte zu schreiben. Als er endlich von Kaiser Friedrich II. ein kleines Lehen bekam, schrieb er sein Lied:"Ich hân mîn lêhen, al die werlt, ich hân mîn lêhen".

Walther ist aber vor allem durch seine Liebeslieder bekannt, durch die *Minnelieder*. Er schrieb sowohl Lieder der „hohen" Minne als auch Lieder der „niederen" Minne.

In der „hohen Minne" erscheint die Frau als Erzieherin des Mannes. Eine Vereinigung von Mann und Frau ist hoffnungslos. Das ist keine Erlebnislyrik, sondern eine Rollenlyrik. Das „Ich" in dieser Lyrik ist auch nicht unbedingt eine bestimmte Person, es ist mehr ein kollektives „ich", das sich an die *frouwe* wendet, die für alles Weibliche der höfischen Gesellschaft steht.

In der „niederen Minne" erscheint die Frau als Partnerin des Mannes, als *wîp* oder *frouwelîn* (höfisch) oder auch als *maget* (unhöfisch). Hier haben wir Erlebnislyrik. Die Liebesvereinigung ist hier Zentralthema wie z.B. in dem bekannten Lied: „Unter der linden..."

Unter der linden

Under der linden[11] an der heide,	Unter dem Lindenbaum auf der Heide,
dâ unser zweier bette was,	wo unser zweier Bett war,
dâ mugt ihr vinden	da könnt ihr finden
schône beide	wunderschön
gebrochen bluomen unde gras.	umgeknickte Blumen und Gras.
vor dem walde in einem tal,	Vor dem Wald in einem Tal,
tandaradei,	tandaradei,
schône sanc diu nahtegal.	sang schön die Nachtigall.
Ich kam gegangen zuo der ouwe:	Ich kam zu der Wiese gegangen:
dô was mîn friedel komen ê.	Da war mein Liebling schon da.
dâ wart ich enpfangen,	Da wurde ich empfangen,
hêre frouwe[12],	Heilige Maria!
daz ich bin saelic iemer mê.	dass ich auf immer selig sein werde.
kuste er mich? wol tûsentstunt:	Hat er mich geküßt? wohl tausendmal:
tandaradei,	tandaradei,
seht wie rôt mir ist der munt.	seht, wie rot mir der Mund ist.

---

11 Die Linde oder der Lindenbaum wird oft mit Liebe in Zusammenhang gebracht.

12 Eine andere Interpretation ist: „ich wurde wie eine edle Dame empfangen".

Dô het er gemachet
alsô rîche
von bluomen eine bettestat.
des wirt noch gelachet
inneclîche,
kumt iemen an daz selbe pfat.
bî den rôsen er wol mac,
tandaradei,
merken wâ mirz[13] houbet lac

Daz er bî mir laege, wezzes iemen
(nu enwelle got!), sô schamt ich mich.
wes er mit mir pfleage,
niemer niemen[14]
bevinde daz wan er und ich –
und ein kleines vogellîn,
tandaradei,
daz mac wol getriuwe sîn.

Da hat er
so herrlich
aus Blumen eine Liegestatt gemacht.
Darüber wird man noch lachen,
herzlich,
wenn jemand den Pfad entlang kommt.
An den Rosen wird er wohl sehen,
tandaradei,
wo mein Kopf gelegen hat.

Wenn jemand wüßte, dass er bei mir gelegen hat,
(Gott behüte!), dann würde ich mich schämen.
Was er mit mir gemacht hat,
wird niemand je
herausfinden, außer ihm und mir –
und einem kleinen Vögelein,
tandaradei,
das wird wohl verschwiegen sein.

13 „wo mir das Haupt lag"
14 „niemand niemals", ein doppelter Negativ zur Intensivierung im Mittelhochdeutschen

Bin ich dir unmaere, dez enweiz ich nicht
(Ob ich dir nichts bedeute, das weiß ich nicht)

Die folgende Strophe ist ein Ausschnitt aus dem Gedicht, in dem Walther sich an die edle höfische Dame wendet, die er liebt aber die ihn kaum beachtet[15].

Vrouwe, dû versinne
dich ob ich dir z'ihte[16] maere sî.
eines friundes minne
diust[17] niht guot, da ensî ein ander bî.
Minne entouc[18] niht eine,
sî sol sîn gemeine,
sô gemeine daz si gê
dur zwei herze und dur dekeinz mê.

Hehre Dame, bedenke wohl,
ob ich dir überhaupt etwas bedeute.
Die Liebe eines Freundes
die ist nicht gut, wenn da keine andere dabei ist.
Einseitige Liebe ist nichts wert –
sie muß geteilt sein,
so geteilt, dass sie
durch zwei Herzen und durch kein anderes
(Herz) geht.

15 In der hohen Minne erfährt der Ritter keine Gegenliebe.
16 überhaupt
17 die ist
18 taugt nicht

Mystik

Meister Eckhart (1260-1327)

Er stammt aus einem adligen Thüringer Geschlecht. Mit 18 Jahren trat er in den Orden der Dominikaner[19] ein. Weil er an der Universität von Paris seinen Magister Artium bekam, nannte man ihn „Meister". Er lehrte auch in Paris, in Straßburg und in Köln. Seit 1326 wurde er von der Inquisition verfolgt, und 1329 verurteilte eine päpstliche Bulle mehrere seiner Schriften. Meister Eckhart hatte nur ein einziges Ziel: Gott zu finden. Dass er Gott in seiner eigenen Seele suchte, gefiel der Kirche nicht. Sie verklagte ihn wegen Ketzerei. Aber bevor sein Prozess entschieden war, starb er.

Um seine Gedanken und Gefühle ausdrücken zu können, musste Meister Eckhart neue Wörter schaffen, darunter viele Abstrakta. Zu seinen Neuschöpfungen gehören: Einfluss, Eindruck, Eigenschaft, Einheit, Ursprünglichkeit, Erhabenheit, Zukunft, innig, begreifen, wesentlich und viele andere.

Das 13. und 14. Jahrhundert hat mehrere Mystiker hervorgebracht: die Mystikerin Mechthild von Magdeburg und Meister Eckharts Schüler Johannes Tauler und Heinrich Seuse.

Über die Liebe von und zu Gott hat er Folgendes zu sagen:

> „Nur der hat die Liebe Gottes, der folgende Dinge tut: Verzichtleisten auf Besitz, auf alle Freunde, auf sich selbst".

> „Manche Leute wollen Gott mit den Augen ansehen, wie sie ein Rind ansehen, und wollen Gott lieben, wie sie ein Rind lieben. Das liebst du um[20] die Milch und um den Käse und um deinen eigenen Vorteil. Ebenso tun alle die Leute, die Gott lieben um äußeren Reichtum oder inneren Trost, und sie lieben Gott nicht recht, sondern lieben ihn um ihren eigenen Vorteil".

Meister Eckhart gibt uns gewiss keine leichte Lektüre, weil seine Gedankensprünge und sein abstraktes Denken teilweise sehr schwer zu verstehen sind. Er suchte sein Leben lang nach einer Lösung des Zwiespalts von Diesseits und Jenseits, nach einer Versöhnung von Mensch und Gott.

Ausschnitt aus der 9. Predigt:

---

19 Der Dominikanerorden, 1216 gegründet, war der einflussreichste des Mittelalters.

20 wegen der Milch

„Der Planet Venus, nach dem der Tag Freitag[21] benannt ist, hat viele Namen. Wenn er (der Planet) vor der Sonne aufgeht, nennen wir ihn den Morgenstern. Wenn er der Sonne folgt, sodass die Sonne zuerst untergeht, nennen wir ihn den Abendstern. Manchmal verläuft seine Bahn über der Sonne, manchmal unter der Sonne. Im Gegensatz zu allen Sternen, befindet er sich immer in demselben Abstand zur Sonne. Er entfernt sich nie von der Sonne, noch kommt er ihr näher. So ist es mit dem Menschen, der immer in Gottes Nähe sein will, so, dass ihn nichts von Gott trennen kann, weder Glück noch Unglück, noch irgendeine Kreatur".

An einer anderen Stelle in seinen Predigten spricht er davon, wie unmöglich es dem Menschen ist, einen klaren Begriff von Gott zu haben:

„Alle Geschöpfe wollen in ihren Werken Gott zum Ausdruck bringen; alle sprechen es, so gut sie es vermögen, sie können ihn aber doch nicht aussprechen. Ob sie wollen, oder nicht, ob es ihnen lieb oder leid ist[22], alle wollen sie Gott aussprechen, und doch bleibt er unausgesprochen".

Übungen

Heldenepos

Rolandslied

Fragen

1. Woher hatte der deutsche Pfaffe Konrad seinen Stoff zum *Rolandslied*?
2. Ist der Stoff erfunden oder wahr?
3. Wo spielt das *Rolandslied*?
4. Welches Volk wird hier als „Heiden" bezeichnet?
5. Woran erkennen wir, dass das deutsche *Rolandslied* teilweise noch in germanischen Heldensagen verankert ist?

---

21 Latein *Veneris dies* = der Tag der Venus. Bei den Germanen war Venus dieselbe wie *Frigga oder Freia*, Wotans Frau.

22 ein anderer Ausdruck für „wollen oder nicht wollen"

6. In der französischen Vorlage klingen starke patriotische Töne. Was will der deutsche Dichter betonen?

7. Wie berichtet uns Pfaffe Konrad, dass Karl der Große sehr geehrt war?

8. An welchem Wort erkennen wir, dass die Christianisierung der Heiden nicht auf friedlichem Weg stattgefunden hat?

9. Wie erfahren wir, dass sich die Christen vor dem Aussehen der Heiden fürchteten?

Übungen zur Sprache

1. Suchen Sie die mittelhochdeutschen Formen zu den folgenden Verbformen. Welche systematische Änderung zwischen Mittelhochdeutsch und Neuhochdeutsch können Sie erkennen?

klang _____

zwang (auch: drang) _____

erschlug _____

2. Suchen Sie die mittelhochdeutschen Ausdrücke zu den folgenden neuhochdeutschen Ausdrücken. Wie unterscheiden sich hier die beiden Verbformen?

Die Christen näherten sich _____

_____

als Roland sich zum König durchzwang _____

_____

Höfisches Epos

Parzival

Fragen

1. Auf welchem französischen Roman basiert *Parzival* und wer hat ihn geschrieben?

2. Was für eine Art Roman ist der *Parzival*?

3. Wie ist Parzivals Vater gestorben?

4. Warum will Parzivals Mutter nicht, dass er Ritter wird?

5. Woran starb Parzivals Mutter?

6. Welchen berühmten König besucht Parzival?

7. Wieviel Zeit verbringt Parzival bei dem alten Trevrizent?

8. Wird Parzival am Ende Gralskönig?

Zusammenfassung

Erzählen Sie in 5-6 Sätzen, wovon *Parzival* handelt.

Tristan und Isolde

Fragen

1. Nach welchem Vorbild hat Gottfried von Straßburg sein höfisches Epos geschrieben?
2. Woher kam die Tristan-Erzählung ursprünglich?
3. In welche Gesellschaftsklasse gehören Tristan und Isolde?
4. Wer wollte Isolde heiraten?
5. Wie kam es, dass sich Tristan und Isolde ineinander verliebten?
6. Hat Isolde Tristan geheiratet?
7. Wie lange dauerte die Liebe zwischen Tristan und Isolde?

Etwas zum Nachdenken:

✪ Glauben Sie, dass dieses Epos auf einer wahren Begebenheit beruht? Warum (nicht)?

✪ Kennen Sie Erzählungen, in denen die Liebenden unter ähnlichen Umständen sterben, wie in einigen Versionen von *Tristan und Isolde*?

✪ Glauben Sie, dass die christlich-mittelalterlichen Dichtungen eine Absicht haben?

Der arme Heinrich

Fragen

1. Warum stießen ihn die Leute aus der Gesellschaft aus?
2. Mit welcher biblischen Gestalt wird Heinrich verglichen?
3. Nimmt Heinrich seine Strafe von Gott geduldig an?
4. Wo versucht Heinrich, geheilt zu werden?
5. Was für eine „Medizin" könnte ihn heilen?
6. Was machte Heinrich mit seinem ganzen Besitz?
7. Wer will sich für Heinrich opfern (sacrifice)?
8. Warum entschließt sich Heinrich im letzten Augenblick, den Opfertod des Mädchens nicht anzunehmen?
9. Wollte das Mädchen nur aus Liebe zu Heinrich sterben?
10. Wie wurde Heinrich geheilt?
11. Wie lebte Heinrich am Ende seines Lebens?

Etwas zum Nachdenken

✿ Scheint es Ihnen, als ob Heinrich seine Strafe (die Krankheit) verdient hätte?

✿ Glauben Sie, dass Hartmann von Aue uns in diesem Epos eine Moral geben will? Will er, dass wir etwas daraus lernen?

Übungen zur Sprache

Ersetzen Sie die kursivgedruckten Ausdrücke durch Synonyme, die unten aufgelistet sind:

1. In Schwaben lebte ein Ritter *von hoher Geburt*.
2. So wurde Herr Heinrich von Gott *ausgestoßen*.
3. Da wurde sein Anblick *jedermann* fürchterlich.
4. Seine Krankheit war *unheilbar*.
5. Daraufhin begann er, seinen Besitz *wegzugeben*.
6. *Im Scherz* nannte er sie seine kleine Braut.
7. Sie wollte ihr Leben für den armen Heinrich *hingeben*.
8. Diesmal wurde der Vater *zornig*.
9. Sie *gaben ihre Einwilligung*.
10. Das Mädchen hatte sich *freiwillig* zu diesem Opfer entschlossen.
11. Er *nahm die Krankheit von* dem armen Heinrich.
12. *Rasch* gewann er Gut und Ehren wieder.
13. Das Mädchen *machte er zu seiner Frau*.
14. Sie *gewannen* beide *das ewige Reich*.

verteilen / erlaubten es / schnell / kamen in den Himmel / aus einer aristokratischen Familie / heiratete / verstoßen / allen Leuten / heilte / ohne Zwang / nicht zu heilen / aus Spaß / opfern / sehr ärgerlich

Nacherzählung

Erzählen Sie die Geschichte nach und versuchen Sie dabei, die folgenden Stichwörter zu benutzen:

1. Krankheit
2. Heilung
3. eine reine Jungfrau
4. von Gott verstoßen
5. das Himmelreich gewinnen
6. Salerno
7. Gott

Höfische Lyrik

Walther von der Vogelweide

Fragen

1. Woher kannte Walther die politischen Verhältnisse seiner Zeit sehr gut?
2. Hatte Walther selbst Besitz oder nicht?
3. Walther war vielseitig in seiner Dichtung. An welche Art von Dichtung denken wir aber heute, wenn wir seinen Namen hören?
4. Wie unterscheidet sich die Rolle der Frau in den hohen und der niederen Minne?
5. Was ist der Unterschied zwischen einem *frouwelîn* und einer *maget*?

Unter der Linden

1. Wer spricht hier?
2. Von was für einem Erlebnis wird hier berichtet?
3. Wer hat dieses Erlebnis beobachtet?
4. Welche Naturbilder werden hier erwähnt?
5. Welche Textstellen deuten darauf hin, dass es ein sehr schönes Erlebnis war?

Etwas zum Nachdenken

✿ Würden Sie dieses Gedicht zur hohen oder zur niederen Minne zählen? Warum?

Bin ich dir unmaere

1. Wie redet er die Frau an? Deutet das darauf hin, dass sie eine Frau der Gesellschaft ist oder eine aus dem Volk?
2. Walther weiß nicht, was die Frau von ihm hält. Woher wissen wir das?
3. Wie drückt Walther aus, dass zu einem Liebesverhältnis zwei Menschen nötig sind?

Etwas zum Nachdenken

✿ Obwohl wir hier nur einen Ausschnitt aus dem Gedicht haben, können wir ziemlich gewiss sein, dass es zur hohen Minne zählt. Warum?

Mystik

Meister Eckhart

Fragen

1. Warum nennen wir ihn „Meister"?
2. Wo lehrte Meister Eckhart?
3. Was war das Zentralthema in Meister Eckharts Schriften?
4. Wie war es Meister Eckhart möglich, nicht als Ketzer verbrannt zu werden?
5. Waren alle Mystiker des 13. und 14. Jahrhunderts Männer?
6. Wie zeigt der Mensch, nach Meister Eckhart, die wahre Liebe zu Gott?
7. Aus welchem Grund ist Meister Eckhart keine „leichte Lektüre"?
8. Womit vergleicht Eckhart Gott in der 9. Predigt?
9. Wie ist Eckharts Vergleich? Ergänzen Sie: Mensch: Gott = X:Sonne.
10. Im letzten Abschnitt spricht Eckhart von „Geschöpfe". Mit Geschöpf meint man Kreatur im Allgemeinen. Glauben Sie, Eckhart meint alle Kreaturen oder nur die Menschen? Begründen Sie Ihre Antwort.

Etwas zum Nachdenken

✿ Wenn Meister Eckhart in Ländern mit verschiedenen Sprachen lehrte, wie konnte er sich bei seinen Studenten verständlich machen?

Zeittafel:

1066 Die Normannen erobern England.

1072 Die Normannen erobern Palermo auf Sizilien und vertreiben die Araber. Die Türken erobern Jerusalem und erregen großen Ärger im christlichen Europa.

1073 Papst Gregor VII. beansprucht geistliche und weltliche Macht für die Kirche.

1076 Heinrich IV. zusammen mit deutschen Bischöfen erklärt den Papst für abgesetzt. Daraufhin erklärt der Papst Heinrich IV. für abgesetzt und verbannt ihn aus der Kirche.

1077 Fürsten und Bischöfe werden unsicher, einen verbannten König zu haben und verlangen von Heinrich, den Papst um Verzeihung zu bitten. Heinrich macht sich auf zu seinem Bußgang nach Canossa, wo der Papst sich z.Z. aufhält. Der Papst muss, den kirchlichen Regeln gehorchend, Heinrich vom Bann lossprechen.

1085 König Alfons VI. , König von Kastilien und León, vertreibt die Araber (Mauren) aus Toledo und macht diese Stadt zur Hauptstadt von Kastilien. Im folgenden Jahr kommen Berberstämme aus Nordafrika (die Almoraviden) den Mauren zu Hilfe und besiegen Alfons VI. Die strenggläubigen Almoraviden erobern ganz Südspanien, aber erdrücken dort die blühende Kultur der Araber, ihren Handel und ihr Gewerbe.

1093 „El Cid"[23], ein von König Alfons VI. verbannter Vasall, schlägt die nordafrikanischen Almoraviden zurück und herrscht bis zu seinem Tod über Valencia. Er versöhnt sich wieder mit Alfons.

1095 Papst Urban II. ruft in Clermont zum Kreuzzug auf. Große Begeisterung vom ärmsten Bauern bis zum König. Man will, unter Versprechung himmlischer Belohnung und irdischer Güter, das Grab Christi zurückerobern. Religiös aufgehetzt, vernichten die Kreuzfahrer schon mal unterwegs viele Juden in Deutschland. In Mainz allein 1000.

1118 Der Templerorden wird in Jerusalem gegründet, ein geistlicher Ritterorden. Der Johanniterorden verpflichtet sich der Krankenpflege sowie dem Kampf gegen die Heiden.

1127 Unter französischem Einfluss finden in Deutschland die ersten Ritterturniere statt.

In Frankreich stirbt der erste Troubadour, Graf Wilhelm von Poitou. Seine Liebeslyrik wurde in Deutschland zum Minnesang.

1130 In Canterbury wird die Kathedrale eingeweiht. Sie gilt als eins der ersten und schönsten Bauwerke der Gotik.

---

23 Spaniens Nationalheld gehört in die Zeit der Reconquista (Rückeroberung Spaniens durch die Christen). Die Spanier nennen ihn auch „campeador" (Kämpfer). Sein wirklicher Name war Rodrigo Díaz de Vivar, auf arabisch-spanisch *al-sid*, the lord. Um 1300 wurde er in einem epischen Gedicht über Kastilien verherrlicht, *Cantar de mio Cid* („Lied von meinem Cid"). Spielleute haben es mündlich weitergetragen. 1637 machte Corneille ihn zum Held seiner Tragödie *Le Cid*. Er betonte aber weniger die politischen Situationen als viel mehr den Konflikt zwischen leidenschaftlicher Liebe, Familientreue und Ehre.

1138 Die Sage um König Artus' Tafelrunde wird zum ersten Mal von Geoffrey von Monmouth in seiner „Geschichte britannischer Könige" erwähnt.

1173 Die Sekte der *Waldenser* bildet sich um den Lyoner Kaufmann Petrus Waldes. Sie predigen Armut und Einfachheit als christliche Tugenden.

1179 Hildegard von Bingen stirbt.

1203 Kreuzfahrer erstürmen und plündern Konstantinopel.

1209 Der Papst ermutigt den französischen Adel zu einem Kreuzzug gegen die Albigenser[24] in Südfrankreich.

1210 Papst Innozenz III., unter Einfluss von Franz von Assisi, versucht die Armutsbewegung in die Kirche einzuführen.

1213 Der Kinderkreuzzug gelangt in Frankreich nur bis Marseille, in Deutschland bis in die Alpen. Die meisten Kinder werden als Sklaven verkauft.

1226 Kaiser Friedrich II. (in Rom zum Kaiser gekrönt), schickt den *Deutschen Ritterorden* zur Missionierung nach Norden. Dort hatten die heidnischen Preußen deutschpolnische Grenzgebiete verwüstet.

1229 Albigenserkriege enden. Um weitere Ketzerei zu vermeiden, wird das Lesen der Bibel in der Muttersprache verboten[25].

1237 Das arabische Córdoba wird von Friedrich III. von Kastilien erobert. Das Ende der islamischen Herrschaft über Südspanien kündigt sich an.

1239 Papst Gregor IX. bannt Friedrich II. wieder einmal[26]. Daraufhin besetzt der Kaiser Teile der römischen Kirchenstaates und bringt sein absolutistisches, streng organisiertes Verwaltungssystem nach Italien[27].

1245 Die Kirche erklärt Friedrich II. als Ketzer und der Papst fordert die deutschen Bischöfe auf, einen neuen Kaiser zu wählen.

Der deutsche Gelehrte Albertus Magnus lehrt in Paris. Seine Lehren umfassen das Wissen der Araber, Juden und Christen. Thomas von Aquin[28] wird sein Schüler.

1249 Der Deutsche Orden versöhnt sich mit den Preußen im *Vertrag zu Christburg*.

1250 Kaiser Friedrich II. stirbt, und mit ihm endet die Blütezeit des christlich-ritterlichen Mittelalters in Deutschland.

---

24 Diese in der Stadt Albi gegründete Bewegung gehört zu den Katharern, die gegen den weltlichen Reichtum der Kirche sprachen. Kreuzfahrer ermorden alle Einwohner in Béziers, ob „Ketzer" oder nicht, denn „Gott wird die Seinen erkennen!"

25 Dieses Verbot wird erst 1902 aufgehoben.

26 Der Kaiser hatte seinen Sohn Enzio mit der sardinischen Prinzessin vermählt und zum König Sardiniens gekrönt, obwohl die Insel Sardinien ein Lehen des Kirchstaates war, also der Kirche gehörte.

27 Er hatte es schon in Sizilien erprobt.

28 Tommaso d'Aquino, 1224-1274, aus Sizilien. Bedeutendster Scholastiker, dessen Schriften die römisch-katholische Theologie erklären.

IV

Spätes Mittelalter
1300 – 1500

Illustration zu dem Märchen „Tischlein deck dich"

Geschichte und Kultur

Raubritter

Die Zeit der Kreuzzüge war zu Ende gegangen. Um 1250 war das Kaiserhaus der Hohenstaufen ausgestorben und in Deutschland begann eine neue Entwicklung. Die Kaufleute und Handwerker in den Städten wurden reicher und die Ritter wurden ärmer. Zu viele junge Männer waren Ritter geworden. Der Titel galt nicht mehr viel. Man konnte ihn sogar kaufen! Unter den Rittern gab es sehr arme und ungebildete. Da ein Ritter kein Handwerk ausüben durfte, verarmten sie immer mehr und die Ritterburgen fingen an zu zerfallen. Aus dieser Armut und aus dem Neid der Ritter auf die wohlhabenden Städter entstand dann das Raubrittertum.

Raubritter waren nichts anderes als Räuber. Sie überfielen Reisende, besonders reisende Kaufleute, nahmen ihnen alles weg und ließen sie manchmal in den Turm der Ritterburg werfen, um Lösegeld zu bekommen.

Den Bauern ging es ganz besonders schlecht. Es gab kein Gesetz und keine Polizei, die sie schützen konnten. Ritter ritten einfach über ihre Felder und zerstörten die Saat. Neidische Ritter raubten sie aus und verbrannten ganze Dörfer. Die Bauern waren nicht durch Stadtmauern geschützt wie die Städter. Bauern und Ritter wurden zu Feinden. Und aus dieser Feindschaft ist im 13. Jhdt. die erste deutsche Bauerngeschichte entstanden, *Meier Helmbrecht,* von Wernher dem Gartenaere.

Städte

Zwischen 1100 und 1400 erlebten Handel und Verkehr eine Blütezeit. Städte entstanden . Um 1400 gab es über 2 500 Städte.

Landwirtschaftliche Produkte, die man im Überschuss hatte, mussten abgesetzt werden - und das konnte man am besten auf Märkten tun. Diese Märkte entstanden um die Ritterburgen herum, bei Bischofssitzen (viele Menschen kamen auf ihren Wallfahrten hierhin), und vor allem an den Kreuzungen von Handelswegen. Auf dem Markt gab es Marktfrieden: keine Schlägereien auf dem Markt! Verbrechen, die hier verübt wurden, konnten direkt hier bestraft werden.

Die Stadtgesellschaft war ziemlich homogen. Für den Fall eines Angriffs hatten die Städte Berufsheere. Diese Heere wurden von den Zünften aufgestellt. In Städten mit täglichem Marktrecht (wo man

Mittelalterliche Stadt

jeden Tag auf dem Markt einkaufen konnte) entstanden Kaufläden. Einige Kaufleute wurden sehr, sehr reich, wie die Fugger und die Welser, sodass wir um 1400 herum in Deutschland die Anfänge eines Bankwesens sehen können.

An der Kleidung konnte man sofort erkennen, in welche soziale Klasse die Person gehörte. Die wohlhabenderen Städter[1] bauten ihre schönen Häuser um den Marktplatz. Sie hatten Glasfenster, die es seit dem 15. Jhdt. für alle Häuser gab.

Handwerk und Zünfte

Das Handwerk war durch Zünfte[2] streng geregelt. Jedes Handwerk hatte seine eigene Zunft. Lehrlinge und Gesellen lebten „in loco parentis", d.h. im Haus des Meisters. Gesellen und Meister mussten seit dem 13. Jhdt. Mitglieder ihrer Zunft sein. Wozu waren Zünfte gut?

- Zunftordnungen prüften die Qualität der Waren und legten ihre Preise fest.

- Zunftordnungen überwachten die Ausbildung der Lehrlinge.

- Zunftordnungen wachten darüber, dass es nicht zu viele Handwerker pro Zunft gab.

- Zunftordnungen garantierten eine Preisstabilität und vermieden Arbeitslosigkeit.

Um 1300 waren in Frankfurt die Hälfte aller erwachsenen männlichen Einwohner Handwerker aller Art[3] und gehörten einer Zunft an.

Volkslieder und Meistersang

Im Spätmittelalter entstanden viele deutsche Volkslieder, die man heute noch singt. Die meisten handeln vom Leben des Volks, von Handwerkern, Bauern, von zwei Liebenden, die Abschied nehmen müssen, von Heimweh und ähnlichen Themen. Der Autor eines Volksliedes ist im Allgemeinen unbekannt, im Unterschied zum Kunstlied.

Hans Sachs

---

1 Man nennt sie *Patrizier*. Sie waren eine Art Stadt-Adel. Sie allein durften im Stadtrat sitzen. Heute meinen wir damit „alte einflussreiche Bürgerfamilien".

2 Zünfte und Gilden sind im Englischen „guilds".

3 1870 gab es prozentual viel weniger, weil mechanisiertes Handwerk und Massenabfertigungen die individuelle und originelle Qualitätsarbeit verdrängten.

Die Dichtung der Städte, der Meistersang[4], wurde von Handwerkern gepflegt. Die Kunstform konnte man in den Singschulen lernen, die den Gilden[5] glichen. Man musste hier wie in den Gilden die Stationen Schüler, Schulfreund, Singer und Dichter durchmachen, bevor man Meister werden konnte. In Wettbewerben musste man sich beweisen. Die Meisterprüfung bestand aus einem eigenen, selbstkomponierten Lied, das von den Merkern (Prüfern) begutachtet wurde. Der bekannteste Meistersinger im 16. Jahrhundert war Hans Sachs.

Druckpresse aus dem 15. Jahrhundert.

Buchdruckkunst

Im 8. Jhdt. gebrauchten die Chinesen Holzblöckchen mit Schriftzeichen, im 11. Jahrhundert taten es die Koreaner.

Im 14. Jahrhundert gebrauchten europäische Mönche dieselbe Methode, um Heiligenbilder zu vervielfachen.

Und ...

„Zu dieser Zeit (1445) wurde in Mainz, einer Stadt Deutschlands am Rheine ... jene wunderbare und früher unerhörte Kunst, Bücher mittels[6] Buchstaben zusammenzusetzen und zu drucken, durch Johannes Gutenberg, einen Mainzer Bürger, erfunden und ausgedacht. Nachdem er fast sein ganzes Vermögen für die Erfindung dieser Kunst aufgewendet hatte, vollbrachte er, mit übergroßen Schwierigkeiten kämpfend, ... die angefangene Sache.[7]"

Durch die Erfindung der Buchdruckkunst bekam die geistige Entwicklung in Europa einen ungeheuren Antrieb.

Inquisition

Weh dem, der anders glaubt!

Papst Innozenz III. (1198-1216) verfolgte Sekten in ganz brutaler Weise, besonders solche in Südfrankreich. Der Papst versprach jedem Krieger totale Absolution von seinen Sünden, wenn er mindestens vier Wochen lang Andersgläubige verfolgte und umbrachte. Das fand der Spanier Dominikus so attraktiv, dass er 1216 einen Kampforden gegen die Ketzer gründete. Später wurde er dafür heilig gesprochen.

---

4   Richard Wagners Oper *Die Meistersinger von Nürnberg*, deren Held der Meistersinger Hans Sachs selbst ist, handelt von diesem Meistersang.

5   Seit dem 8. Jhdt. gab es religiöse und weltliche Vereinigungen, Gilden genannt. Später nannte man die Gilden der Handwerker „Zünfte".

6   mittels = mit Hilfe von

7   Aus den Annalen des Klosters Hirsau im Jahre 1450

Papst Innozenz IV. erlaubte Folterungen. Sollte sich aber ein Landesfürst der Inquisition widersetzen, um seine eigenen Leute zu beschützen, dann wurde ihm mit Exkommunikation gedroht. Außer den Ketzerverfolgungen wurde im späten Mittelalter eine unsagbar grausame Hexenjagd betrieben; dafür gab es ein päpstliches Gesetzbuch für Hexenprozesse, in dem die verschiedenen Foltermethoden genau beschrieben wurden.

Pest

Die Bevölkerung Europas hatte sich seit dem 10. Jhdt. sehr vergrößert, aber die wirtschaftliche Lage hatte sich nicht dementsprechend verbessert. Man befürchtete das Schlimmste, sollte eine Katastrophe die Ernten vernichten. Und die trat ein: Zwischen 1315 und 1317 gab es die schlimmsten Erntekatastrophen des Mittelalters. Es war kälter geworden und schwere Regenfälle und unerwartet eiskaltes Wetter waren daran schuld. In den Städten starb jeder zehnte an Hunger. Die Bevölkerung war körperlich geschwächt und anfällig gegen alle Arten von Krankheiten, besonders Tuberkulose.

Seit 1347 wütete die Pest in Konstantinopel und Alexandria. Täglich starben ca.1 000 Einwohner. In Kairo war es noch schlimmer. Mit seinen 500 000 Einwohnern war es eine der größten Städte der Welt. Dort starben täglich 7 000 Menschen. Auf einem Handelsschiff aus Genua kamen infestierte Ratten nach Sizilien. In Blitzeseile verbreitete sich die Krankheit durch ganz Italien, erreichte Ende 1348 Frankreich und England und dann Irland, Skandinavien, Russland, Deutschland. Man schätzt, dass in Europa ein Drittel der Bevölkerung umkam.

Zu dieser Zeit kannte man die Ursache der Epidemie nicht. Christen glaubten, sie sei eine göttliche Strafe für ihre Sünden. Es könnten vielleicht auch die Juden daran schuld sein, und deshalb wurden in Basel, Straßburg und Brüssel viele Juden umgebracht. Die Moslems nahmen die Katastrophe fatalistisch hin, nicht anders als wie sie Naturkatastrophen hinnahmen.

Giovanni Boccaccio[8] gab über den Ausbruch der Pest einen Bericht, in dem er die schwarzen Beulen beschrieb, die sich über den Körper ausbreiteten und den Menschen innerhalb von drei Tagen töteten. Am Ende meinte er, dass man durch diese grauenvolle Krankheit an der Güte und Gnade Gottes verzweifeln könnte.

Als die Epidemie vorüber war, gab es viel weniger Bauern als vorher. Diese konnten jetzt für ihre Güter höhere Preise verlangen. Das-

---

8 (1313-1375), italienischer Dichter, Freund von Petrarca. Gab Vorträge über Dantes „Divina Commedia". Vor allem bekannt durch seine Novellensammlung „Decamerone".

selbe galt für die Handwerker in der Stadt. Frankreich und England erließen deshalb Gesetze, die vor Wucherpreisen schützen sollten, z.B. durfte eine bestimmte Ware nicht mehr als 30% über dem Vor-Pest-Preis liegen. Die Regierungen in Spanien, Portugal und Deutschland versuchten das auch, aber sie hatten wenig Erfolg damit.

Hanse

Kogge mit den Flaggen des Reichs und der Stadt Hamburg. Holzschnitt, Hamburg, Ende des 15. Jhdts.

Antwerpen wurde die Handelsmetropole in Westeuropa. Handelswege durchzogen den ganzen Kontinent und Handelsunionen entstanden. Eine der bekanntesten ist die Hanse[9]. Sie begann 1241 mit einer Verbindung von Lübeck und Hamburg und Verträgen mit Flandern. Bald hatte die Hanse 100 Mitglieder. Sie hatte ihr eigenes Heer und ihre eigene Kriegsflotte. Ihre Niederlassungen reichten von London bis Bergen, ganz hoch oben in Norwegen, und Nowgorod in Russland. Vor allem wurde in Textilien gehandelt, in Metall, Salz, Fisch, Getreide, Wein und Luxusartikeln. Im 17. Jahrhundert zerfiel sie, und danach blieben nur noch drei deutsche Städte im Bund: Hamburg, Lübeck und Bremen. Bis heute haben diese Städte die Bezeichnung „Hansestadt" in ihrem Namen behalten[10].

Übungen

Fragen zur Geschichte und Kultur

Raubritter

1. Warum wurden die Ritter nach ca. 1250 immer ärmer?
2. Wie stand es mit der Bildung der Ritter?
3. Aus welchem Grund waren viele Ritter auf die Städter neidisch?
4. Wovon lebten die Raubritter?
5. Warum konnten Raubritter die Bauern leichter überfallen als die Städter?
6. Woher wissen wir, dass es im 13. Jhdt. eine Feindschaft zwischen Rittern und Bauern gab?

Städte

1. Inwiefern spielten die Märkte eine große Rolle in der Entwicklung der Städte?
2. Was bedeutet „Marktfrieden"?

---

9 Hanseatic League
10 z.B. hat das Autokennzeichen für Hamburg ein „HH", d.h. Hansestadt Hamburg.

3. Wie konnten sich die Städter im Fall eines Angriffs verteidigen?

4. In welchem Teil der Stadt lebten die reichen Bürger?

Handwerk und Zünfte

1. Wozu dienten Zunftordnungen?

Volkslied und Meistersang

1. Was ist der typische Inhalt eines Volkslieds?

2. Wer schrieb und komponierte Volkslieder?

3. Wie unterscheidet sich der Meistersang vom Volkslied?

4. Welcher Komponist hat eine Oper über die Meistersinger geschrieben?

Buchdruckkunst

1. Auf welche Art hat man schon vor der Erfindung der Buchdruckkunst Bilder und Schriftzeichen vervielfacht?

2. Wo in Deutschland und von wem wurde die Kunst des Buchdrucks erfunden?

Inquisition

1. Welche Belohnung versprach Papst Innozenz III. für die Verfolgung und Ermordung Andersgläubiger?

2. Woher wissen wir, dass der Papst für Hexenjagden war?

Pest

1. Welche anderen Katastrophen erlebte Europa zur Zeit der Pest?

2. Woher kam die Pest und in welchen geographischen Gebieten wütete sie?

3. Wie viele Menschen kamen in Europa durch die Pest um?

4. Wie sahen die Christen die Pest an und wie die Moslems?

5. Was geschah mit den Preisen der landwirtschaftlichen Erzeugnisse und handwerklichen Produkte, nachdem die Pest vorbei war?

6. Auf welche Weise versuchten Frankreich und England die Bevölkerung vor überhöhten Preisen zu schützen?

Hanse

1. Was war die *Hanse*?
2. Was war die östlichste Hansestadt und was die nördlichste?

Etwas zu Nachdenken

✿ Zu den folgenden Fragen nennen Sie Beispiele aus anderen Ländern.
   a. Wo hat die Bevölkerung das Recht in die eigene Hand genommen?
   b. Wie und wo wurden Städte gegründet?
   c. Leben wohlhabende Bürger und ärmere Bürger in verschiedenen Teilen einer Stadt? Geben Sie ein Beispiel.
   d. Gibt es in unserem modernen Leben so etwas Ähnliches wie eine Zunft oder eine Gilde?

✿ Aus welchem Grund war die Erfindung des Buchdrucks für die geistige Entwicklung in Europa maßgebend?

Sprache

Lateinischer Einfluss

Zwischen 1300 und 1500 sind wir in der Zeit des Spätmittelhochdeutschen. Das Latein beeinflusste das Deutsche mehr als jede andere Sprache. Nachdem Karl IV. 1369 bestimmt hatte, dass alles Religiöse, alles Kirchliche auf Latein geschrieben werden musste, hatte das Deutsche in diesen Schriften nichts mehr zu suchen.

Das kirchliche Leben brachte viele lateinische Wörter ins weltliche Leben. Aber einen noch größeren Einfluss als die Kirche übte die Renaissance[11] auf die Sprache aus. Die Renaissance wandte sich in Literatur und Philosophie ganz dem Humanismus[12] zu. Der Humanismus stellte einen selbstgewissen Menschen in den Mittelpunkt und war ganz gegen die mittelalterliche Scholastik mit ihren Kirchenlehren. Die Ideen des Humanismus kamen aus Italien. Hier

---

11 Renaissance bezeichnet die Kunst und Kultur zum Beginn der Neuzeit. 15. und 16. Jahrhundert in Italien. Entdeckung der Welt und des Menschen. Jedes Kunstwerk sollte ein Abbild der Wirklichkeit sein. Vorbild war die Antike, die Griechen.

12 Das Ideal des Humanismus war edle Menschlichkeit. Vorbild waren die alten Griechen. Jetzt *studia humanitatis* anstatt des mittelalterlichen *studia divina*. Der bedeutendste Humanist ist Erasmus von Rotterdam. Er und Martin Luther hatten einen lebhaften. Briefwechsel.

liegt die Quelle der vielen, vielen lateinischen und griechischen Substantive, die wir noch heute in der deutschen Jura, Medizin, Theologie, Philosophie und anderen Wissensgebieten finden:[13]

Advokat	Inquisition	Text
Amnestie	Kathedrale	Sekte
Apotheke	Doktor	Fakultät
Arterie	Metaphysik	Rezept

Deutsch nahm nicht nur lateinisches Vokabular auf, sondern auch etwas im Satzbau. Sicher, heutzutage kommt uns das furchtbar steif vor, aber der Gebrauch des Partizips in der Gegenwart und in der Vergangenheit z.B. existiert immer noch:

Gegenwart: Den Zorn des Meisters <u>fürchtend</u>, verkroch sich der Lehrling in die Ecke.

Vergangenheit: Die Arbeit <u>vollendet</u>, ging er fort.

Französischer Einfluss

Wir sehen uns in diesem Kapitel zwar die Zeit zwischen 1300 und 1500 an, aber wenn wir von sprachlichen Einflüssen sprechen, können wir nicht immer haargenaue Daten einsetzen. Deshalb müssen wir jetzt in der Zeit sowohl ein bisschen zurückgreifen als auch vorgreifen.

Der sprachliche Einfluss des Französischen wuchs zur Zeit der Kreuzzüge (1095-1291). Seit dem *Alexanderlied* und dem *Rolandslied* (1130) gab Frankreich ein Vorbild für die weltliche Literatur. Aber den größten Einfluss französischer Kultur und Sprache erlebte das deutsche Rittertum seit der Mitte des 12. Jahrhunderts. Durch Ritterspiele und lange Aufenthalte auf Reisen sowie Ausbildung in Frankreich kam noch mehr französisches Kulturgut nach Deutschland. Der deutsche Adel im 13. Jhdt. engagierte[14] sogar französische Hauslehrer, die Erwachsenen und Kindern das Französische beibringen sollten.

Beispiele:

AFR	-ier	→	MHD -ieren	NHD -ieren
	logier	→	loschieren	logieren
	reignier	→	reignieren	regieren

Sogar die Bedeutung von deutschen Wörtern änderte sich nach französischem Vorbild:

---

13 Manche deutsche wissenschaftliche Abhandlungen wurden noch im 19. Jhdt. auf Latein geschrieben wie z.B. die des Mathematikers Karl Friedrich Gauss 1801 erschienene *Disquisitiones arithmeticae.*

14 engagieren = einstellen

FR	doux Im *Rolandslied*: *la douce France*
MHD	süez (eigentlich nur der Gegensatz zu sauer, jetzt aber auch im Sinne von „lieblich": eine süeze vrouwe)
NHD	süß

Lehnwörter aus dem Orient

Lebensmittel, Gewürze und Güter aller Art kamen aus dem Mittelmeerraum nach Deutschland und damit ihre Namen. Einige kamen aus dem Arabischen oder Persischen:

Alkohol	arab. alkohl
Atlas	arab. atlas
Limone	pers. lîmûn

Manchmal gingen die Namen auf Wanderschaft: Von den Mauren, die in Spanien Zuckerrohr anbauten, kam das Wort erst als *zucchero* nach Italien und dann ins Deutsche.

Jiddisch

Kurz vor 1400 finden wir die ersten Schriftstücke auf Jiddisch. Es war das Deutsch, das die Juden in der Gegend des heutigen Rheinland-Pfalz sprachen. Durch Umsiedlungen innerhalb und außerhalb Deutschlands nahm Jiddisch viele Charakteristika des Ostmitteldeutschen, Polnischen, Russischen und Hebräischen auf. Deshalb gibt es viele jiddische Dialekte. Die zwei Hauptgruppen sind das Westjiddische, das früher in Deutschland gesprochen wurde, und das Ostjiddische, das in den slawischen Ländern gesprochen wurde.

Sondersprachen

Sondersprachen, auch Fachsprachen oder Standessprachen, geben uns einen Einblick in nur einen Teil der Gesellschaft, die ihre Besonderheiten hat. Man könnte deshalb die Literatursprache des Mittelhochdeutschen zur Zeit der Blüte der ritterlich-höfischen Kultur als Sondersprache ansehen, denn durch sie bekommen wir einen Einblick in das höfische Leben.

Was wir im Allgemeinen unter Sondersprachen verstehen, sind die Gebrauchssprachen bestimmter Personengruppen innerhalb einer Sprachgemeinschaft, wie z.B. die Jägersprache und die Berufssprache der Buchdrucker (Fachsprachen)[15] oder die Kaufmann-

---

15 Vergl. englisch „jargon"

sprache und die der Soldaten (beides Standessprachen) innerhalb der deutschen Sprache.

An den folgenden Beispielen werden wir sehen, dass die Fachsprachen ein spezielles Vokabular haben. Das Vokabular der Standessprachen ist ein fester Bestandteil der deutschen Sprache, obwohl es von anderen Leuten selten oder gar nicht benutzt wird.

Die Jäger hatten besonders anschauliche Ausdrücke, die in Fabeln und Märchen unsterblich sind.

In der Fachsprache der Jäger:

Löffel	=	Ohr eines Hasen
Lauscher	=	Ohren eines Rehs (Pluralgebrauch)
Lauf	=	Bein oder Fuß eines vierfüßigen Tieres

«auf falscher Fährte sein»[16]
«durch kein Band gehalten»[17]

Seitdem Johannes Gutenberg 1445 in Mainz die Buchdruckkunst mit beweglichen Buchstaben erfunden hatte, entwickelte sich auch eine Berufssprache der Buchdrucker. Übrigens zeigten die Sprachen der verschiedenen größeren Druckereien Dialektunterschiede, denn eine einheitliche geschriebene deutsche Sprache gab es ja immer noch nicht.

In der Fachsprache der Buchdrucker finden wir folgende Ausdrücke:

ein doppelt gesetztes Wort	=	Hochzeit
ein fehlendes Wort	=	Leiche
ein falscher Buchstabe	=	Zwiebelfisch

Süddeutsche Kaufleute hatten engen Kontakt mit den norditalienischen Seehäfen und mit dem italienischen Handel im Allgemeinen. Dadurch fanden viele italienische Wörter der Seeschiffahrt und Handels- und Bankausdrücke ihren Weg ins Deutsche.

In der Fachsprache der Kaufleute:

Barke	Ital., Span.	barca
Flotte	Ital.	flotta
Galeere	Ital.	galera
Kasse	Ital.	cassa
Bankrott	Ital.	banca rotta

16 To be on the wrong track
17 Cannot be held back. Jagdhunde, die nicht durch ihre Leine zurückgehalten werden konnten. Daher das heutige *unbändig* und *außer Rand und Band*.

Norddeutsche Kaufleute nahmen nicht viel Ausländisches in ihre Sprache auf. Aber in der Hanse[18] findet man einige holländische Ausdrücke. Die Sprache der Hanse war hauptsächlich Mittelniederländisch. Mit dem Untergang der Hanse starb dann auch ihre Fachsprache aus.

Die Sprache der Soldaten hat zu dieser Zeit viel aus den romanischen Sprachen übernommen aber fast nichts aus dem Englischen. Der Grund dafür waren deutsche Söldnerheere im französischen und spanischen Ausland sowie ausländische Söldner, die nach Deutschland kamen. Mit der Regierung des Habsburgers Karls V. (seit 1515) wurden auch die deutsch-spanischen Beziehungen enger. Die folgenden Ausdrücke findet man im Deutschen erst nach 1500 in Urkunden und die meisten kamen im Dreißigjährigen Krieg (1618-48) ins Deutsche:

Ital.	canone	Kanone
Ital. (aus dem Arab.)	arsenale	Arsenal
Ital.	cavalleria	Kavallerie
Ital., Span.	comando	Kommando
Span.	caserna	Kaserne
Span.	infanteria	Infanterie
Span./Frz.	brigada/brigade	Brigade
Ital./Frz.	guardia/garde	Garde
Frz.	officier	Offizier
Frz.	armée	Armee

Da sich die romanischen Sprachen oft sehr ähnlich sind, kann man nicht immer wissen, aus welcher romanischen Sprache ein Wort ins Deutsche gelangt ist:

Ital.	artiglieria
Span.	arteglieria
Frz.	Artillerie
Deutsch	Artillerie

Maximilian I. und das „Gemeine Deutsch"

Der Habsburger Kaiser Maximilian I. (1493-1519) bestand darauf, dass alle Schriften, die von der kaiserlichen Kanzlei ausgingen, in - so weit wie möglich - gleicher deutscher Sprache geschrieben wurden. Dieses gemeine Deutsch, d.h. das allgemeine Deutsch, war ein oberdeutscher (süddeutscher) Dialekt, der sich als Kanzleisprache

---

18 Die Hanse war eine Verbindung von Kaufleuten im Ausland für Handelsbeziehungen und gegenseitigen Schutz und Beistand. Die Hanse blühte im 12. und 13. Jhdt. und erstreckte sich von London bis Nowgorod und von Köln bis Bergen.

durchsetzte. Maximilians Kanzler Niklas Ziegler bemühte sich dabei auch um eine einheitliche Rechtschreibung. Die Sprache Maximilians finden wir bei Hans Sachs, in Johann Ecks katholischer Bibel und in den Buchdruckereien von Augsburg und Nürnberg.

Später hatte Maximilians Enkel, Kaiser Karl V. (der gleichzeitig König Carlos I. in Spanien war) gar nichts für die deutsche Sprache übrig.

Übungen

Fragen zur Sprache

Lateinischer Einfluss

1. Aus welchen Sprachen kam der stärkste Einfluss in die deutsche Sprache?
2. Nennen Sie ein deutsches Wort, das aus dem Lateinischen kommt und in den folgenden Fachgebieten gebraucht wird:
   a. in der Jura
   b. in der Medizin
   c. in der Theologie
   d. in den Wissenschaften
3. Auf welchem Gebiet der Grammatik - nicht im Vokabular - macht sich der lateinische Einfluss auch bemerkbar?

Französischer Einfluss

1. Ungefähr seit wann lieferte Frankreich ein Vorbild für die deutsche Literatur?
2. Wie lernten manche adlige Familien im 13. Jahrhundert Französisch?
3. Woran kann man an einem deutschen Verb erkennen, dass es aus dem Französischen kommt?

Lehnwörter aus dem Orient

1. Mit was für Produkten kamen auch neue Wörter in die deutsche Sprache?
2. Hat Deutschland neue Waren oder Produkte direkt aus dem Ursprungsland erhalten, oder kamen manche Dinge auf Umwegen nach Deutschland? Geben Sie ein Beispiel.

Jiddisch

1. Wo entwickelte sich Jiddisch?
2. Welche Sprachen haben das Ostjiddische beeinflusst?

Sondersprachen

1. Wer spricht eine „Sondersprache"?
2. Aus welcher Sondersprache kommt das Ausdruck „auf falscher Fährte sein"?
3. Wie kommt es, dass es in der Sprache der Kaufleute besonders viele italienische (aber leicht verdeutschte) Wörter gibt?
4. Was hat der habsburgische Kaiser Karl V. mit Spanien zu tun?
5. Nennen Sie drei militärische Ausdrücke, die aus dem Spanischen kommen.

Maximilian I. und das „Gemeine Deutsch"

1. Wie wollte Kaiser Maximilian ein einheitliches Deutsch durchsetzen?
2. Wie war Kaiser Maximilian mit Kaiser Karl V. verwandt?
3. Wie stand Kaiser Karl V. zur deutschen Sprache?

Etwas zu Nachdenken

✿ Wie kommt es, dass zur Zeit der Renaissance so viele lateinische Wörter in die deutsche Sprache kamen?

✿ Man kann sich leicht vorstellen, dass aus einem benachbarten Land sprachliche Einflüsse kommen. Aber wieso kommen sie von so weit weg wie aus dem Orient?

Literatur

Wernher der Gartenaere, Meier Helmbrecht

Wernher der Gartenaere, der Ende des 13. Jhdts. lebte, war ein fahrender Dichter aus der Gegend Bayern-Österreich. Nur dieses eine Werk ist von ihm bekannt:

Ein Bauernsohn namens Helmbrecht will sich über seinen Stand erheben. Sein Vater warnt ihn vor den Folgen, aber Mutter und Schwester wollen ihm helfen. Sie besorgen ihm schöne Kleidung und eine kostbar bestickte Mütze, die ihn nicht mehr als Bauern auszeichnen. Helmbrecht schließt sich einer Bande von Raubrittern an. Diese Bande wird eines Tages gefangen und erhängt. Helmbrecht wird nicht erhängt, sondern man blendet ihn und hackt ihm eine Hand ab. Als er reumütig nach Hause kommt, weist ihn sein

Der Ackermann. (Holzschnitt aus dem Zyklus „Der Totentanz" von Hans Holbein dem Jüngeren)

Vater ab. Nach langen, schrecklichen Wanderungen wird Helmbrecht von Bauern umgebracht.

In *Meier Helmbrecht* spiegelt sich die soziale Krise der Zeit: die feudale Ordnung löste sich auf, der hohe Adel kämpfte gegen Verarmung und Verlust an Ansehen, die Bauern emanzipierten sich und verlangten mehr Rechte.

Der Dichter stellt den Bauernstand im Großen und Ganzen positiv dar, aber er verurteilt den Aufstieg des Einzelnen aus seinem Stand heraus. So etwas konnte man nicht erlauben. Helmbrecht musste also bestraft werden. Erstens wegen seines Ungehorsams dem Vater gegenüber und zweitens wegen seines Hochmuts, dessen Symbole das lange blonde Haar und die kostbar bestickte Mütze sind. Am Ende liegt die Mütze zerrissen im Staub.

Es ist ganz deutlich, dass der Dichter an eine feste Gesellschaftsordnung glaubte, die man nicht eigenmächtig stürzen durfte.

Johannes von Tepl, *Der Ackermann aus Böhmen*[19]

Johannes von Tepl (1351-1415) war Rektor der Lateinschule und Stadtschreiber in Saaz, Böhmen. Im Jahr 1400 starb Tepls Frau, was ihn dazu anregte, seinen *Ackermann* zu schreiben. Es war die Zeit Karls IV., Gründers der Prager Universität. Karls Hof hatte enge Beziehungen zu dem italienischen Humanismus, und Petrarcas[20] Rhetorik machte an Karls Hof großen Eindruck. Die künstlerische Form der rhetorischen Prosa mit ihren reichen Verzierungen, ihrem Rhythmus undt ihrer sprachlichen Virtuosität beeinflusste auch Tepl. Er benutzte dieses lateinische Vorbild, aber in deutscher Sprache, um seinen Dialog *Der Ackermann aus Böhmen* zu schreiben.

Diesen Dialog zwischen dem Tod und dem Ackermann nennt man ein „Streitgespräch". Es ist wie ein Prozessverfahren im Gericht. Auf der einen Seite steht der Tod, der die Welt verachtet und tief im Mittelalter steht, und auf der anderen Seite der Ackermann, der

---

19 Das Werk wurde 1947 als „Der Ackermann und der Tod" übersetzt. Erst im 20. Jhdt. erkannte man seine literarische und kulturelle Bedeutung als hervorragendes vor-reformatorisches Prosawerk.

20 Petrarca (1304-1374), italienischer Gelehrter, Dichter und Humanist, beeinflusste mit seiner Dichtung und seinen philosophischen und religiösen Schriften ganz Westeuropa. Seine gesammelte Lyrik, die *Canzoniere,* ist in der Volkssprache geschrieben. Darin gibt es Lieder an seine Geliebte, Laura (die es wahrscheinlich gar nicht gegeben hat), die ein weltliches Schönheitsideal verkörpert. Sie erinnert an die Troubadourdichtung. Petrarcas Studium der Klassik (als Vorbild des vollendeten Menschen), seine eigenen Werke in lateinischer Sprache, verbunden mit seinem Bruch mit dem mittelalterlichem Denken, machten ihn zu einem der Begründer des Humanismus

gegen die mittelalterliche Weltordnung rebelliert. Er verteidigt das menschliche Leben und wagt damit einen Schritt in den Humanismus.

Der Ackermann verteidigt den Menschen im Allgemeinen. Seine Frau ist gestorben und er klagt den Tod an wegen seines ungerechten und willkürlichen Umgangs mit den Menschen. Er kann die Argumente des Todes nicht annehmen, der sagt, dass er eine notwendige Aufgabe erfüllt. Gott als Richter endet den Dialog damit, dass er dem Menschen die Ehre und dem Tod den Sieg gibt.

Die Form des Dialogs zeigt den Einfluss der italienischen Kunstsprache, aber der Inhalt liegt ganz im deutschen Mittelalter. Einerseits verteidigt der Ackermann mit neuem Lebensgefühl das Irdische, aber andererseits nimmt er am Ende Gottes Richtspruch an.

Man kann den *Ackermann* als eins der ersten Prosawerke im modernen Deutsch ansehen. Man kann ihn aber auch als ein einzigartiges Kunstwerk der späten mittelalterlichen Literatur betrachten.

Auszug aus der Übersetzung *Der Ackermann und der Tod*:

33. GOTT:

Der Lenz[21], der Sommer, der Herbst und der Winter, die vier Erwecker und Erhalter des Jahres, wurden zwieträchtig in großem Streit[22]. Jeder von ihnen rühmte sich, und jeder wollte in seiner Wirkung der beste sein. Der Lenz sagte, er erwecke und mache üppig alle Früchte; der Sommer sagte, er mache reif und zeitig alle Früchte[23]; der Herbst sagte, er bringe und schaffe[24] in Scheunen, in Keller und in die Häuser alle Früchte; der Winter sagte, er verzehre und verbrauche alle Früchte und vertreibe alles giftige Gewürm. Sie rühmten sich und stritten heftig; sie hatten aber vergessen, daß sie sich verliehener Herrschaft rühmten. Ebenso tut ihr beide. Der Kläger klagt wegen seines Verlustes, als ob es sich um sein Erbe handle; er bedenkt nicht, daß es ihm von Uns verliehen wurde. Der Tod rühmt sich einer Herrschaft, die er aber allein von Uns

---

21 Frühling
22 stritten sich
23 bringe die Früchte hervor
24 ernte

Wanderschaft.

zu Lehen empfangen hat. Jener klagt ein, was nicht sein ist, dieser rühmt sich einer Herrschaft, die er nicht von sich selber hat. Jedoch ist der Streit nicht ganz unbegründet: ihr habt beide gut gefochten[25]. Jenen zwingt das Leid zu klagen, diesen der Angriff des Klägers, die Wahrheit zu sagen. Darum: Kläger, habe Ehre, Tod, habe Sieg, da jeder Mensch verpflichtet ist, das Leben dem Tode, den Leib der Erde, die Seele Uns zu geben.

ca. 1400

Das Volkslied

Das Volkslied[26], im Gegensatz zum Kunstlied z.B. von Schubert oder Schumann, hat keinen Dichter oder Komponisten, den wir kennen. Seit dem 14. Jhdt. zeigt das Volk immer mehr Freude am Singen. Während wir im Hochmittelalter Berufssänger hatten, die vor allem an Höfen vor nobler Gesellschaft ihre Kunst vortrugen, finden wir im späten Mittelalter das Singen in den Städten und auf dem Land. Die Lieder handeln von allen Ständen: von Bauern, Landsknechten, Bergleuten, Handwerkern, Rittern, vom häuslichen Leben und von der Wanderschaft.

Meist besingen diese Lieder nicht edle Heldentaten, sondern das, was den einfachen Menschen angeht: einfaches, menschliches Gefühl. Wir finden das im Liebeslied, Abschiedslied, Trinklied und in anderen Liedern. Es gibt allerdings auch historische Volkslieder, die von wirklichen kriegerischen Ereignissen berichten. Aber selbst aus diesen sprechen echte Anteilnahme und Mitgefühl.

Die Lieder, die vom einfachen Leben singen, sind in einfachem Deutsch geschrieben, aber manche Lieder, besonders solche mit religiösem Inhalt, mischen das Lateinische mit dem Deutschen.

In verschiedenen Teilen Deutschlands findet man oft dasselbe Volkslied, aber natürlich in unterschiedlichen Dialekten gesungen.

---

25 gestritten

26 Herder sprach von der „Volksseele" in den Liedern. Er gab ein Buch *Stimmen der Völker in Liedern* heraus (1778/1779). Der Begriff „Volkslied" erschien aber erst in der Romantik.

Das folgende Volkslied zeigt die Mischpoesie Latein-Deutsch, die wir schon im frühen Mittelalter kennengelernt haben.

In dulci jubilo[27]

In dulci jubilo
Nun singet[28] und seid froh!
Unsers Herzens Wonne
Leit[29] *in praesepio*[30],
Leuchtet vor[31] die Sonne
Matris in gremio[32].
Alpha es et O[33].

O Jesu parvule[34],
Nach dir ist mir so weh,
Tröst[35] mir mein Gemüte[36]
O puer optime[37],
Durch aller Jungfraun[38] Güte,
O princeps gloriae[39]!
Trahe me post te[40]!

Ubi sunt gaudia?[41]
Niendert[42] mehr denn[43] da,
Da[44] die Engel singen
Nova cantica[45]
Und die Schellen[46] klingen
In Regis curia[47].
Eia, wärn[48] wir da!

Mater et filia[49]
Ist Jungfrau Maria.
Wir waren gar verdorben
Per nostra crimina[50];
Nu[51] hat sie uns erworben[52]
Coelorum gaudia[53]!
Quanta gratia[54]

---

27 süßes Jubilieren
28 singt
29 liegt
30 in der Krippe
31 heller als
32 im Schoß der Mutter
33 du bist *Alpha* und *Omega* (Anfang und Ende)
34 O kleiner Jesus
35 tröste
36 Herz und Seele
37 O bester Knabe
38 durch die Güte aller Jungfrauen
39 O glorreicher Prinz
40 nimm mich mit dir

41 Wo sind die Freuden
42 nirgendwo
43 als
44 wo
45 neue Lieder
46 Glocken
47 Am Hof des Königs
48 wären
49 Mutter und Tochter
50 wegen unserer Sünden
51 nun
52 für uns erreicht
53 die Freuden des Himmels
54 Wie groß ist die Gnade!

Feinsliebchen, du sollst__

(Volkslied.)

Leise bewegt.

1. „Feins - lieb - chen, du sollst mir nicht barfuß gehn, du zer-trittst dir die zar - ten Füß - lein schön." La, la, la, la, la, la, la, du zer-trittst dir die zar - ten Füß - lein schön."

2. „Wie soll - te ich denn nicht barfuß gehn, hab kei - ne Schu - he ja an - zu-ziehn." La, la, la, la, la, la, la, hab kei - ne Schu - he ja an - zu-ziehn."

3. „Feins - lieb - chen, willst du mein ei - gen sein, so kauf ich dir ein Paar Schüh - lein fein. La, la, la, la, la, la, la, so kauf ich dir ein Paar Schüh - lein fein."

4. „Wie könnte ich euer eigen sein, ich bin ein armes Mägdelein." La, la, la, la, la, la, la, la, ich bin ein armes Mägdelein.

5. „Und bist du auch arm, so nehm ich dich doch, du hast ja Ehr' und Treue noch." La, la, la, la, la, la, la, la. du hast ja Ehr' und Treue noch.

6. „Die Ehr' und Treue mir keiner nahm, ich bin, wie ich von der Mutter kam." La, la, la, la, la, la, la, la ich bin, wie ich von der Mutter kam.

7. Was zog er aus seiner Tasche fein? Von lauter Gold ein Ringelein. La, la, la, la, la, la, la, la, von lauter Gold ein Ringelein.

Dieses Gedicht ist eins der frühesten Liebesgedichte aus der mittelhochdeutschen Zeit. Der Minnesänger Werner von Tegernsee hat es im 12. Jahrhundert geschrieben. Heute finden wir es vertont und in den verschiedenen Dialekten in ganz Deutschland.

Das verschlossene Herz

Du bist min, ih bin din:
Des solt du gewis sin.
Du bist beslozzen
In minem herzen:
Verloren ist daz sluzzilin
Du muost immer drinne sin.

*Dieses berühmte Gedicht des
Minnesängers Werner von
Tegernsee (12. Jahrhundert)
wurde vielfach variiert.*

Im Elsaß heißt es:
I hab e kleins Herzel,
Diß Herzel isch myn,
Unn en einziger Bue
trat de Schlüssel dagen.

In der Steiermark:
Mei' Herz ist verschloss'n,
Ist a Bogenschloß dran,
Ist an ein anzias Buebl,
Das's aufmach'n kann.

In Kärnten:
Mei Herzerl ist treu,
Is a Schlösserl dabei,
Und an oanziger Bua
Hat'n Schlüssel dazu.

In Tirol:
Mei' Herz und dei' Herz
Sein zusammeng'schwund'n,
Der Schlüssel ist verloren
Werd nimmer g'fund'n.

In der Schweiz:
Mei Herzei ist zue,
Es cha's niermert ufthue;
Ein einziges Bueb
Hat de Schlüssel derzue.

Die Lieder werden zu verschiedenen Melodien gesungen:

Volksschwänke

Hans Sachs

Hans Sachs (1494-1576) hatte die Lehre als Schuhmacher durchgemacht und sich in seiner Heimatstadt Nürnberg niedergelassen. Wie sein Zeitgenosse Joerg Wickram schrieb Sachs volkstümliche Stücke, sogenannte Schwänke, die die bürgerliche Alltagswelt darstellten. Diese Schwänke waren scherzhafte Erzählungen in Versform oder Prosa. Sachs verspottete gern die menschlichen Schwächen, nicht bösartig, sondern immer so, dass wir darüber lächeln müssen. Von Zeit zu Zeit war Sachs bei den Autoritäten nicht gut angesehen, weil er sich auf Martin Luthers Seite stellte, aber im Grossen und Ganzen war er sehr beliebt. Sachs schrieb 4 275 Meisterlieder, 1 700 Erzählungen und Fabeln in Versform und 208 Dramen. Er nahm antike Stoffe und biblische Geschichten, politische, religiöse und soziale Ereignisse, Legenden und Sagen und setzte sie in Reime mit Humor und gesunder Moral.

Man machte sich besonders gern lustig über den Klerus. Die Religion selbst wurde dabei nicht angegriffen, sondern nur ihre irdischen Vertreter, vor allem die Pfaffen.

Der heilige Georg reitet durch die Stube
(nach Hans Sachs erzählt. Sprache leicht modernisiert)

In einem Dorf hoch im Gebirge wohnte ein alter Pfaffe. Dort waren die Winter lang und hart, und es geschah nicht selten, dass dem Pfaffen das Holz ausging.[55] Wenn er dann an kalten Tagen durch die Kirche ging, schien es ihm immer, dass dort zu viel der alten Heiligen herumständen, die niemandem Nutzen brächten. "Geh", sagte er also zum Mesner,[56] als der Winter gar kein Ende nehmen wollte, "geh in die Kirche und hole den heiligen Jakob." Als der Mesner den Jakob brachte, sah ihn der Pfarrer an, und fand, dass er recht altersschwach geworden war und fast unkenntlich vor Staub und Spinnweben, und dass es wirklich Zeit war, die Bauern machten einen neuen. "Bück dich, Jaköblein", sagte er deshalb freundlich, und nahm den heiligen Jakob und schob ihn in den Ofen. Als dann das Feuer lustig prasselte, setzte sich der Pfaffe mit dem Rücken an den Ofen, freute sich an der Wärme, die der Heilige verbreitete, und roch den Duft der Äpfel und der Birnen, der aus der Ofenröhre durch das Zimmer zog.

Der Jakob war aus hartem Eichenholz gewesen, und reichte[57] ein paar Tage, doch nicht länger; dann wurde der Mesner wieder in die Kirche geschickt, diesmal nach dem heiligen Peter, und so die Reihe hinab, bis die Kirche langsam kahl und leer zu werden anfing. Als der Schlossherr von Trosafels, der zugleich der Kirchenpfleger[58] war, das nächste Mal in die Kirche kam und den heiligen Jakob nicht an seinem Platze sah, und den heiligen Peter auch nicht, und als er schließlich sieben zählte, die nicht da waren, schickte er nach dem Mesner. Der kam zitternd und gestand auch gleich, welch feuriges Ende die Märtyrer genommen hat-

---

55 dass dem Pfaffen das Holz ausging; dass der Pfaffe kein Holz mehr hatte

56 Mesner: Kirchdiener; *sacristan*

57 reichte: war genug für

58 Kirchenpfleger: *churchwarden*

ten. „So"[59], sagte der Schlossherr nur kurz, „dann bring mir doch gleich den heiligen Georg aufs Schloss." Der Mesner tat wie ihm befohlen; nachts aber bohrte der Schlossherr viele Löcher in den heiligen Georg, füllte sie mit Pulver und klebte sie mit Harz und Pech wieder zu. Dann musste ihn der Mesner wieder in die Kirche tragen. Wenn der Pfaffe wieder einen Heiligen brauche, sagte ihm der Schlossherr noch, dann solle er ihm ja den heiligen Georg ins Pfarrhaus bringen.

Ein paar Tage darauf lud sich der Pfaffe ein paar Gäste ein, fröhliche Gesellen, mit denen er essen, trinken und singen wollte und einen lustigen Abend feiern. Da war es also höchste Zeit, nach einem neuen Heiligen zu schicken, und noch ehe die Gäste ankamen, brachte der Mesner den heiligen Georg und stellte ihn in eine Ecke. Da stand er noch, als sich die Freunde um den Tisch versammelten; doch ein wenig später, die Köchin trug eben die Suppe auf,[60] wandte sich der Pfaffe zum Mesner und sagte: „Es könnte wohl ein wenig wärmer in der Stube sein, lass doch den heiligen Georg zum Himmel fahren, damit er uns auch etwas Gutes tue." Darauf schob der Mesner den Heiligen zum Ofen hinein.

Inzwischen hatten sie die Suppe aufgegessen, der Braten stand auf dem Tisch und sie ließen gerade die Weingläser zusammenklingen, als mit einem furchtbaren Knall der Ofen auseinanderfuhr, und rotglühend und funkensprühend stand plötzlich der heilige Georg mitten im Zimmer und sah sich zornig nach allen Seiten um. Als die entsetzten Gäste sich draußen im Schnee wiederfanden, war die Erscheinung verschwunden, doch waren alle der Meinung, ein Wunder sei geschehen. So wollte es auch der Pfaffe angesehen haben; er ging sogar zum Schlossherrn und schlug ihm vor, zum Andenken an das wunderbare Ereignis aus seinem Dorfe einen Wallfahrtsort zu machen. Der Schlossherr aber bemerkte nur kühl, es werde wohl eher der Teufel gewesen sein, der ihm so feurig erschienen sei, und er wisse sicher auch, warum. So ließ der Pfaffe sich kleinlaut einen neuen Ofen bauen, auch neue Fenster einsetzen und allen Schaden ausbessern, der geschehen war. Es kostete ihn ein schönes Stück Geld, und die Köchin warf es ihm noch viele Jahre vor.

---

59 So: *I see*

60 trug ... auf: servierte, brachte

Der fahrende Schüler im Paradies
Faßnachttsspiel nach Hans Sachs.
(Sprache leicht modernisiert.)

Personen:
    Bauer
    Bäuerin
    Der fahrende Schüler

1. SZENE. Bauernhof

Bäuerin *(kommt)* Ach, wie oft muß ich seufzen und weinen!
Geheiratet hab' ich zwar wieder einen.
Nachdem mein erster Mann ist gestorben.
Hab' aber damit kein Glück mir erworben.
Er kratzt und spart zusammen das Gut,
Hab' bei ihm weder Freud' noch Mut.
Ich wollt', ich könnte dem ersten noch zeigen,
Wie lieb er mir war. . . .

Fahrender Schüler *(kommt)* Mit Grüßen, Verneigen.
Liebe Frau Bäu'rin, komm ich herein.
Ich hoff Euch nicht im Weg zu sein.
Wißt, ein guter Geselle bin ich,
Einen fahrenden Schüler nennt man mich.
Vor kurzem war ich noch in Paris. . . .

Bäuerin O lieber Herr, im Paradies!
Hab' mein lebtag nichts Schönres vernommen,
Seid mir von ganzem Herzen willkommen!
Darf ich Euch fragen, habt Ihr gesehn
Meinen ersten Mann dort als Engel gehn?
Er war so gut und fromm auf Erden . . .

Schüler *(beiseite)* Das scheint ein schöner Spaß zu werden!
(Laut) O liebe Frau, ich kenn' ihn gut,
Er geht herum ohne Hosen und Hut,
Ohne Rock und Schuh, im Leichenhemd
Daß er sich vor den andern schämt.

Bäuerin Ach, sprecht, könnt Ihr zurück nicht gehn
ins Paradies, meinen Mann zu sehn?

Schüler Kann schon morgen die Reise beginnen.

Bäuerin Ich bitt' Euch, wenn Ihr zieht von hinnen,
Tragt ein Bündel zu meinem Mann,
So gut ich Armes Euch geben kann.
Mit Geld und Kleidern, warm und neu. . . .

Schüler Geht und holt sie ohne Scheu.
(Frau geht) Ach Gott, wie ist die Frau so dumm!
Weiß das der Bauer, der nimmt es krumm.
Das Bündel her und damit fort!

Bäuerin *(kommt mit Bündel)* Hier Geld und Kleider, gute Wort'
Für meinen armen, lieben Mann!

Schüler Ich eile, was ich eilen kann.
Was wird der arme Mann sich freun! *(Schüler ab)*

Bäuerin Ade, ade! Kommt gut hinein
Ins Paradies! . . . .

2. SZENE

Bauer *(kommt)* Was soll denn dies?
Was stehst du hier und schaust ins Feld?

Bäuerin Hör nur, ob dir das nicht gefällt?
Aus dem Paradies ist ein Bote gekommen,
Hat Kleider und Geld meinem Mann mitgenommen!
Ist das nicht ein großes Glück? . . .

Bauer Schnell hol' mein Pferd! (beiseit) ein kleines Stück
Ist er gegangen, ich hole ihn ein. *(laut)*
Werd' bald wieder bei dir sein! *(beiseit)*
Ich werd' dich erwischen, du schlauer Dieb!
(Bauer geht ab)

3. SZENE. Landstraße

Schüler *(kommt)* Was kommt mit Knall und Peitschenhieb?
Das ist der Bauer! Nun wollen wir sehn!
Im Busch liegt das Bündel, ich bleibe stehn.

Bauer *(kommt)* Glück zu, mein Lieber!
Kannst du mir sagen,
Ging jemand vorbei, der ein Bündel getragen?

Schüler Ja freilich, der ist jetzt schon drüben im Wald,
Wenn Ihr Euch eilt, so habt Ihr ihn bald.

Bauer Das ist der Rechte! Ich muss ihn erwischen!
Wo aber laß ich mein Pferd inzwischen?
Ach, guter Freund, tut mir's zulieb,
Haltet mein Pferd, bis ich fange den Dieb.

Schüler Nur zu, ich will Euer Pferd gut bewachen.
(Bauer ab) Bauer, was machst du für dumme Sachen!
Sie gibt mir die Kleider, das Pferd gibt Er!
Fort reit' ich auf Nimmerwiederkehr!

4. SZENE

Bauer *(kommt)* Mein Pferd! He Bester! Er reitet davon! . . .
Nun hat meine Dummheit auch ihren Lohn!
Was sag' ich nur zu meiner Alten,
Dass mich der Dieb zum besten gehalten?
Da kommt sie, und jetzt heißt's tapfer gelogen . . .

Bäuerin *(kommt)* Zu Fuß kommst du daher gezogen?
Wo ist dein Gaul?

Bauer Der trägt, nicht faul,
Den Boten hin zum Paradies;
Weil ich ihn lieber reiten ließ –
Die Reise ist so lang und schwer . . .

Bäuerin *(umarmt ihn)* Mein guter Mann, ich dank' dir sehr!
Und stirbst du selbst, so sei gewiss,
Ich schick' dir ein Bündel ins Paradies.

ENDE

Joerg Wickram

Joerg Wickram(1520-1562) hat in seinem *Rollwagenbüchlein* Geschichten erzählt, die im Volk sehr beliebt waren. Sie waren kurz, unterhaltsam, ausdrucksstark, auch auf lustige Weise moralisierend, ohne dass man dabei den gehobenen Zeigefinger spürte. Diese Geschichtchen sollten auf den langen Reisen im Rollwagen oder Reisewagen zur Unterhaltung dienen.

Von einem laut schreienden Mönch auf der Kanzel und einem alten Weib[61]

(Nach Jörg Wickram erzählt. Sprache leicht modernisiert.)

In Poppenried wohnte ein Mönch, der die Gemeinde dort betreuen sollte. Er hatte eine überaus grobe Stimme. Wenn er auf der Kanzel stand, meinten diejenigen, die ihn noch nie zuvor hatten singen hören, sie würden wahnsinnig.

Eines Tages vollführte er wieder solch ein jämmerliches Geschrei. Da saß eine gute alte Witwe in der Kirche, die schlug beide Hände heftig zusammen und begann bitterlich zu weinen. Das bemerkte der Mönch.

Als nun die Predigt zu Ende war, ging der Mönch zu dieser Frau und fragte sie, was sie in der Predigt denn so bewegt hätte. «O lieber Herr», sagte sie, «mein lieber Mann - Gott habe ihn selig - wusste wohl, dass er sein Hab und Gut mit seinen Verwandten teilen müsste, wenn er stürbe. Darum schenkte er mir im Voraus einen hübschen, jungen Esel. Nun dauerte es nicht sehr lange nach meines Mannes seligem Tode, dass der Esel mir auch starb. Als Ihr[62] nun heute morgen auf der Kanzel anfingt zu schreien, erinnertet Ihr mich an meinen lieben Esel; der hatte auch solche Stimme wie Ihr".

Der Mönch, der von dem alten Mütterlein ein gutes Geschenk erwartet hatte, und gedacht hatte, dass sie seine Predigt loben wollte, fand eine verächtliche Antwort, nämlich, dass sie ihn mit einem Esel verglich.

So geschieht es doch gewöhnlich den Ruhmgierigen[63]. Wenn sie glauben großen Ruhm zu erlangen, finden sie allergrößten Spott.

---

61 Einige veraltete Ausdrücke sind durch modernes Deutsch ersetzt worden.

62 Veraltete Form für *Sie*

63 Solche Menschen, die nach Ruhm streben

Text und Musik zu 'Frölich geschrai so well wir machen'

Oswald von Wolkenstein (1377-1445)

Oswald von Wolkenstein war eine ganz seltsame Figur. Er stammte aus dem niederen Adel in dem deutschen Tirol, das heute in Norditalien liegt. Er reiste von Portugal bis zur Türkei. Wenn er nicht auf Reisen war, war er in Streitigkeiten mit seinen Nachbarn verwickelt oder mit seinem sehr lebhaften Liebesleben beschäftigt. Sein Leben spiegelt sich in seinen Liedern wider. Seine ungewöhnliche sprachliche Virtuosität führt uns durch religiöse und philosophische Gedanken bis zum Vulgären des täglichen Lebens. Wegen dieser Ausdruckskraft und Sprachbeherrschung meinen einige Literaturkritiker, dass Oswald der größte deutsche Dichter sei, der zwischen Walther von der Vogelweide und Goethe gelebt hat.

Wir wissen nicht, ob Oswald von Wolkenstein die Musik zu seinen Gedichten selbst komponiert hat. Es wäre nicht ungewöhnlich, wenn er sie geborgt hätte; das war nämlich damals so Mode. Schon die Minnesänger hatten ihre Gedichte zu schon vorhandenen Melodien geschrieben. Oswalds Zeitgenosse, Hugo von Montfort[64], schrieb, dass er seine Melodien von dem Spielmann Bürk Mangolt bekommen hätte. In Italien gab es zu dieser Zeit viele religiöse Gedichte, die *laude spirituali*, die zu französischen Melodien gesungen wurden. Und viele deutsche Manuskripte des 15. Jahrhunderts zeigen uns deutsche Gedichte mit französischer Musik und mit lateinischem Text noch dazu geschrieben.

Oswalds viele Reisen durch Europa und sein Wohnort am Brenner Pass, der bekanntesten Handelsstraße von Italien nach Norden, brachten ihn in Kontakt mit Musikanten aller Art. Dazu gab es in Trento, nur ein paar Meilen von seinem Wohnort, die größte Musiksammlung des 15. Jahrhunderts.

Nebenstehende Abbildung zeigt einen Musikausschnitt aus *Frölich geschrai so well wir machen*. Der gesamte Text handelt von einem Bauernmädchen und drei jungen Männern. Er ist ziemlich vulgär. Das folgende Lied erinnert eher an den Minnesang:

---

64 Hugo von Montfort (1357-1423) war ein französischer Troubadour. Seine Gedichte waren, im Gegensatz zu dem deutschen Minnesang, echte Erlebnisdichtung.

Frölich, zärtlich, lieplich.

Frölich, zärtlich, lieplich und klärlich, lustlich, stille, leise
in sanffter, süesser, keuscher, sainer weise
wach du minnikliches schönes weib,
reck, streck, preis dein zarten, stolzen leib.
Sleuss auf dein vil lichte euglin klar
taugenlich nim war
wie sich verschart der sterne gart
in der schönen haitren klaren sunne glanz!
Wol auff zu dem tanz.

Die neuhochdeutsche Übersetzung wäre folgendermaßen:

Fröhlich, zärtlich, lieblich, strahlend, leidenschaftlich, still, leise
in ganz sanfter, süßer, keuscher, zarter Weise
wach auf, meine liebe, schöne Frau.
Reck dich und streck dich und zeig deinen zarten, stolzen Körper.
Öffne deine hellen, klaren Äuglein
und nimm wahr
wie die Sternenwelt
vor dem schönen, heitren, klaren Sonnenschein weicht!
Steh auf und mach dich zum Tanz bereit.

Übungen

Meier Helmbrecht

Fragen

1. Aus welcher Gegend kam Wernher der Gartenaere?
2. Was wissen wir über den Dichter?
3. Wer in der Familie warnt Meier Helmbrecht davor, seinen angeborenen Stand zu verlassen?
4. Wie gerät Meier Helmbrecht in Schwierigkeiten?
5. Wie wird Meier Helmbrecht für seine Untaten bestraft?
6. Wie stirbt Meier Helmbrecht?
7. Was deutet darauf hin, dass Menschen in einem gewissen Stand ein bestimmtes Aussehen haben dürfen?
8. Aus welchen Gründen muss Meier Helmbrecht bestraft werden?

Etwas zum Nachdenken

- ✿ Wenn wir nur <u>ein</u> Werk von Wernher haben, warum ist es nötig, ihn in einer Literaturgeschichte zu besprechen?
- ✿ Glauben Sie, es hat eine Bedeutung, dass Meier Helmbrecht von Bauern umgebracht wird? Begründen Sie Ihre Meinung.
- ✿ Was deutet darauf hin, dass Wernher an eine Gesellschaftsordnung glaubt?

Der Ackermann aus Böhmen

Fragen

1. Was veranlasste Tepl dazu *Der Ackermann und der Tod* zu schreiben?
2. Wie kann man die Form dieses Werks am besten beschreiben? Ist es ein Gedicht, ein Roman, ein Theaterstück, ein...?
3. Aus welchem Grund klagt der Ackermann den Tod an?
4. Warum kann man sagen, dass Tepl noch im Mittelalter steht?
5. Welcher Dichter hat Tepl beeinflusst, besonders im Stil?
6. Aus welchem Grund wird man beim Lesen des *Ackermann* an ein Prozessverfahren erinnert?
7. Wer siegt in diesem „Prozessverfahren"? Woher wissen wir das?
8. Wer ist hier der Richter?

Fragen zum Richtspruch Gottes

1. Wie zieht Gott eine Parallele zwischen diesem Streitgespräch und dem Streitgespräch der vier Jahreszeiten?
2. An welchen Textstellen spricht Gott davon, dass alles von Ihm kommt?
3. Wenn der Mensch sein Leben zu Ende gelebt hat, was geschieht dann - nach Gottes Worten - mit seinem Leben, seinem Leib und seiner Seele?

Sprachübungen zum Richtspruch Gottes

1. Ersetzen Sie die Ausdrücke auf der linken Seite mit Synonymen auf
   der rechten Seite:
a.	der Lenz	bekommen
b.	zwieträchtig	gekämpft
c.	sich rühmen	der Frühling
d.	heftig	genauso
e.	empfangen	uneinig
f.	gefochten	prahlen
g.	ebenso	stark

2. Das veraltete Deutsch ist manchmal nicht leicht zu verstehen.

   Wie würden Sie die folgenden Sätze auf Englisch ausdrücken?
   a. Sie wurden zwieträchtig in großem Streit.
   b. Jeder rühmte sich der beste zu sein.
   c. Sie rühmten sich verliehener Herrschaft.
   d. Der Tod hat seine Herrschaft von Uns zu Lehen empfangen.
   e. Kläger, habe Ehre, Tod, habe Sieg.

Nacherzählung

Erzählen Sie Gottes Richtspruch mit Ihren eigenen Worten nach.

Das Volkslied

Fragen

1. Was ist ein Unterschied zwischen dem Volkslied und dem Kunstlied?
2. Was ist ein Unterschied zwischen dem Volkslied und dem Minnesang?
3. Wann kamen besonders viele Volkslieder auf?
4. Wovon handeln diese Volkslieder?
5. In welcher Sprache sind die Volkslieder geschrieben, Lateinisch oder
   Deutsch?
6. Wie unterscheiden sich die Volkslieder in den verschiedenen Teilen
   Deutschlands?

In Dulci Jubilo

1. Zu welcher Jahreszeit könnte man dieses Lied singen? Warum?
2. Hat das Lied einen fröhlichen oder einen traurigen Klang? Nennen
   Sie eine Textstelle.
3. Welche Personen werden hier genannt?
4. Wie viele Zeilen hat jede Strophe?
5. Mit welcher Sprache beginnt jede Strophe?
6. Reimen sich nur die lateinischen Wörter und nur die deutschen, oder
   reimen sich auch lateinische Wörter mit deutschen Wörtern? Geben
   Sie drei Beispiele.

Feinsliebchen Du sollst ...

1. Wie viele Personen sprechen hier? Was für Personen sind das?
2. Womit will der junge Mann das Mädchen überreden, ihn zu heiraten?
3. Warum meint sie, sie könne ihn nicht heiraten?
4. Mit welchen Worten erklärt sie, dass sie noch Jungfrau ist?
5. Was sagt uns, dass die beiden heiraten werden?

Zur Diskussion

Volkslieder sind im Allgemeinen schnell zu lernen. Was macht diesen Text leicht zu lernen?

Das verschlossene Herz

Dieses kleine mittelalterliche Liebesgedicht spricht in sechs Zeilen davon, dass der (oder die) Geliebte fest im Herzen eingeschlossen ist und darin bleiben muss, weil das Schlüsselchen verloren ist.

1. Wie viele Zeilen hat das Gedichtchen in seinen Variationen in verschiedenen Teilen Deutschlands?
2. Überall außer in Tirol spricht <u>sie</u>. Woher wissen wir das?

Sprachübung

Welche Dialektwörter finden Sie für die folgenden hochdeutschen Wörter:

a. das Herz _____

b. der Junge_____

c. der Schlüssel _____

d. einziger _____

Etwas zum Nachdenken

✿ Wie kommt es wohl, dass die Volksliedchen, die aus dem mittelalterlichen Gedicht stammen, alle auf 4 Zeilen reduziert wurden?

Volksschwänke

Fragen

1. Was war Hans Sachs von Beruf?
2. Wo lebte und arbeitete Hans Sachs?
3. Welcher Zeitgenosse von Hans Sachs schrieb auch volkstümliche Stücke?
4. Zur Zeit Karls des Großen finden wir religiöse Schriften, meist auf Lateinisch; aus dem hohen Mittelalter haben wir höfische Epen und Minnelieder; was wird in der Literatur des späten Mittelalters dargestellt?

Der heilige Georg reitet durch die Stube

1. Warum tat es dem Pfaffen gar nicht leid, die holzgeschnitzten Heiligen in seinem Ofen zu verbrennen?
2. Wie viele Statuen hat er verbrannt?
3. Wem fiel es auf[65], dass die Heiligen nicht mehr an ihrem Platz waren?
4. Wer verriet[66], was mit den Heiligen geschehen war?
5. Was machte der Schlossherr mit dem heiligen Georg und warum tat er das?
6. Wie erklärte der Pfaffe sich die Explosion?
7. Wer ist am Ende der Geschichte «der Dumme»?

Der fahrende Schüler im Paradies

1. Wie viele Personen spielen in diesem Spiel?
2. Was gefällt der Bäuerin an ihrem zweiten Mann nicht?
3. Woran kann man erkennen, dass die Bäuerin keine Ahnung von Paris hat?
4. Wie kommt es, dass der fahrende Schüler sofort bemerkt, dass er die Bäuerin betrügen kann?
5. Der fahrende Schüler will so schnell wie möglich mit dem Bündel voll Kleidung weg. Warum hat er es so eilig?
6. Wie reagiert der zweite Mann der Bäuerin auf ihre Neuigkeit?
7. Warum glaubt der Bauer, dass der Schüler, den er auf der Landstraße trifft, nicht derjenige ist, den er sucht?

---

65 auffallen = merken
66 verraten = über etwas aufklären, sagen wie es wirklich war

8. Was für eine Dummheit begeht der Bauer auf der Landstraße?

9. Wie erklärt er seiner Frau den Verlust seines Pferdes? Wie reagiert die Frau darauf?

10. Woran erkennen wir, dass die Frau glaubt, auch dieser Mann wird vor ihr sterben?

Zusammenfassung

Schreiben Sie mit Ihren eigenen Worten <u>eine kurze Zusammenfassung</u> der Geschichte. Bitte keine lange Nacherzählung. Ihre Zusammenfassung soll die folgenden Stichpunkte enthalten:

- Bäuerin
- klagen
- unglücklich
- ein fahrender Schüler
- Paris / Paradies
- Bündel mit Kleidung und Geld
- Bauer
- Pferd
- lügen
- glücklich

Etwas zum Nachdenken

○ Warum sind Ihrer Meinung nach die Stücke von Hans Sachs so beliebt geworden und werden immer noch gelesen und aufgeführt?

Joerg Wickram

1. Wie heißt eine kleine Geschichtensammlung von Joerg Wickram? Zu welchem Zweck waren sie geschrieben?

2. Worüber machte sich Joerg Wickram gern lustig?

Von einem laut schreienden Mönch auf der Kanzel

1. Was für eine Aufgabe hatte der Mönch in Poppenried?

2. Warum konnte man beim Zuhören seiner Predigt manchmal wahnsinnig werden?

3. Wie wurde der Mönch während seiner Predigt auf das alte Mütterlein aufmerksam?

4. Was hatte die Witwe in seiner Predigt so bewegt?

5. Warum war der Mönch mit der Antwort der alten Frau gar nicht zufrieden?

Oswald von Wolkenstein

Fragen

1. Wo und wie sammelte Oswald von Wolkenstein seine Erfahrungen, von denen er in seinen Liedern erzählt?
2. Wer schrieb die Musik zu seinen Liedern?
3. Wodurch hatte er Kontakt mit Musikanten und der größten Musiksammlung des 15. Jahrhunderts?

Frölich, zärtlich ...

1. Zu welcher Tageszeit spielt dieses Lied?
2. Wer singt hier, eine Frau oder ein Mann?
3. Woher wissen wir, dass es sich hier um eine attraktive Frau handelt?
4. Warum soll die Frau aufstehen?

Zur Sprache

Würden Sie sagen, dass Oskars Sprache jetzt im späten Mittelalter der Neuhochdeutschen Sprache nahe kommt? Wo liegen die Ähnlichkeiten und wo liegen noch die Unterschiede?

Etwas zum Nachdenken

✧ Warum besprechen wir wohl nicht sein Gedicht „Frölich geschrai..."?

Zeittafel

1305 Clemens V., ein Franzose, wird Papst. Avignon in Frankreich wird Papstsitz.

1312 Der französische König Philip IV. befiehlt dem Papst, den Templerorden[67] aufzulösen und die Templerritter als Ketzer zu Tode zu foltern oder verbrennen zu lassen. Damit eignet er sich die großen Güter des Ordens an. Der König vertreibt auch 100 000 Juden aus Frankreich und eignet sich ihre Güter an.

1326 Marsilius von Padua, Magister an der Pariser Universität, muss vor der kirchlichen Verfolgung fliehen, weil er die Einordnung der Kirche in den Staat vertritt. Er geht an den Hof König Ludwigs in München.

William Ockham, Philosoph der Universität Oxford, findet auch in München Zuflucht. Der Papst hatte ihn hinterlistig nach Avignon gelockt und eingekerkert. Er wurde aber freigelassen.

Meister Eckhart, früherer Dozent in Paris, lehrt jetzt in Köln und schreibt unter dem Druck der Inquisition sein „Rechtfertigungsbuch".

1337 Der 100jährige Krieg zwischen England und Frankreich bricht aus. Er dauert genau 116 Jahre. Philip IV. hatte eine Tochter Isabella. Ihr Sohn, Edward III. von England, beansprucht die französische Krone. Die englischen Krieger, die mit Langbögen schossen, waren anfangs dem französischen Reiterheer überlegen. Am Ende des Krieges besitzt England nur Calais auf französischem Boden. Durch den Krieg war das Nationalbewusstsein beider Länder sehr gewachsen[68].

1346 Papst Clemens VI. beginnt einen Prozess gegen Kaiser Ludwig von Bayern, weil er Ketzer (Marsilius, Ockham) bei sich aufgenommen hat und weil er eine königliche Ehe in seinem Reich ohne kirchliche Zustimmung aufgelöst hat. Der Papst befiehlt also den Kurfürsten, einen neuen König zu wählen, und manipuliert die Sache so, dass der Böhme Karl IV. zum deutschen König gewählt wird. Später wird er sogar in Rom zum Kaiser gekrönt.

1348 Die Pest bricht aus, der Schwarze Tod. Sie kommt aus dem Osten, durch Ratten auf Schiffen eingeführt, und beginnt sich von Florenz aus über Westeuropa auszubreiten.

1348 König Karl IV. gründet (er ist jetzt noch König und noch nicht Kaiser) die erste deutsche Universität in Prag. Sie sollte nach dem Vorbild der Pariser Universität geleitet werden. Karl war dort selbst Student gewesen[69].

---

67 Der Templerorden wurde 1118 als geistlicher Ritterorden in Jerusalem gegründet. Die Templerritter haben sich dem Kampf gegen die Heiden verpflichtet.

68 Zu dieser Stärkung trug auch Geoffrey Chaucer bei, der durch seine Werke das Englische auf ein neues Literaturniveau gehoben hatte. Nach der Invasion der Normannen 1066 war das Englische zur Mundart des niederen Volkes geworden. Es wurde aber wieder gesellschaftsfähig und verdrängte schließlich das Französische der Normannen. Die vielen französischen Wörter in der englischen Sprache sind Zeugen dieser Zeit.

69 Die Universität zog Gelehrte aus vielen Ländern an. Die Magister (heute wären es Professoren) bekamen ein jährliches Gehalt, die Studenten bekamen freies Wohnen und die Bibliothek hatte genügend Bücher für alle.

1356 Kaiser Karl IV. erklärt in seiner Urkunde „Goldene Bulle", dass von nun an die sieben Kurfürsten mit einem Mehrheitsstimmrecht Könige wählen dürften.

1358 Die vielen Hansestädte in Deutschland und im Ausland werden zusammengefasst in „Städte von der Deutschen Hanse"[70].

1361 Krieg der Hanse gegen Dänemark. Die Hanse wird geschlagen und ihr Anführer, der Bürgermeister von Lübeck, wird hingerichtet.

1367 Zweiter Krieg der Hanse gegen Dänemark. Die Hanse wird unterstützt von Schweden, Holland, Holstein, Mecklenburg-Schwerin und der „Kölner Föderation". Die Hanse siegt und erobert Kopenhagen und Haelsingborg.

1368 Der erste Kaiser der Myng Dynastie in China lässt den Bau der Chinesischen Mauer beginnen. Sie soll gegen die immer wiederkehrenden Mongoleneinfälle schützen.

1369 Der Krieg Frankreich gegen England lodert wieder auf. England wird von Peter dem Grausamen von Kastilien unterstützt. Frankreichs Karl V. verhilft Peters Halbbruder Heinrich von Trastamara auf den Thron Kastiliens. Frankreich ist jetzt mit Kastilien verbündet. Engländer müssen weichen.

1372 Die englische Flotte wird bei La Rochelle von der kastilischen Flotte geschlagen.

1376 Unruhe im Volk! In Ulm wird der „Schwäbische Städtebund" gegründet. Er soll Handel und Verkehr sichern und vor dem willkürlichen Eingreifen der Fürsten schützen. Die Fürsten müssen aber darauf reagieren und ziehen im folgenden Jahr in den Süddeutschen Städtekrieg. Wenzel, der Sohn Karls IV., stiftet wieder Ruhe im Land. Im nächsten Jahr wird Wenzel König.

1380 Englands Finanzen sind durch ihren Krieg mit Frankreich so sehr geschwächt, dass England der ärmeren Bevölkerung eine viel zu hohe Steuer aufzwingt. Im folgenden Jahr ist großer Bauernaufstand. Der „mad priest" John Ball predigt eine klassenlose Gesellschaft. Der Aufstand wird furchtbar blutig niedergeschlagen.

1388 Die Fürsten ziehen mit einem Heer gegen die süddeutschen Städtebünde und besiegen sie. König Wenzel lässt die Fürsten über die Städte regieren. Bündnisse werden nicht mehr geduldet.

1394 Seit diesem Jahr wird Konstantinopel von Sultan Bajezid belagert, der die Stadt systematisch aushungern will. Der byzantinische Kaiser Manuel II. reist in seiner Verzweiflung durch das Abendland und bittet um Hilfe beim Papst, in Venedig, in Moskau, Frankreich, England und Aragón. Niemand kommt ihm zu Hilfe. Aber im letzten Augenblick erscheint der Mongolenherrscher Timur-Leng und schlägt die Türken bei Ankara. Sultan Bajezid wird gefangen genommen.

1396 Die Zünfte haben sich in Köln gegen die Patrizier durchgesetzt! Sie dürfen jetzt auch im Stadtrat sitzen.

---

70 Althochdeutsch *hansa*= Bund

1400 König Wenzel wird von vier rheinischen Kurfürsten als deutscher König abgesetzt, aber bleibt König von Böhmen.

1403 König Heinrich IV. von England lässt die Ketzerverbrennung in England einführen und verfolgt die Sekte der Lollarden (The Lollards) auf grausamste Weise[71].

1413 König Heinrich V. wird König von England. Ketzerverfolgungen gehen weiter.

1414 Der deutsche König Sigismund eröffnet das Konzil in Konstanz. Es soll sich für einen Papst entscheiden (zur Zeit gab es drei, einen davon immer noch in Avignon), Kirchenreformen einleiten und die Ketzereien der Nachfolger von Wyclif und die Anhänger von Hus verdammen. Dem Prager Universitätsprofessor Jan Hus hatte er freies Geleit versprochen. Durch manipulierte Verhöre der Kirchenväter wird Hus in Konstanz als Ketzer verurteilt und verbrannt.

1419 Wegen der Hinrichtung von Jan Hus wird der Hass auf die Deutschen in Böhmen immer stärker. Bauern, Bürger und auch Adelige schließen sich den Hussiten an. Als König Wenzel von Böhmen stirbt, käme als Nachfolger der deutsche König Sigismund in Frage. Aber wer will den «Mörder Hussens»? In Prag und anderen böhmischen Städten werden die Deutschen vertrieben.

1420 Der Papst ruft wieder mal zum Kreuzzug auf (und wir dachten, die wären zu Ende) und zwar gegen die ketzerischen Hussiten. König Sigismund zieht in den ersten Hussitenkrieg, wird 1422 geschlagen. Die Hussiten bieten dem polnischen Prinzen Korybut die Herrschaft an. 1424 stirbt Zizka, der Anführer der Hussiten, an der Pest. Feldherr Prokop springt ein und besiegt 1426 das Kreuzfahrerheer. Die Hussiten versuchen, die unterdrückte Bevölkerung in den Nachbarländern für den Kampf gegen die Kirche zu gewinnen. Um die Hussitenkriege weiter finanzieren zu können, will König Sigismund im gesamten deutschen Reichsgebiet durch sein «Reichskriegssteuergesetz» eine Steuer erheben. Er hat nicht viel Glück damit.

1431 Jeanne d'Arc, die «Heilige Jungfrau von Orléans,» wird als Ketzerin verbrannt[72].

1433 Sigismund wird zum Kaiser gekrönt. Die Kirche schickt Gesandte nach Prag, um einen Kompromiss zu schließen. Die gemäßigten Hussiten sagen Ja, die radikalen sagen Nein. Es kommt zum Bruderkrieg unter den Hussiten. Die Radikalen bemühen sich weiter um eine reformierte Kirche. 1437 werden die letzten 60 radikalen Hussiten hingerichtet.

1439 Byzanz geht es ganz schlecht. Die Türken haben es fast in ihrer Hand. Ein Konzil in Basel wählt einen Gegenpapst.

1441 Der Schwäbische Städtebund wird wieder gegründet. Er hat 31 Städte als Mitglieder.

---

71 Die Lollarden sind Nachfolger des Reformpredigers John Wyclif (1320-1384). Wyclif war der «Luther» Englands; er war gegen die päpstliche Macht, gegen die Klöster, gegen Beichte und Heiligenverehrung. Er verurteilte den Reichtum der Kirche und meinte, man solle alle kirchlichen Güter an die Armen verteilen. Außerdem wagte er es, die Bibel in die englische Muttersprache zu übersetzen, um sie dem Volk verständlich zu machen. Er wurde im nächsten Jahrhundert Vorbild für Jan Hus, der wiederum 100 Jahre später Vorbild für Luther wurde.

72 1412 als Bauernmädchen geboren, hatte sie göttliche Visionen, die ihr erklärten, wie sie den Franzosen zum Sieg über die Engländer verhelfen könnte. Sie hatte militärische Erfolge. Frankreich war begeistert. Aber ein geistliches Gericht in Rouen verurteilte sie als Ketzerin. 25 Jahre später wird das Urteil vom Papst widerrufen.

1442 König Alfons V. von Aragón annektiert Neapel. Es gehörte dem Hause Anjou.

1444 Der letzte Versuch, Byzanz in einem Kreuzzug zu helfen, ist vergebens. Wladislaw II., König von Polen und Ungarn, ruft zu einem Kreuzzug auf, wird aber von den Türken geschlagen.

1445 Der ritterliche Dichter und Sänger Oswald von Wolkenstein stirbt.

Gutenberg druckt in Mainz zum ersten Mal mit beweglichen Buchstaben. Die Buchdruckkunst hat begonnen[73].

1450 In Kent, England, gibt es einen Bauernaufstand gegen die miserable wirtschaftliche Lage und Kriegspolitik. Der Aufstand wird niedergeschlagen.

1453 Sultan Mechmed II. erobert Konstantinopel und macht es zur Hauptstadt des osmanischen (türkischen) Reichs. Byzanz existiert nicht mehr.

1461 König Karl VII. von Frankreich stirbt. Sein Sohn Ludwig XI., «der Grausame». wird König. Er war aber nur «grausam», wenn es sich um seine persönlichen Feinde handelte. Dem französischen Volk ging es unter seiner Regierung recht gut.

1461 François Villon, ein französischer Vagabund und Verbrecher, war auch der bedeutendste

Lyriker des Spätmittelalters. In seiner Lyrik finden wir eine Mischung von Gaunersprache und Grobheit neben echten lieblichen Gefühlen. Er öffnete damit die Tür zur modernen Lyrik.

1464 Nikolaus Cusanus (von Cues) stirbt, ein bedeutender Philosoph des 15. Jahrhunderts und Kardinal, der sehr von der Mystik Meister Eckharts beeinflusst war.

1466 Der Deutsche Orden wird wieder von Polen geschlagen. Wieder wird Frieden in Thorn gemacht. Der Orden muss Westpreußen, Marienburg, Danzig und andere Gebiete an Polen abgeben, aber Polen garantiert, dass die deutsche Sprache in diesen Gebieten weiter existieren darf.

1466 In Straßburg wird die erste Bibel von Johann Mentelin auf Deutsch gedruckt[74].

1469 In Florenz erreicht die Renaissancekultur ihren Höhepunkt. In der Kunstschule des Lorenzo de Medici waren Humanisten und Künstler wie Michelangelo und Botticelli.

1471 Unter König Alfons V. erobern die Portugiesen Tanger und Arsila. Vorher hatten die Seefahrer schon die Azoren entdeckt.

1474 Ferdinand von Aragón und Isabella von Kastilien heiraten . Frankreich und Portugal sind über diese Verbindung gar nicht glücklich. Mit ihnen beginnt der spanische Nationalstaat. Unter ihrer Herrschaft werden die letzten Moslems und Juden zur Konvertierung gezwungen oder vertrieben.

1481 Die Inquisition wird in Kastilien eingeführt, bald darauf in Aragón. Thomás de Torquemada, als Großinquisitor, beginnt grausame Folterungen und Verbrennungen von Juden und Anhängern verschiedener Sekten.

1482 In Spanien entsteht ein Berufsheer, das nur der Krone unterstellt ist. Adlige dürfen kein Heer haben, aber werden durch Vergabe von Titeln an den Hof gezogen. Die «Santa Hermandad» (Friedensbund der Städte) hat eine Polizei, die darauf achtet, dass der Adel nicht zu mächtig wird.

1486 Maximilian I. wird deutscher König.

---

73 Damit wird Gutenberg noch vor Kolumbus und Luther an den Beginn der Neuzeit gestellt.

74 Vor Luther gab es schon 130 Bibelübersetzungen. 14 waren auf Hochdeutsch und drei auf Niederdeutsch.

1487 Portugiesische Seefahrer umfahren die Südspitze Afrikas, das „Kap der Guten Hoffnung".

1492 Granada, die letzte Festung der Mauren, wird von Ferdinand und Isabella erobert. Der letzte maurische König, Abdallah, zieht nach Afrika. Juden und Mauren fliehen scharenweise nach Nordafrika und Italien. Für Spanien ist das ein Riesenverlust, denn die Juden waren diejenigen, die Handel und Handwerk betrieben, und die Mauren waren fantastische Architekten im Bau von Aquädukten und anderen Bewässerungsanlagen. Das trockene Kastilien konnte ohne künstliche Wasserwege nicht leben. Die Arbeiten, die Juden und Mauren ausführten, waren den spanischen Christen nicht zumutbar, denn für sie kam nur eine ehrenhafte Beschäftigung in Frage: Geistlicher, Beamter oder Soldat.

1492 Isabella beauftragt Christoph Columbus, den Seeweg nach Ostindien zu finden[75].

1494 Der Papst teilt die Neue Welt in portugiesische und spanische Herrschaftsbereiche.

1494 Der Dominikanerprior in Florenz, Girolamo Savonarola, hat als Buß- und Strafprediger großen Einfluss. Er verdammt alle weltliche Kunst. Aus Angst verbrennt Botticelli seine nicht-religiösen Bilder und hört mit Malen auf.

1494 Leonardo da Vinci gründet eine Malerschule in Mailand.

1494 Albrecht Dürer verbringt Zeit in Venedig, wo er die Renaissancekunst von Bellini kennen lernt.

1495 Manuel I. (der Glückliche) wird König von Portugal. Das portugiesische Kolonialreich wird errichtet.

1496 Das spanische Königspaar Isabella und Ferdinand hat eine Tochter, Johanna (die Wahnsinnige), die den Sohn des deutschen Kaisers Maximilian heiratet. Jetzt hat das Haus Habsburg Anspruch auf die spanische Krone.

1497 Papst Alexander VI., aus Dankbarkeit für die Ketzerverfolgungen des spanischen Königspaares Isabella und Ferdinand, verleiht ihnen den Titel „Katholische Majestäten" (reyes católicos).

1498 In Florenz herrschte der Dominikaner Girolamo Savonarola mit einer demokratischen Regierungsform. Die Florenzer folgten seinen Lehren vier Jahre lang. Savonarola predigte gegen Materialismus, Korruption, Gottlosigkeit und Eitelkeit. Öffentlich wurden „unmoralische" Kunstwerke und Bücher verbrannt, sowie besonders feine Kleidung und schöne Perücken. Den Papst klagte er wegen seines unmoralischen Lebenswandels an und irritierte damit die Kirche. Schließlich war es dem Papst genug; er erfand Anklagen gegen Savonarola und ließ ihn als Ketzer verdammen und verbrennen.

---

75 Er war in Genua geboren. Zuerst landete er auf den Bahamas, in Kuba und Haiti. Da er glaubte, in Indien gelandet zu sein, nannte er die Eingeborenen „Indianer". Auf der nächsten Reise entdeckte er die Kleinen Antillen, Puerto Rico und Jamaica.

V

Das Zeitalter der Reformation
1500 – 1600

Martin Luthers Geburtshaus in Eisleben

Geschichte und Kultur

Die römisch-katholische Kirche vor der Reformation
Der Humanismus
Rebellion gegen die Kirche
Die Reformatoren: Wyclif, Hus und Luther
Reformation auf Wanderschaft
Reformation auf Wanderschaft: Calvin und Zwingli
Spanien: Bartolomé de Carranza
Literatur und Sprache in Deutschland
Deutsche Maler
Übungen

Sprache:

Lutherdeutsch, auf dem Weg zum modernen Neuhochdeutsch
Übungen

Literatur:

Erasmus: Briefe an und über Luther
Luther: Tischreden
                Sendschreiben vom Dolmetschen
                Auf dem Reichstag in Worms
                Die Bibelübersetzung
                Ein feste Burg
Volksbücher: Dr. Johann Faust
                Till Eulenspiegel
                Reineke Fuchs

Übungen

Zeittafel

Geschichte und Kultur

Die römisch-katholische Kirche vor der Reformation

Im frühen Mittelalter[1] hatte sich die Kirche um das spirituelle Leben der Menschen gekümmert, um den Fortschritt von Kultur und Zivilisation. Die Mönche rodeten das Land und bebauten es, ihre Klöster und Spitale sorgten für die Armen und Kranken. Sie richteten Schulen ein. In den Nonnenklöstern konnten unverheiratete Frauen ein Zuhause finden und kleine Mädchen durften dort lernen. Den Mönchen war es zu verdanken, dass sowohl die alte heidnische Literatur als auch vorchristliche lateinische und griechische Literatur aufgeschrieben und erhalten blieb. Kunst und Architektur wurden ungefähr 900 Jahre lang von der Kirche angeregt und unterstützt. Auch die Musik war zum großen Teil eine Angelegenheit der Kirche. Kurz, die Kirche war die zentrale Gewalt, die das mittelalterliche Europa zusammen hielt.

Der Humanismus

Von Italien aus kam eine neue Strömung in Kunst[2] und Denken[3]. Man erinnerte sich an die Kunst und Kultur der Antike, der Griechen, und beschäftigte sich eingehend mit ihr. Man wollte sich von den mittelalterlichen Regeln der Scholastik[4] frei machen und sich mit dem Diesseits statt mit dem Jenseits beschäftigen.

Der Humanismus war eine neue Weltanschauung. Der einzelne Mensch trat in den Mittelpunkt. Seine menschliche Würde sollte nicht von der Kirche unterdrückt werden, deshalb richtete sich der Humanismus gegen die mittelalterliche Vorherrschaft der Kirche. Der Mensch war nicht mehr die schwache Kreatur, die auf Gottes Gnade angewiesen war. Man sah jetzt in jedem Menschen eine Kraft, die große Dinge leisten konnte. Deshalb begann man jetzt auch gern jetzt über Geschichte zu schreiben anstatt über Religion. Man las weltliche Biographien anstatt solche über die Heiligen. Künstler malten Portraits anstatt Heiligenbilder.

---

1   the Dark Ages

2   Renaissance, eine Wiedergeburt

3   Humanismus, der Mensch im Mittelpunkt

4   von lat. „schola", Schule. Bezeichnung für die im Mittelalter betriebene Wissenschaft, besonders Philosophie und Theologie. Das Ziel der Scholastik war die rationale Erklärung und Verteidigung der Wahrheit, die in der Glaubenswahrheit liegt. Die bedeutendsten Lehrer der Scholastik waren Albertus Magnus und sein Schüler Thomas von Aquin. Die katholische Kirche wurde stark von der Scholastik geprägt.

In Italien waren Dante (1265-1321) und Petrarca (1304-1374) die Vorläufer. Dante schrieb die „Göttliche Komödie" in seiner Muttersprache, Italienisch, anstatt auf Latein. Er betonte darin ein glückliches Leben auf dieser Erde. Und Petrarcas Sonette erzählten von irdischer Liebe und Schönheit des menschlichen Körpers anstatt von der Ehre Gottes. Leonardo da Vincis anatomische Studien zeigen ganz deutlich, wie groß das Interesse am Menschen war. Der Humanismus beschäftigte sich also eher mit dem Menschen und seinem irdischen Dasein als mit der Religion und ihren Dogmen.

Der Humanismus breitete sich von Italien nach Norden aus und erreichte ca. hundert Jahre später Deutschland und seine Nachbarn. Im Norden nannte man ihn auch „christlichen Humanismus", weil er dort versuchte, religiöse und menschlich-weltliche Interessen zu verbinden.

Wie sehr der Mensch an Selbstbewusstsein gewann, lesen wir bei Shakespeare im späten 16. Jahrhundert:

> *„What a piece of work is man! How noble in reason! How infinite in faculty! In form, in moving, how express and admirable! In action how like an angel! In apprehension, how like a god!"*

Dies war ein Zeitalter der Erfindungen und Entdeckungen wie z.B. die des heliozentrischen Weltbildes[5]. Diese neuen Erkenntnisse richteten sich gegen die Lehren der Kirche, die die Welt in den Mittelpunkt stellte (geozentrisch). Kolumbus entdeckte einen ganz neuen Teil unserer Erde. Immer mehr Erfindungen wurden gemacht: Henleins erste Taschenuhr (1510), Gutenbergs Buchdruckerkunst (um 1445). Paracelsus veröffentlichte Ergebnisse seiner Heilkunde. Seit ca. 1460 erschienen Schriften antiker Autoren, und schon 10 Jahre später wurden ihre Übersetzungen gedruckt.

Rebellion gegen die Kirche

Diese neue geistige Freiheit griff auch auf den Religionsglauben der Menschen über. Man nahm nicht mehr geduldig hin. Man wollte lernen und verstehen. Um auch dem einfachen Volk den christlichen Glauben verständlich zu machen, wollte Luther, wie seine Vorgänger, die Bibel in die Muttersprache übersetzen.

Schon im 13. Jahrhundert hatte sich bei den Kirchenfürsten ein moralischer Abstieg bemerkbar gemacht. Papst, Kardinäle und Bischöfe waren mehr an weltlichem Reichtum interessiert als am

---

5 Kopernikus, Kepler, Galilei

Seelenheil der Gläubigen. Machthunger stieg und die Moral sank ganz tief. Der Bischof von Mende schrieb 1311 an ein Konzil:

> „Die gesamte Kirche könnte reformiert werden, wenn die Kirche in Rom damit anfinge, sich vom Übel frei zu machen ... die Kirche in Rom hat in allen Ländern einen schlechten Ruf... die Kirchenväter setzen schändliche Beispiele, sie halten grössere Festgelage als Könige und Fürsten".

Und der spanische Prälat Álvaro Pelayo schrieb:

> „Die Kirche wird von Wölfen geführt, Wölfe, die den christlichen Schafen das Blut aussaugen".

Ende des 14. Jahrhunderts wurde das Rebellieren gegen die Kirche immer stärker. In Deutschland wurden kirchliche Steuereintreiber verfolgt und umgebracht. Geistliche in den Städten Köln, Bonn, Xanten und Mainz entschlossen sich, dem Papst die verlangten Steuern nicht mehr zu zahlen. Auch in Italiens Städten, besonders in Florenz, wurde rebelliert. Die Stadt konfiszierte Kirchenbesitz, schloss kirchliche Gerichtshöfe, zerstörte Orte der Inquisition und erhängte Priester, die sich widersetzten. Die Kirche verkaufte Ämter, für kleine Priester und sogar für Kardinäle. Bestechungen waren an der Tagesordnung. Als Papst Alexander VI. mehr Geld brauchte, schaffte er 80 neue Ämter, die er zu hohen Preisen verkaufte. Andere Päpste taten das auch. Papst Leo X.[6] schaffte zahlreiche neue Positionen, die er für eine Riesenmenge Geld verkaufte: 60 Positionen für Kammerherren und 141 Positionen für Verwaltungsherren kamen zum päpstlichen Haushalt. Dieser Kauf geistlicher Ämter[7] war vielen - unter anderen auch Martin Luther - ein Dorn im Auge.

Kirchliche Konzile und Reformer hatten mehrmals versucht, Missstände in der Kirche zu bessern, aber ohne Erfolg. Unter ihnen war z.B. William of Ockham. Er und andere Philosophen betonten dabei aber immer wieder, dass auf keinen Fall die Religion selbst angegriffen würde, sondern nur die Menschen, die im Namen der Religion handelten.

Es vergingen noch mehrere hundert Jahre. Die Missstände besserten sich nicht.

---

6   Das war der Papst, der Luther verurteilte.
7   Der Fachausdruck dafür ist *Simonie*.

Die Reformatoren: Wyclif, Hus und Luther

Wyclif[8]

Wir werfen einen Blick zurück. England 1381. Wyclif, Professor der Theologie an der Oxford University, übersetzt die Bibel ins Englische. Wyclif meint, die Leute sollten ihre Bibel selbst lesen können anstatt sie von Priestern interpretiert zu bekommen. Natürlich ist die Kirche darüber erbost, denn das macht ja die Kirchenväter überflüssig. Außerdem bezog er sich auf die Bibel als Richtlinie für einen christlichen Lebenswandel - nicht auf die Institutionen der Kirche. Wyclif findet Anhänger in England, die *Lollards*[9]. Papst Gregor XI. verurteilt ihn, aber in England kümmert man sich nicht um diese Verurteilung. Wyclif greift die Kirche immer stärker an: ihren Reichtum, ihre Lehren, ihre Päpste und Bischöfe und das gesamte Klostersystem. Die Kirche klagt ihn der Ketzerei an und der Papst befiehlt ihm 1384 nach Rom zu kommen. Aber dazu kommt es nicht. Eine höhere Macht greift ein: während einer Messe erleidet er einen Schlaganfall und stirbt drei Tage später. Er wird in Lutterworth begraben.

Das Konzil in Konstanz 1415[10] beschließt aber, dass Wyclif nicht auf einem christlichen Friedhof die ewige Ruhe finden sollte. Also wurden auf kirchlichen Befehl Wycliffs Gebeine ausgegraben und in einen Fluss geworfen. Von seinen Schriften verbrennt die Kirche alles, was sie finden kann. Aber sie findet nicht alles. Viele Ideen von Wyclif werden später in Luthers Reformation Wirklichkeit.

Hus[11]

Ungefähr dreißig Jahre später hat Hus in Böhmen ähnliche Vorschläge, die Kirche zu reformieren. Er ist Priester und Professor der Geisteswissenschaften[12] an der Prager Universität. Er predigt auf Tschechisch, seiner Muttersprache, anstatt auf Latein und ermutigt seine Gemeinde, kräftig mitzusingen. Seine Lehren hatten viel von Wyclifs Ideen übernommen. Der Papst befiehlt ihm, nach Rom zu kommen. Hus weigert sich und wird exkommuniziert. König Wenzeslaus von Böhmen, der auf der Seite von Hus steht, erreicht, dass die Exkommunizierung vom Erzbischof zurückgezogen wird.

---

8   John Wyclif (1320-1384)

9   In Mittel-Niederländisch hieß *lollen* = vor sich hin murmeln (vielleicht wie im Gebet).

10   Das ist dasselbe Konzil, das Hus verbrennen ließ.

11   Jan Hus (1369-1415)

12   humanities

Als Hus beginnt, gegen den Ablasshandel zu predigen, wird er wieder exkommuniziert und muss aus Prag fliehen. Dieser Ablasshandel ist gerade das, was Luther 100 Jahre später dazu veranlasst, an einer Reformation der Kirche zu arbeiten. Hus wird auf das Konzil nach Konstanz gerufen, wo er - unter freiem Geleit - seine Schriften rechtfertigen soll. So hatte man es ihm versprochen. Er geht freiwillig. In Konstanz klagt man ihn aber an, Wyclifs ketzerische Lehren zu verbreiten und Schriften zu veröffentlichen, die er in Wirklichkeit nie geschrieben hatte. Er hat keine Chance, sich zu verteidigen, wird als Ketzer verurteilt und 1415 öffentlich verbrannt.

Hus 'Hinrichtung entfacht ein enormes Feuer in Europa, das nach fast genau 100 Jahren in der Reformation schreckliche Folgen hat.

Luther[13]

Deutschland 1517 . Dr. Martin Luther, Professor der Theologie, meint, dass nur die Heilige Schrift, die Bibel, über Glaubenssachen Auskunft geben kann und nicht die Kirche. Gottes Gnade kann man nicht kaufen, nur Gott kann sie verschenken. Der Mensch braucht die Kirche nicht, um selig zu werden. Er kann durch ein persönliches Verhältnis zu Gott (wie die Mystiker) und ganz ohne Kirche die ewige Seligkeit finden.

Luther nagelt ein Dokument an die Kirchentür in Wittenberg, das 95 Punkte enthält. Sie sind auf Latein geschrieben, denn Luther will damit eine theologische Diskussion einleiten. Vor allem spricht er gegen den Verkauf von Ablassbriefen[14], aber auch gegen andere Kirchenangelegenheiten, die die Autorität des Papstes in Frage stellen. In Blitzeseile werden diese Punkte, genannt „Thesen", auf Deutsch übersetzt. Die Druckereien sind eifrig dabei, diese Thesen in ganz Deutschland zu verbreiten. Deutschland teilt sich bald in zwei Parteien: die Lutheraner (die zuerst Hussiten genannt werden) und diejenigen, die zum Papst und Kaiser halten.

Luther wird exkommuniziert. Es hätte ihm so gehen können wie Hus, aber die politischen Umstände waren günstiger als 100 Jahre vorher. Er durfte einen normalen Tod sterben.

---

13 Martin Luther (1483-1546)

14 Mit einem Ablassbrief konnten sich die Gläubigen von ihren Sünden freikaufen, oder die Zeit im Fegefeuer verkürzen. Der Bau des St. Peters Doms profitierte von diesen Einnahmen.

Der Reichstag in Augsburg 1530

Augsburger Religionsfrieden

Auf dem Reichstag in Augsburg 1530 wird vor Kaiser und Reich die „Augsburgische Konfession" verlesen, das erste öffentliche Bekenntnis des Protestantismus. 1555 wird dann ebenfalls in Augsburg beschlossen, dass die lutherische Glaubenslehre im ganzen Reich anerkannt wird. Calvins Lehre wird nicht anerkannt. Die konfessionelle Spaltung Deutschlands ist nun entgültig. Die Reichsritter haben das Recht, sich für den katholischen oder den lutherischen Glauben zu entscheiden. Jedoch müssen die Untertanen den Glauben ihres Landesfürsten annehmen. „Cuius regio – eins religio" (wessen Land – dessen Religion) heißt der Grundsatz. Wer aber seinen Glauben entgegen der Konfession seines Herrschers behalten will, darf auswandern. Die katholischen und evangelischen Reichsstände versprechen, sich wegen der Religionsfrage nicht zu bekriegen. Es beginnt ein 60 Jahre langer Frieden im Land.

Reformation auf Wanderschaft

Calvin[15]

Frankreich 1536. Calvin lebt in Frankreich, ist stark von Luther beeinflusst und wird evangelisch. Deshalb muss er aus Paris fliehen. Seine Schrift *Einrichtungen der christlichen Religion* findet bei den Protestanten in ganz Europa großen Anklang. In Genf, wo er sich niederlässt, wird er sehr geachtet. Dort kann er seine Ideale der Einfachheit, Reinheit und religiöser Demut durchsetzen. Er verlangt eine sehr strenge Zucht und Ordnung - zu streng für manche Leute.

Calvins Lehren sind die Grundlage der presbyterischen und reformierten Kirche. Sie verbreiten sich schnell unter den Hugenotten Frankreichs, den Protestanten in den Niederlanden und Schottland und unter den englischen Puritanern. Die englischen Calvinisten bringen dann im 17. Jahrhundert den Calvinismus nach Amerika.

---

15   Jean Calvin (1509-1564)

Zwingli[16]

Schweiz 1506. Zwingli wird Priester. Von Erasmus und Luther stark beeinflusst, versucht Zwingli Reformen in der Kirche durchzuführen. Auch er glaubt, wie Luther, dass jeder Einzelne das Recht habe, die Bibel selbst zu lesen und für sich zu interpretieren. Auch er kritisiert die Missstände in der römisch-katholischen Kirche. Als er sich rechtfertigen muss, tut er das so brillant und überzeugend, dass sein gesamter Kanton[17] ihm folgt. Kurz darauf lösen sich mehrere andere Kantone von der Kirche.

Wie Luther glaubt auch Zwingli, dass die einzige Glaubensquelle die Bibel sei und dass Papst, Priester und Konzilien sich irren können. In anderen Dingen stimmen die beiden aber nicht überein, sodass Zwingli sich von Luther löst. Zwingli fällt in der Schlacht bei Kappel, einem Kampf der katholischen und protestantischen Kantone, als 1500 Reformierte gegen 8000 Katholiken kämpfen.

Der deutsche Kaiser Karl V. und spanische König Carlos I.

Spanien: Bartolomé de Carranza[18]

Spanien 1557. Carranza wird Erzbischof von Toledo. In Valladolid wächst eine Gruppe sehr einflussreicher Adliger und Kleriker, die mit dem Protestantismus sympathisieren. Alle werden gefangen genommen und verurteilt. Philipp II., der Sohn Karls V., verlangt, dass diejenigen, die ihre Schuld zugeben, geköpft werden sollten und diejenigen, die ihre Schuld nicht zugeben wollen, verbrannt werden sollten. Als sich einige „Protestanten" aus Valladolid damit verteidigen wollen, dass sogar der Erzbischof Carranza im Geheimen auf ihrer Seite sei und dass er mit dem italienischen Reformator Juan de Valdés korrespondiere, und dass er glaube, wie Luther, der Mensch könne allein durch die Gnade Gottes selig werden , da wird die Inquisition auf ihn aufmerksam. Zwei Jahre, nachdem er den höchsten Kirchenposten Spaniens besetzt hatte[19], wird er verhaftet und in den Kerker geworfen. Dort stirbt er.

---

16 Huldreich Zwingli (1484-1531)

17 Die Schweiz ist in Kantone unterteilt, so wie die Bundesrepublik in Länder unterteilt ist.

18 (1503-1576)

19 Er war Primas von Spanien. So ähnlich wie Erzbischof von ganz Spanien.

Die Gefahr, dass in Spanien mehrere Religionen nebeneinander existieren könnten, war nun ein für allemal vorbei. Mauren und Juden waren schon seit 1492 vertrieben. Ganz Spanien ist jetzt römisch-katholisch.

Literatur und Sprache in Deutschland

Die deutsche Literatur des 16. Jahrhunderts hat nicht das hervorgebracht, was sich mit der Weltliteratur Spaniens, Frankreichs, Italiens und Englands vergleichen könnte. Vielleicht waren die Folgen der Reformation daran schuld. Das Schrifttum in Deutschland während der Renaissance hatte immer noch spätmittelalterlich-volkstümliche Züge. Dazu gehören das Volkslied, das protestantische Kirchenlied (Luther) und der Meistersang (Sachs), Fastnachtspiele, Fabeln und Tier-Epen, und Schwänke. Man schrieb über menschliche Torheiten und war politisch-satirisch. Man schrieb hauptsächlich auf Deutsch. Aus dieser Zeit kommen vor allem die beliebten Volksbücher wie die Geschichte von Dr. Faust.

Das 16. Jahrhundert hat einige Dramen hervorgebracht, die sogenannten Humanistendramen. Sie waren auf Lateinisch geschrieben und sollten den moralischen Absichten der Kirche helfen. Die Antike hatte dazu ihre Vorbilder gegeben : Seneca, Plautus, Terenz. Da sie ziemlich leicht verständlich waren, wurden diese Dramen gern von Schülern aufgeführt. Deshalb nennt man sie auch "Schuldramen".

Im Großen und Ganzen war die lateinische Sprache aber zu Gunsten der Muttersprache in den Hintergrund gerückt. Viele Humanisten hatten eine lateinisch empfundene Kunstsprache, aber sie schrieben auf Deutsch. Das war oft nicht leicht zu verstehen. Luther und andere bemühten sich um eine verständliche, deutsch empfundene deutsche Sprache, die verschiedene Umgangssprachen oder Mundarten mit einbezog.

Luthers Sprachgefühl kommt besonders in seiner Bibelübersetzung zum Ausdruck. Da Luthers Bibel das meistgelesene deutsche Buch war, hat sie die deutsche Sprache sehr beeinflusst.

Deutsche Maler

Während der Humanismus ein Ausdruck der Weltanschauung war, war die Renaissance ein Kunstausdruck. Die mittelalterlich religiösen Motive treten in den Hintergrund zu Gunsten von weltlichen Motiven. Anstatt Wiedergaben aus der biblischen Geschichte finden sich jetzt Portraits von Fürsten, reichen Bürgern und sogar von den Künstlern selbst. Anatomisch getreu wurde der menschliche Körper dargestellt. Perspektiven und Proportionen mussten genau stimmen. Die Landschaft wurde als wichtiger Bestandteil eines Bildes angesehen, und unscheinbare Dinge in der Natur wie ein kleiner Feldhase oder Gräser und Kräuter wurden von dem Künstler als würdig betrachtet, «portraitiert» zu werden.

Albrecht Dürer (1471-1528) wurde der bekannteste deutsche Maler der Renaissance. Er war der Reformation und dem Humanismus aufgeschlossen und trat zum Protestantismus über. Christliche und profane Themen beschäftigten ihn in gleicher Weise und er nahm weiterhin Aufträge von katholischen Gönnern an.

Matthias Grünewald (zwischen 1460 und 1470-1528) war Hofmaler des Erzbischofs von Mainz. Nach seinem Übertritt zum Protestantismus musste er in das protestantische Sachsen fliehen. Da er aber als Künstler so sehr geschätzt wurde[20], bekam auch er weiterhin Aufträge von katholischen Gönnern.

Hans Holbein der Jüngere (1497-1543) wird als der größte Portraitist des 16. Jahrhunderts angesehen. Als die Atmosphäre für Protestanten in Deutschland zu gefährlich wurde, empfahl Erasmus ihn an Sir Thomas More in England. Dort arbeitete er im Auftrag von Henry VIII. und beeinflusste auf Jahrzehnte hinaus die englische Portraitmalerei. Außer seinen Portraits sind aber auch Holbeins faszinierende Holzschnitte und Zeichnungen bekannt. Die letzteren zeigen häufig eine Satire auf die Mißbräuche in der katholischen Kirche.

Dürer: Das große Rasenstück (1503)

Übungen

Fragen zur Geschichte und Kultur

Die römisch-katholische Kirche vor der Reformation

1. Was war die Aufgabe der Kirche im Mittelalter?
2. Wie förderte die Kirche im Mittelalter die Kultur?

---

20 Sein bekanntestes Werk ist der Isenheimer Altar.

Der Humanismus

1. Aus welchem Land kamen die neuen Ideen der Renaissance und des Humanismus?
2. Waren die Renaissance und der Humanismus religiös oder weltlich ausgerichtet?
3. Was für Literatur findet der Leser jetzt interessant?
4. Was beweist uns, dass die Künstler sich jetzt mehr für das Weltliche in der Kunst interessierten?
5. Welche Entdeckungen und Erfindungen zwischen ca.1500 und 1600 zeigen uns, dass der Mensch danach strebt, Neues zu erforschen?

Rebellion gegen die Kirche

1. Warum beklagte man sich über den Papst, die Kardinäle und andere Kirchenväter?
2. Kamen aus kirchlichen Kreisen Bestrebungen, die Missstände in der Kirche zu verbessern?

Die Reformatoren Wyclif, Hus und Luther

1. Was waren Wyclif, Hus und Luther von Beruf?
2. Der Engländer John Wyclif, der Böhme Jan Hus und der Deutsche Luther dachten ganz ähnlich über Bibel und Muttersprache. Erklären Sie das bitte.

Wyclif

1. Aus welchem Grund hielten die Kirchenväter die Lehren Wyclif für gefährlich?
2. Was macht die Kirche 31 Jahre nach Wyclifs Tod mit seinen Gebeinen?

Hus

1. Warum exkommuniziert die Kirche Hus zweimal?
2. Warum wird Hus als Ketzer verbrannt?

Luther

1. Warum exkommuniziert die Kirche Luther?
2. Warum war Luther daran interessiert, eine Bibel in die deutsche Sprache zu übersetzen?

Augsburger Religionsfrieden

1. Seit wann durften die Menschen im deutschen Reich ihre eigene Religionszugehörigkeit wählen?
2. Was konnte man tun, wenn man nicht den Glauben seines Landesfürsten annehmen wollte?

3. Wie erklären Sie mit ihren eigenen Worten, was „cuius regio – eius religio" bedeutet?

Reformation auf Wanderschaft: Calvin und Zwingli

1. In welchen Ländern fand Calvin Anhänger?
2. In welchem Land predigte Zwingli?

Spanien: Bartolomé de Carranza

1. Unter welchem König wurden die spanischen Protestanten verfolgt und hingerichtet?
2. Wie kommt es, dass sogar der Primas von Spanien verhaftet werden konnte?
3. Welche Religion(en) existierte(n) offiziell in Spanien nach 1500?

Literatur und Sprache in Deutschland

1. Was für Literatur brachte Deutschland im 16. Jahrhundert hervor?
2. Warum hatte Luthers Deutsch einen bedeutenden Einfluss auf die Entwicklung der deutschen Sprache?
3. Wie unterschied sich Luthers Deutsch von dem Deutsch anderer Humanisten seiner Zeit?

Etwas zum Nachdenken

○ Die Kirche sträubte sich, das heliozentrische Weltbild zu akzeptieren. Warum?

○ Warum waren die humanistischen Schuldramen wohl auf Lateinisch geschrieben?

Aufsatz

Schreiben Sie ca. eine Seite über das Thema „Die Forderungen der Reformatoren Wyclif, Hus und Luther" und beachten Sie dabei folgende Punkte:

    a) Lebensdaten, Heimatland und Muttersprache
    b) Ihre Forderungen und ihr Konflikt mit der Kirche
    c) Lebensende

Deutsche Maler

1. Wie heißen drei berühmte deutsche Maler der Renaissance?
2. Was wird in der Renaissance außer religiösen Motiven auch gemalt?

3. Was für eine Rolle spielt die Landschaft in der Malerei der Renaissance?

4. Haben diese Maler ihren katholischen Glauben behalten?

5. Sind diese drei Maler alle in Deutschland geblieben?

Sprache

Lutherdeutsch, auf dem Weg zum modernen Hochdeutsch

Luther liebte die deutsche Sprache, und das Wort „Muttersprache" kam zu seiner Zeit in Gebrauch. Latein gebrauchte er in seiner Korrespondenz und für wissenschaftliche Disputationen. Viele seiner Anhänger schrieben lieber auf Deutsch. Vielleicht verbanden sie Latein mit der katholischen Kirche und wollten durch die deutsche Sprache ihre Unabhängigkeit betonen.

Luthers Deutsch war einfach, klar, bildhaft und reich an volkstümlichen Ausdrücken. Es war die Sprache des Volkes. Luthers Deutsch geht auf das Ostmitteldeutsche zurück. Das war die Sprache der sächsischen kurfürstlichen Kanzlei und der kaiserlichen Kanzlei. Das Deutsch in der kaiserlichen Kanzlei der Habsburger dominierte als schriftliches Standarddeutsch in Süddeutschland, und alle 14 deutsche Bibeln vor Luther waren in diesem Dialekt geschrieben. Viele Druckereien gebrauchten noch ihren lokalen Dialekt, aber nachdem die Druckereien in Frankfurt und Wittenberg mit der Lutherbibel einen Bestseller hervorgebracht hatten, folgten viele ihrem Beispiel. Das Lutherdeutsch fing an, sich durchzusetzen.

Da Luther in dem Deutsch schrieb, das er von der „mutter im hause, den kindern auff der gasse und dem gemeinen Mann auf dem markt" hörte, konnten ihn die Leute auch verstehen und „merken, dass man Deutsch mit ihn redet". Dank der Druckereien konnte man sich Luthers Schriften leisten. Seine Bibel wurde in all den Teilen Deutschlands gelesen, die sich der Reformation angeschlossen hatten. Damit begann die Vereinheitlichung der deutschen Sprache. 1578 schrieb Claius in Leipzig die erste deutsche Grammatik[21], die auf dem Deutsch von Luthers Bibel und seinen anderen Schriften basierte. Der Grammatiker Claius sah Luthers Deutsch als das Standarddeutsch an.

---

21 Der Titel lautet: *Grammatica Germanicae Linguae ex Bibliis Lutheri Germanicis et aliis eius libris collecta.*

Luthers Vokabular war so stark Ostmitteldeutsch, dass oberdeutsche (oder süddeutsche) und Schweizer Druckereien oft Wörter in ihren lokalen deutschen Dialekt „übersetzen" mussten, um bei ihren Leuten verstanden zu werden:

Luther	Oberdeutsch und Schweizerdeutsch
fühlen	empfinden
Lippe	Lefze
Qual	Pein
täuschen	betrügen

Die folgenden Beispiele zeigen, wie modern Luthers Deutsch ist im Vergleich zu dem Oberdeutschen:

Oberdeutsch	Lutherdeutsch
gân	gehen
stân	stehen
Leut	Leute
Nam	Name

Wie sehr Luthers Deutsch vom Volk aufgenommen wurde, zeigen viele seiner Redensarten, die heute noch im Gebrauch sind:

1. Wer eine Grube macht, der wird dreinfallen.
   (wer andern eine Grube gräbt, fällt selbst hinein).
2. Denen ist ein Licht aufgegangen.
3. Bleibe im Lande und nähre dich redlich.
4. Eure Perlen sollt ihr nicht vor die Säue werfen.
5. Ein Buch mit sieben Siegeln.
6. Ein verirrtes Schaf sein.
7. Wider (gegen) den Strom schwimmen.
8. Ein Wolf im Schafspelz sein.
9. In den Wind reden.

Nicht überall wurde das Lutherdeutsch, dieser „protestantische Dialekt", angenommen. Das katholische Bayern wollte im 16. und 17. Jahrhundert nichts damit zu tun haben, und bekannte Schriftsteller wie Hans Sachs und Jörg Wickram hielten an ihrem oberdeutschen Dialekt fest. Aber katholische Bibelübersetzungen ins Deutsche[22] hielten sich sehr stark an das Lutherdeutsch.

Eine allgemeine hochdeutsche Standardsprache gab es immer noch nicht. Alle gebildeten Deutschsprechenden konnten Luthers Deutsch verstehen, aber akzeptieren konnten es längst nicht alle.

---

22 Das Neue Testament von Emser (1527) und die gesamte Bibel von Dietenberger (1534)

Um 1600 hatte das Hochdeutsche noch drei Haupt-Literaturspra-
chen: Mitteldeutsch, Oberdeutsch, Schweizerdeutsch.

Übungen

Fragen zur Sprache

1. Wenn Luther die deutsche Sprache so liebte, warum
   schrieb er dann so viel auf Lateinisch?
2. Was machte Luthers Sprache so beliebt und leicht
   verständlich?
3. In welchem deutschen Dialekt waren die 14 deutschen
   Bibeln vor Luther geschrieben?
4. Welchen deutschen Dialekt gebrauchte Luther?
5. Welche Erfindung half, dass Luthers Schriften verbreitet
   werden konnten?
6. Wann und wo wurde die erste deutsche Grammatik
   geschrieben? Wer hat sie geschrieben?
7. Welche Wörter gebraucht Luther für die oberdeutschen
   Wörter *gân* und *stân*?
8. Hans Sachs und Jörg Wickram haben Luthers
   Mitteldeutsch nicht benutzt. Welchen deutschen Dialekt
   haben sie benutzt?
9. Wie heißen die drei Hauptdialekte in der deutschen
   Literatursprache um 1600?
10. Haben zu Luthers Zeiten auch Katholiken die Bibel auf
    Deutsch übersetzt?

Übersetzung

Wie würden Sie die Redensarten von Luther auf Englisch sagen?

1. _____
2. _____
3. _____
4. _____
5. _____
6. _____
7. _____
8. _____
9. _____

Literatur

Erasmus von Rotterdam (1469-1536)

Der bekannteste Humanist nördlich von Italien war Erasmus von Rotterdam. Er schrieb auf Lateinisch, die Sprache, die bei den Gelehrten überall verstanden wurde, aber er verlangte eine Bibel in der Muttersprache. Ganz im Sinne des Humanismus glaubte er, dass viel Gutes in der Erziehung liegt, in der Vernunft und im Lachen. *Das Lob der Torheit*[23] ist sein bekanntestes Buch.

1492 wurde Erasmus Priester, aber er war ein unzufriedener Priester. In England lehrte er einige Jahre an den Oxford und Cambridge Universitäten, wo er Thomas Moore kennenlernte. 1516 wurde er Hofrat von Kaiser Karl V. Danach lebte er einige Zeit in Belgien und in Deutschland, bevor er nach Basel zog. In der Schweiz starb er.

Erasmus von Rotterdam

Erasmus gab das Neue Testament auf Griechisch heraus mit einer neuen lateinischen Übersetzung. Dabei ging er auf die ursprünglichen Quellen und die ursprünglichen Kirchenväter zurück. Luther nahm ihn sich als Vorlage für seine eigene Bibelübersetzung.

Auch Erasmus, wie so viele seiner Zeitgenossen, war mit der Kirche unzufrieden. Er erkannte die Missstände in der Kirche und redete gegen die Verweltlichung der Kirche. Er schrieb: „Die Studien der Heiligen Schrift sind ebenso in Verfall geraten wie die Moral". Er bat den Papst, die üblen Ursachen in der Kirche zu erforschen und zu beseitigen, aber niemanden dabei zu bestrafen. Erasmus war ein friedliebender Mensch, der lieber Kompromisse schließen wollte als auf seiner Meinung zu bestehen.

Erasmus und Luther korrespondierten miteinander. Erasmus unterstützte Luthers reformatorische Ideen und hätte auch gern einige Reformen gesehen, aber er war gegen eine gespaltene Kirche. Immer wieder ermahnte er Luther, nicht zu stürmisch zu sein, nicht zu intolerant. Er bat Luther, sich zu mäßigen, denn „alte Einrichtungen können nicht in einem Augenblick entwurzelt werden". Aber Luther hörte nicht auf ihn. Schließlich brachen die freundschaftlichen Beziehungen zwischen ihm und Luther ab. Luther war für Erasmus zu aufrührerisch geworden.

---

23 The Praise of Folly

Erasmus versuchte immer wieder, auf friedlichem Wege zu vermitteln, denn er fand, das Recht war nicht auf *einer* Seite allein. Und da er keine Partei ergreifen wollte, weder ganz die katholische Seite noch die reformatorische, machte er sich Feinde auf beiden Seiten. Er wurde von vielen als Vorläufer und möglicher Anhänger der Reformation angesehen.

Aus Erasmus' Briefen:

> 30. Mai 1519
> An Martin Luther:
>
> Alte Einrichtungen können nicht in einem Augenblick entwurzelt werden. Ruhige Erörterung[24] vermag mehr[25] als blindes Verdammen. Es ist besser, die giftigen Angriffe gewisser Leute zu verachten als sie zu widerlegen. Seid ohne Zorn. Hasst niemand. Sorgt, dass der Ruhm, den Ihr gewonnen habt, Euch nicht verdirbt.
>
> November 1520
> An Thomas More:
>
> Ich sagte ihm (einem Gegner Luthers) es sei nutzlos, Luthers Bücher aus den Bibliotheken zu entfernen, wenn man sie nicht den Leuten aus dem Gedächtnis reißen könne.
>
> 25. März 1520
> An den Bischof Aloisius Marlianus:
>
> Die Anhänger Luthers haben mit allen Mitteln versucht, mich für ihre Partei zu gewinnen. Luthers Feinde haben versucht, mich auf seine Seite zu drängen. Überall haben sie öffentlich schlimmer gegen mich gehetzt als gegen Luther selbst. Doch habe ich mich durch keinen Kunstgriff von meiner Haltung abbringen lassen. Christus erkenne ich an, Luther kenne ich nicht; die römische Kirche erkenne ich an, eine andere als die katholische gibt es für mich nicht. Von ihr soll mich auch der Tod nicht trennen, außer wenn sie sich selbst öffentlich von Christus trennte. Aufruhr habe ich immer verabscheut; ich wünschte, Luther und alle Deutschen wären derselben Meinung. Ich habe Luther gebe-

---

24 Diskussion
25 schafft mehr, bringt mehr

ten, nichts Aufrührerisches zu veröffentlichen. Ich fürchte immer, Aufruhr wird das Ende sein.

10. Mai 1521
An Justus Jonas, Professor in Wittenberg:

Ich weiß nicht, ob zu irgend einer Zeit die Leiter der Kirche so gierig und so offen wie heute die Güter dieser Welt erstrebt haben, die man doch nach der Lehre Christi verachten soll. Die Studien der Heiligen Schrift sind ebenso in Verfall geraten wie die Moral. Daher kommt es, dass Luther zunächst überall einen Beifall fand wie ihn, glaube ich, seit Jahrhunderten niemand gehabt hat. Auch ich machte mir Hoffnungen; doch gleich als die ersten Schriften Luthers erschienen, fing ich an zu fürchten, die Sache würde in Krieg und offener Feindschaft enden.

22. März 1523
An den Papst Hadrian VI.:

Die eine Partei sagt, ich sei für Luther, weil ich nicht gegen ihn schreibe. Die andere greift mich an, weil ich gegen ihn schreibe. Ich habe getan, was ich konnte. Ich habe ihn gebeten, mäßig zu sein, und ich habe damit seine Freunde mir zu Feinden gemacht. Ihr fragt mich, was Ihr tun sollt. Nun, einige glauben, es gibt nur ein Heilmittel: die Gewalt. Das ist nicht meine Meinung; die Folgen wären furchtbares Blutvergießen. Die Krankheit ist schon zu weit fortgeschritten, als dass man sie noch ausbrennen könnte[26]. Wenn Ihr es mit Gefängnis, Peitsche, Enteignungen[27], Verbannung, Scheiterhaufen und Schafott[28] versuchen wollt, dann braucht Ihr keinen Rat von mir. Ich sage, geht dem Übel auf den Grund[29]. Beseitigt die Ursachen. Bestraft niemand. Was geschehen ist, mag als Prüfung des Himmels betrachtet werden; gewährt eine allgemeine Amnästie. Wenn Gott so viele Sünden vergibt, so mag auch sein Statthalter[30] auf Erden vergeben.

---

26 Es ist zu spät, die Krankheit durch Ausbrennen zu heilen.
27 den Besitz wegnehmen
28 Verbrennung und Hinrichtung
29 Sucht nach der Ursache des Übels.
30 Verwalter, Befehlshaber

AETHERNA IPSE SVAE MENTIS SIMVLACHRA LVTHERVS
EXPRIMIT·AT VVLTVS CERA LVCAE OCCIDVOS
M·D·X·X·

Martin Luther

Martin Luther (1483-1546)

Man hört manchmal, Luther hätte die Neuhochdeutsche Sprache «geschaffen», aber das wäre wohl etwas übertrieben. Das Deutsch in seinen Schriften hat jedoch sehr zur Entwicklung und Verfeinerung der deutschen Sprache beigetragen. Luther wollte eine allgemeine deutsche Sprache gebrauchen, sodass ihn alle Deutschen verstehen konnten. Dazu nahm er sich Ausdrücke aus verschiedenen deutschen Dialekten und vermied solche, die nur irgendwo lokal verstanden wurden. Außerdem nahm er sich die Sprache der sächsischen Kanzlei und die des einfachen Volks zum Vorbild, sodass seine Bibel von den Leuten verstanden werden konnte. 1522 erschien seine Übersetzung des Neuen Testaments und 1534 erschien die gesamte Bibel mit dem Alten und Neuen Testament. Die Bibeln waren ein sofortiger Erfolg, denn seine «gemeine teutsche sprach» war eine verständliche Sprache. An der deutschen Sprache in seinen Schriften arbeitete Luther aber bis zu seinem Tod, auch an der Grammatik, an der Rechtschreibung und an der Klarheit seiner Ausdrücke.

Viele deutschsprachige Gebiete nahmen die Reformation an, aber nicht alle waren ebenso begeistert davon, das Lutherdeutsch anzunehmen. Norddeutschland gebrauchte weiterhin den niederdeutschen Dialekt und druckte bis zur Mitte des 17. Jahrhunderts 24 Auflagen der Lutherbibel auf Niederdeutsch oder Plattdeutsch. Manche Gebiete behielten ihren Dialekt bis ins 19. Jahrhundert. Das katholische Bayern wollte von dem «protestantischen Dialekt» überhaupt nichts wissen. Sogar die deutschsprachige Schweiz hatte große Reservationen, das Lutherdeutsch anzunehmen. Aus religiösen Gründen, weil sie Anhänger von Zwingli und Calvin waren, und aus politischen Gründen, weil sie nichts mit der kaiserlichen Kanzlei zu tun haben wollten. Schweizer Druckereien machten aber kleine Konzessionen, vielleicht in der Hoffnung, dass Zwinglis Bibel von 1527 dann einen größeren Leserkreis finden würde.

Aus Luthers Tischreden.

Eine seiner bekanntesten „Tischreden" handelt von seiner „gemeinen teutschen sprach":

> *„Ich habe keine gewisse, sonderliche, eigene sprach im teutschen, sondern brauche der gemeinen teutschen sprach, dass mich beide Ober-und Niderländer[31] verstehen mögen. Ich red nach der sächsischen cantzeley, darumb ists auch die gemeinste teutsche sprach. Kaiser Maximilian und Kurfürst Friderich hertzog von Sachsen haben im römischen reiche die deutschen sprachen also in eine gewisse sprach zusammengezogen".*

Aus Luthers Sendbrief vom Dolmetschen.

In seinem „Sendbrief vom Dolmetschen" erklärt Luther, wie er zu seiner Ausdrucksweise kommt:

> *„Man mus nicht die buchstaben inn der lateinischen sprachen fragen, wie man sol Deutsch reden, wie diese esel thun, sondern man mus die mutter im hause, die kinder auff der gassen, den gemeinen man auff dem marckt darumb fragen, und den selbigen auff das maul sehen, wie sie reden und darnach dolmetzschen; so verstehen sie es den und mercken, das man Deutsch mit ihn redet".*

Titelseite der ersten Gesamtausgabe von Luthers Bibel 1534

Auf dem Reichstag in Worms.

1521 sollte Luther zum Reichstag nach Worms kommen, um - wie er glaubte - über seine Schriften zu sprechen. Aber auf dem Reichstag erwarteten der Kaiser und die Kirche von ihm den Widerruf seiner Thesen.

Luthers Bücher lagen auf einem Tisch und er wurde gefragt, ob dies seine Schriften seien und ob er etwas daraus widerrufen wollte. Luther überlegte und lehnte dann mit der bekannt gewordenen Rede einen Widerruf ab:

> *„Wenn ich nicht durch Zeugnisse der Schrift und klare Vernunftgründe überzeugt werde; denn weder dem Papst noch den Konzilien allein glaube ich, da es feststeht, daß sie öfter geirrt und sich selbst widersprochen haben, so bin ich durch die Stellen der heiligen Schrift, die ich angeführt habe, überwunden in*

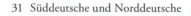

31 Süddeutsche und Norddeutsche

meinem Gewissen und gefangen in dem Worte Got-
tes. Daher kann und will ich nichts widerrufen, weil
wider das Gewissen etwas zu tun weder sicher noch
heilsam ist. Hier stehe ich. Ich kann nicht anders.
Gott helfe mir. Amen! «

Luthers Bibelübersetzungen

Die folgenden Bibelstellen zeigen, wie viel einfacher Luthers
Deutsch zu verstehen ist als die Sprache der anderen deutschen
Bibeln vor ihm. Sicher, es liegen 70 Jahre zwischen den Übersetzungen, aber das allein erklärt nicht, warum wir das Lutherdeutsch
so viel leichter verstehen können.

Vergleichen Sie den 23. Ausschnitt aus dem Psalm in der Aus-
gabe von 1475 und in Luthers Version[32]:

Vierte deutsche Bibel (1475)

Der herr regieret mich, und mir gebrist nichts: und
an der stat der weyd da satzt er mich. Er hat mich
gefüeret auff dem wasser der widerbringung, er
bekert mein sel. Er füeret mich auß auf die steige
der gerechtigkeit, umb seinen namen....Du hast
bereyt den tisch in meinem angesicht wider die, die
mich betrüebent. Du hast erveystet mein haupt in
dem öl, und mein kelch, der machet trunken, wie
lauter er ist! Und dein erbermd die nachvolget mir
all die tag meins Jebens. Das auch ich inwone in
dem hauß des herren, in die lenge der tage.

Luthers Übersetzung (1545)

Der HERR ist mein Hirte, mir wird nichts man-
geln. Er weidet mich auf einer grünen Auen, und
führet mich zum frischen Wasser. Er erquicket
meine Seele; er führt mich auf rechter Straße
um seines Namens Willen....Du bereitest vor mir
einen Tisch im Angesicht meiner Feinde. Du sal-
best mein Haupt mit Öl und schenkest mir voll
ein. Gutes und Barmhertzigkeit werden mir folgen
mein Leben lang, und ich werde bleiben im Hause
des HERRN imerdar. (Rechtschreibung leicht
modernisiert).

---

32 Als Übersetzungshilfe vergleichen Sie Psalm 23 und Lukas 2,1-2 im Neuen
Testament in Ihrer Muttersprache

Vergleichen Sie die folgenden Textstellen aus Lukas 2 Vers 1-2:

Erste deutsche Bibel (1466)

Wann es wart gethan in den tagen ein gebot gieng aus von dem keiser august: das aller vmbring würd beschriben. Dise erste beschreibung war gethan von syri dem richter der cyrener.

Luthers Übersetzung (1545)

Es begab sich aber zu der zeit, Das ein Gebot von dem keiser Augusto ausgieng, Das all Welt geschetzt würde. Vnd diese Schatzung war die allererste, vnd geschach zur zeit, da Kyrenius Landpfleger in Syrien war.

Ein feste Burg ist unser Gott[33]

Ein[34] feste Burg ist unser Gott,
ein[35] gute Wehr und Waffen.
Er hilft uns frei aus aller Not,
die uns jetzt hat betroffen.
Der alt böse Feind
mit Ernst er's jetzt meint;
groß[36] Macht und viel List
sein[37] grausam[38] Rüstung ist,
auf Erd ist nicht sein's gleichen.[39]

Mit unsrer Macht ist nichts getan,
wir sind gar bald verloren;
es streit[40] für uns der rechte Mann,
den Gott hat selbst erkoren.
Fragst du, wer der ist?
Er heißt Jesus Christ,
der Herr Zebaoth,

---

33 Dieses Lutherlied von 1527 ist zum allgemeinem Reformationslied geworden und wird heute noch am Reformationstag, dem 31. Oktober, in den evangelischen Kirchen gesungen.

34 eine

35 eine

36 große

37 seine

38 grausame

39 nichts, was ihm gleicht

40 streitet

Die Wartburg in Thüringen. Hier hat Martin Luther 1521/22 die Bibel ins Deutsche übersetzt.

und ist kein andrer Gott,
das Feld muss er behalten.

Und wenn die Welt voll Teufel wär
und wollt uns gar verschlingen,
so fürchten wir uns nicht so sehr,
es soll uns doch gelingen.
Der Fürst dieser Welt,
wie saur[41] er sich stellt,
tut er uns doch nicht,
das macht, er ist gericht' [42].
Ein Wörtlein kann ihn fällen.

Das Wort sie sollen lassen stahn[43]
und kein[44] Dank dazu haben;
er ist bei uns wohl auf dem Plan
mit seinem Geist und Gaben.
Nehmen sie uns den Leib,
Gut, Ehr, Kind und Weib:
Lass fahren dahin,
sie habens[45] kein Gewinn[46],
das Reich muss uns doch bleiben.

41   sauer
42   weil er gerichtet ist
43   stehen
44   keinen
45   haben
46   keinen Gewinn

Volksbücher

Im 16. Jahrhundert waren Volksbücher eine sehr beliebte Unterhaltungsliteratur. Diese Bücher sind, wie der Name schon sagt, für das Volk bestimmt. Sie behandeln Stoffe aus alten Heldensagen, aus lateinischen Legenden, aus französischen Erzählungen und aus höfischen Epen in einfachem, erzählendem Stil. Die Geschichten sind manchmal grotesk, manchmal komisch-satirisch. Oft macht sich der einfache Bauer oder Bürger über die menschlichen Schwächen lustig. Eine Erzählung nimmt aber eine Sonderstellung ein: die Fausterzählung. Sie behandelt einen neuen Stoff, der allerdings bekannte sagenhafte Motive enthält[47].

Doktor Johann Faust

Das erste Faustbuch erschien 1587. Wer der Autor war, wissen wir nicht. Die Erzählung war so lebhaft, so lebensnah und so furchterregend, dass die Leser von einem gewissen Schauer überkommen waren. Wir dürfen auch nicht vergessen, dass man zu dieser Zeit noch sehr stark an Teufel, Hexen und Zaubereien glaubte.

Johann Faust hat wirklich gelebt. Er soll 1540 gestorben sein. Von Beruf war er Alchimist. Alchemie nannte man die Chemie bis zum 17. Jahrhundert. Er hatte Magie gelernt und war Zauberkünstler. Als Astrologe stellte er reichen Leuten das Horoskop. Faust war eine ganz undurchsichtige Figur. Er betrog Leute um ihr Geld und wurde aus mehreren Städten ausgewiesen.

Einer Beschreibung nach fand man ihn eines Morgens tot in seiner Alchimistenküche liegen. Sein Gesicht war schwarz. Vielleicht hatte es eine Explosion gegeben. Nachbarn sagten, sie hätten in der Nacht einen furchtbaren Lärm gehört. Sie waren sich ziemlich sicher: der Teufel hat Faust in der Nacht geholt! Jetzt häuften sich die Geschichten um Faust und immer neue kamen dazu. Schließlich wußte man es ganz genau: Faust hatte einen Pakt mit dem Teufel gemacht, dass der Teufel ihm 24 Jahre lang alle seine Wünsche erfüllen sollte. Wenn er das täte, könnte er Fausts Seele haben.

---

47 Das *Faustbuch* wurde schnell in mehrere Sprachen übersetzt und fand einen Leserkreis in ganz Europa. Zu den bekanntesten Faust-Werken gehören: Christopher Marlowes *Tragical History of Doctor Faustus,*1593, J.W. von Goethes *Faust I*, 1808 und *Faust II*, 1832. Christian Grabbe schrieb 1829 *Don Juan und Faust* und Nikolaus Lenau schrieb 1836 *Faust, ein Gedicht.* In Frankreich schrieb 1946 Paul Valéry *Mon Faust.* Thomas Mann schrieb 1947 seinen *Doktor Faust*us.

Die Faust-Tragödie von Christopher Marlowe wurde von englischen Schauspielern nach Deutschland gebracht. Sie wurde oft aufgeführt und schließlich kam sie sogar als Puppenspiel auf die Puppenbühne. So hatte Goethe das Puppenspiel von Faust als Kind kennengelernt. Im Puppenspiel kam das beliebte Kasperle dazu. Kasperle, oder auch Hans Wurst genannt, hatte eigentlich gar nichts mit dem Faust-Stoff zu tun, er war einfach ein lustiger Diener von Faust, der mit seinen Reden die Leute zum Lachen brachte[48].

In der folgenden Beschreibung von 1587 fanden Fausts Studenten ihn tot und in ganz schrecklichem Zustand:

«Es geschah aber zwischen zwölf und ein Uhr in der Nacht, daß gegen das Haus her ein ungestümer Wind ging, so das Haus an allen Orten umgab, als ob er alles zu Grunde richten und das Haus zu Boden reißen wollte; darob[49] vermeinten die Studenten zu verzagen;[50] sie sprangen aus den Betten, huben an[51], einander zu trösten, und wollten nicht aus der Kammer. Der Wirt lief aus dem seinen in ein anderes Haus. Die Studenten lagen nahe bei der Stube, darinnen D. Faustus war, sie hörten ein greuliches Pfeifen und Zischen, als ob das Haus voller Schlangen, Nattern[52] und anderer schädlicher Würme[53] wäre. Indem[54] gehet D. Fausti Tür auf in der Stuben[55], er hub an, um Hilfe und Mordio[56] zu schreien, aber kaum mit halber Stimm; bald hernach hört man ihn nit mehr. Als es nun Tag ward, und die Studenten die ganze Nacht nit geschlafen hatten, sind sie in die Stube gegangen, darinnen D. Faustus gewesen war. Sie sahen aber keinen Faustum mehr, und nichts, dann[57] die Stuben voller

---

48 Ähnliche Nebenfiguren haben wir in Sancho Panza bei *Don Quixote* von Cervantes und Leporello bei *Don Juan* von Lorenzo da Ponte, Oper von Mozart.
49 da
50 verzweifeln
51 fingen an
52 Vipern
53 Würmer
54 Plötzlich
55 in dem Zimmer
56 Mord
57 als

Blut gesprützet[58]. Das Hirn klebte an der Wand, weil ihn der Teuffel von einer Wand zur anderen geschlagen hatte. Es Lagen auch seine Augen und etliche Zähn da, ein greulich und erschrecklich Spectakel.

Da huben die Studenten an, ihn zu beklagen und zu beweinen, und suchten ihn allenthalben[59]. Letztlich[60] aber fanden sie seinen Leib heraußen[61] bei dem Mist liegen, welcher greulich anzusehen war, dann[62] ihm der Kopf und alle Glieder schlotterten[63].

Till Eulenspiegel

Till Eulenspiegel lebte zwischen 1300 und 1350 in Norddeutschland. Um 1515 entstand die Geschichtensammlung des Till Eulenspiegel. Es sind einfach erzählte Geschichten aus dem Leben der Bauern und Bürger. Till ist ein Witzbold, ein Schalk. Durch seinen natürlichen Witz und Humor bleibt er in allen Situationen überlegen. Die Geschichten aus seinem Leben waren so amüsant und beliebt, dass sie in fast alle europäische Sprachen übersetzt wurden.

Wie Eulenspiegel in Magdeburg fliegen wollte

Eulenspiegel wanderte nach Magdeburg, wo er durch lustige Streiche seinen Namen bald in aller Leute Mund brachte. Das ging so weit, dass eines Tages die angesehensten Bürger der Stadt zu ihm kamen und ihn baten, er solle doch dem Volke irgend eine seiner Künste zeigen.

«Gut", gab er ihnen zur Antwort, «das will ich tun, und zwar will ich vom Balkon des Rathauses aus durch die Luft fliegen".

Wie ein Lauffeuer breitete sich diese Kunde in der Stadt aus, sodass sich bald darauf eine große Menschenmenge auf dem Markt zusammenfand, um das niegesehene Schauspiel zu geniessen. Bald erschien auch Eulenspiegel auf dem Balkon und

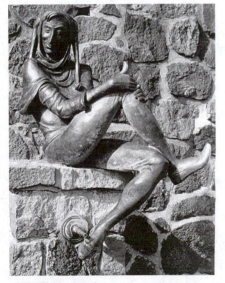

Till Eulenspiegel

58 gespritzt
59 überall
60 Schießlich
61 draußen
62 weil
63 lose hingen

schlug mit den Armen in der Luft herum, als ob er fliegen wollte. Die Leute aber rissen Mund und Augen auf und meinten, dass er im nächsten Augenblick davonfliegen würde.

Da ließ Eulenspiegel die Arme sinken und sprach lachend: „Ich meinte, es gäbe keinen größeren Narren als mich in der Welt. Aber nun sehe ich doch, daß eine ganze Stadt voll Narren ist. Ja, wenn jeder einzelne von euch mir gesagt hätte, er wollte fliegen, ich hätte es ihm nicht geglaubt. Und jeder einzelne von euch glaubt mir — mir, einem Narren! Wie soll ich denn fliegen können? Ich bin doch keine Gans oder sonst ein Vogel! Ich habe doch keine Flügel, und wie soll jemand ohne Flügel und ohne Federn fliegen können? Nun seht ihr wenigstens, dass alles erlogen war".

Damit machte er, dass er fort kam, während sich die Leute langsam verliefen. Die einen fluchten, die andern aber lachten und sprachen: „Und ist er auch ein Schalk, er hat doch die Wahrheit gesagt".

Reineke Fuchs

Die Geschichten von Reineke Fuchs sind alt, sie gehen bis auf Aesops Fabeln zurück. Das deutsche Tierepos kommt aus den Geschichten *Van den Vos Reinaerde*, die 1270 in Flandern geschrieben wurden. 1498 erschienen sie dann von einem unbekannten Verfasser aus Lübeck unter *Reinke de Vos*. Mit Spott und Ironie werden die Zustände der Zeit kritisiert. Da es aber Tiere sind, die hier handeln, kann man keinen Menschen für solche Kritik verantwortlich machen.

„Reineke" ist die niederdeutsche Form von „Reinhard", es bedeutet „überlegend-kühn" oder „stark im Rat". Der Name passt ausgezeichnet, da man noch heute vom „schlauen Fuchs" spricht. „Reinhard", der Name des Fuchses, drang dann auch in die französische Dichtung ein und hat das Wort „*goupil*" für „Fuchs" verdrängt. Der moderne französische Fuchs heißt „renard".

Reineke Fuchs und die Wölfin

Isegrim, der Wolf, und seine Frau kamen zum Löwen, dem König der Tiere, um Reineke Fuchs zu verklagen.

Die Wölfin erzählte: „Eines Tages begegnete mir der Fuchs an einem Teiche. Es war Winter, und ich war sehr hungrig und müde von einer erfolglosen Jagd. Da sagte mir Reineke, nichts sei leichter als eine große Menge Fische zu fangen. Ich sollte meinen Schweif nur ins Wasser hängen und ein Weilchen stillsitzen, dann würden die Fische schon anbeißen, ich könnte sie herausziehen und fressen.

Das tat ich. Denn ich glaubte dem listigen Fuchs. Es wurde jede Minute kälter, und ich zitterte vor Frost. Aber Reineke sagte: ‚Rühre dich nicht, sonst vertreibst du die Fische!' - Endlich wurde mir die Zeit zu lang, und ich wollte vorsichtig den Schweif in die Höhe ziehen. Es ging nicht. Zuerst dachte ich, die Fische seien so schwer, und zog aus aller Kraft. Aber der Schweif rührte sich nicht. Er war im Eis festgefroren.

Hilflos hing ich in der Falle. Ich bat den Fuchs mich zu befreien. Und was tat Reineke? Er kam und küsste mich und umarmte mich zärtlich. Nie hätte er das gewagt, wenn ich frei gewesen wäre, denn er weiß, wie verhasst er mir ist.

Da erschien zum Glück mein Mann in der Ferne. Er hörte meinen Hilferuf und rannte herbei. Reineke entfloh. Wir zerrten mühsam den Schweif aus dem Eise, aber ach, ein Viertel davon blieb darin stecken! Ich litt große Schmerzen.

Herr König ich bitte dich, strafe den Fuchs für seine Bosheit."

Reineke Fuchs

Übungen

Erasmus

Fragen

1. Für seine Schriften wählte Erasmus die lateinische Sprache. Warum?

2. Glauben Sie, Erasmus hatte Humor? Begründen Sie Ihre Antwort.

3. Was war Erasmus von Beruf?

4. Außer in den Niederlanden lebte Erasmus in welchen anderen Ländern?

5. Wie hieß der Kaiser, an dessen kaiserlichem Hof er Hofrat war?

6. Erasmus gab das Neue Testament auf Griechisch heraus. Woher nahm er seine Quellen?

7. Wie stand Erasmus zur Kirche? War er zufrieden?

8. Worum bat er den Papst?

9. Was für ein Verhältnis hatte Erasmus zu Luther?

Erasmus' Korrespondenz

1. Welchen Rat gibt er Luther?

2. Woran erkennen wir, dass Erasmus kein heftiger, aufbrausender Mensch ist wie Luther, sondern eher ein ruhig überlegender Mensch?

3. Was erzählt er Thomas More über das Entfernen von Büchern aus Bibliotheken?

4. Wie versichert er dem Bischof Marlianus, dass er auf immer zur katholischen Kirche gehören würde?

5. Was steht in Erasmus' Brief an Bischof Marlianus? über
   a. sein Verhalten zu Aufruhr
   b. seine Ermahnung an Luther

6. Woran erkennen wir in seinem Brief an Papst Hadrian VI., dass
   a. der Papst Erasmus um seine Meinung gebeten hat,
   b. Erasmus von katholischer und protestantischer Seite angegriffen wird,
   c. der Papst die Missstände in der Kirche untersuchen und beseitigen soll,
   d. der Papst versuchen soll, so verständnisvoll wie Gott zu sein.

Aufgabe

Machen Sie 8 Aussagen über Erasmus, die ihn charakterisieren.

1. _____
2. _____
3. _____
4. _____
5. _____
6. _____
7. _____
8. _____

Martin Luther

Fragen

1. Wie kann man sich den sofortigen Erfolg von Luthers Bibelübersetzung erklären?

2. Wie erklären Sie es sich, dass die deutschsprachige Schweiz das Lutherdeutsch nicht annehmen wollte?

3. Erschien Luthers Übersetzung des Neuen oder des Alten Testaments zuerst?

4. Woher wissen wir - außer durch seine Bibelübersetzung ins Deutsche - dass Luther sehr an der deutschen Sprache interessiert war?

Etwas zum Nachdenken

☼ Warum wollten wohl die deutschsprachigen Länder, die Luthers Reformation annahmen, nicht auch Luthers Deutsch annehmen?

☼ Wie kann das denn sein, dass Zwinglis Bibel einen größeren Leserkreis findet, wenn sie das Lutherdeutsch gebraucht?

Übung zu den Tischreden

Schreiben Sie den Text aus Luthers Tischrede auf modernes Deutsch um. Achten Sie dabei auf Groß- und Kleinschreibung und auf die moderne Rechtschreibung.

Sendbrief vom Dolmetschen

1. Wen meint Luther mit „esel"?
2. Warum kann Luther über die Mutter im Haus und die Kinder auf der Straße bessere Auskunft über die deutsche Sprache bekommen als von Gelehrten?

Etwas zum Nachdenken

☼ Warum bezieht sich Luther speziell auf die „lateinische" Sprache? Hätte er nicht ebensogut irgend eine andere Fremdsprache nennen können?

Luther auf dem Reichstag zu Worms

Aus welchem Grund weigert Luther sich, seine Schriften zu widerrufen?

Vergleichen Sie Luthers Bibelübersetzung mit früheren Übersetzungen

Wenn Sie Luthers Übersetzungen mit den früheren Übersetzungen vergleichen, merken Sie sicher, dass Luthers Deutsch leichter zu verstehen ist. Welche Unterschiede finden Sie in:
   a. Wortwahl
   b. Wortstellung
   c. Groß- und Kleinschreibung

Ein feste Burg ist unser Gott

Suchen Sie drei Stellen in Luthers Lied, die sein Vertrauen zeigen, dass alles gut gehen wird.

1. _____

2. _____

3. _____

Volksbücher

Fragen

1. Welches Jahrhundert ist für Volksbücher bekannt?
2. Worüber lesen wir in den Volksbüchern?
3. Welches Volksbuch hat Schriftsteller aus anderen Ländern dazu angeregt, auch über diesen Stoff zu schreiben?

Übung

Suchen Sie die passenden Synonyme von den
untenstehenden Ausdrücken.

a. Unterhaltungsliteratur   f. verständlich

b. Stoffe   g. manchmal

c. Erzählungen   h. seltsam/lustig

d. Stil   i. einfach

e. volkstümlich   j. Sonderstellung

Geschichten / komisch / spezieller Platz / leichtes Lesen /
zu verstehen / Material / ab und zu / unkompliziert / Art
und Weise / populär

Dr. Johann Faust

1. Hat Dr. Johann Faust zu Luthers Lebzeiten gelebt?

2. Was war Faust von Beruf?

3. Warum haben Leute die Fausterzählung geglaubt?

4. Wie ist Faust wahrscheinlich gestorben?

5. Was für einen Pakt hatte Faust mit dem Teufel
geschlossen?

6. Wie unterschieden sich die Faust-Theateraufführungen von
den Puppenspielen?

Till Eulenspiegel

Fragen

1. Wann und wo hat Till Eulenspiegel gelebt?

2. Warum sind so viele Geschichten über ihn in andere
Sprachen übersetzt worden?

3. Wie kommt es, dass Till in allen Situationen immer Sieger
war?

Wie Eulenspiegel in Magdeburg fliegen wollte

1. Glaubten die Magdeburger, dass Till fliegen könnte?

2. Wo wollte Till den Bürgern seine Flugkunst zeigen?

3. Erscheinen die Bürger in dieser Geschichte als intelligent
oder dumm? Warum meinen Sie?

4. Warum haben sich nicht alle Bürger geärgert, als Till nicht
flog?

Reineke Fuchs

1. In welchem germanischen Land wurden die Geschichten um den Fuchs zuerst aufgeschrieben? Wann war das?
2. „Fuchs" hieß im Französischen „goupil" und heißt heute „renard". Wie kommt das?

Aufgabe

Suchen Sie in einer Enzyklopädie oder im Internet nach der Bedeutung von „Fabel" und berichten Sie darüber in 5 Sätzen.

1. _____
2. _____
3. _____
4. _____
5. _____

Reineke Fuchs und die Wölfin

Erzählen Sie die Geschichte als Dialog zwischen dem Fuchs und der Wölfin. Berichten Sie nur, was die beiden gesprochen haben.

Zeittafel

1503 Nikolaus Kopernikus wird Doktor für Jura und Theologie in Ferrara. Im Jahre 1543 begründet er das heliozentrische Weltbild[64].

1504 Die kastilianische Königin Isabella católica stirbt. Der Habsburger Philipp der Schöne, der mit Isabellas Tochter Johanna (der Wahnsinnigen) verheiratet ist, tritt die Regierung an. Jetzt haben die deutschen Habsburger auch Macht über Spanien.

1509 Der Augsburger Kaufmann Jakob Fugger hilft Kaiser Maximilian I. den Krieg gegen Venedig zu finanzieren[65]. 1546 finanzieren die Augsburger Fugger wieder einmal einen Krieg, diesmal für Kaiser Karl V., den *Schmalkaldischen Krieg*. Der Kaiser siegt. 1575 gibt das Fuggerhaus große Darlehen an den spanischen König Philipp II.

1512 Martin Luther wird Doktor der Theologie in Wittenberg. Am 31. Oktober 1517 veröffentlicht Martin Luther seine 95 Thesen - lateinisch geschrieben - gegen den Ablasshandel. 1520 veröffentlicht Luther seine Schrift «Von der Freiheit eines Christenmenschen». 1524 bricht er sein freundschaftliches Verhältnis mit dem Humanisten Erasmus ab. 1534 wird Martin Luthers gesamte Bibelübersetzung herausgegeben.

1514 Bauernaufstand in Württemberg gegen allgemeine Misswirtschaft. Der Aufstand wird vom württembergischen Herzog Ulrich niedergeschlagen. Bauernaufstände lodern in diesem Jahrhundert mehrfach auf. 1517 gibt es die «Bundschuhverschwörung» am Oberrhein, ein Bauernaufstand, der sich bis nach Österreich erstreckt. 1576 erheben sich französische Bauern gegen den Feudalismus und die viel zu hohen Steuern. 1525 verlangen deutsche Bauern eine bessere soziale Lage. Bauernkriege brechen aus[66].

1516 Karl, Sohn von Philipp I. wird als Karl I. (Carlos I.) zum ersten König von Spanien gekrönt. Er wird 1519 als Karl V. im deutschen Reich zum Kaiser gewählt und 1530 vom Papst in Bologna gekrönt[67]. Er beherrscht jetzt Spanien, das deutsche Reich und die spanischen Kolonien. Er sagt: «In meinem Reich geht die Sonne nicht unter».

1516 Bayern erlässt eine strenge Brauordnung, nach deren Regeln die Biere gebraut werden müssen.

1517 Carlos I. gibt flandrischen Handelsunternehmen das Recht, Negersklaven in die neuen spanischen Kolonien in Amerika zu verkaufen.

1518 Ulrich Zwingli, ein Schüler von Erasmus von Rotterdam, bringt die Reformation in die Schweiz.

1519 Leonardo da Vinci, das Universalgenie, stirbt.

---

64 Im Planetensystem steht die Sonne im Mittelpunkt.

65 Der mächtigste Mann in der Welt des 16. Jahrhunderts war auf das Kapital eines Bürgers angewiesen: ein Zeichen für den Untergang des Rittertums und das Aufblühen der Städte und des Handels.

66 Der Bildhauer und Bürgermeister von Würzburg, Tilman Riemenschneider, unterstützt die Bauern, wird ins Gefängnis geworfen und gefoltert. Der berühmte Arzt Paracelsus wird aus demselben Grund verfolgt. Luther wendet sich von den Bauern ab, nennt sie «räuberisch und mörderisch». Viele haben ihm das nie verziehen.

67 Das ist die letzte Kaiserkrönung durch einen Papst in Italien.

1519 Im selben Jahr, als der Portugiese Magellan die Erde umsegelt, erobert Cortés Mexiko und übergibt es Spanien. Spanien erwirbt schnell Territorien in der Neuen Welt: 1533 erobert Pizarro Peru und übergibt es Spanien. 1541 kommen Chile und das Maya-Reich in Yukatan in spanischen Besitz. 1552 werden in Lima und Mexico City die ersten Universitäten in Amerika gegründet. 1571 führt Spanien die Inquisition in Mexiko ein. Die Indianer sind dabei aber ausgeschlossen.

1522 Karl V. gibt seinem Bruder Ferdinand I. von Österreich die habsburgischen deutschen Länder.

1528 Dürer und Grünewald, zwei große deutsche Maler der Renaissance, sterben.

1529 Die Türken belagern Wien.

1531 Protestantische Fürsten protestieren gegen die strenge Religionsherrschaft Kaiser Karls V. und schließen sich in Schmalkalden zu dem *Schmalkaldischen Bund* zusammen. Der Kaiser gewährt den Protestanten vorübergehend Freiheit in ihrer Religionsausübung. Sieben Jahre später tritt Dänemark dem Bund bei, woraufhin sich in Deutschland eine katholische Liga formt.

1534 King Henry VIII. sagt sich von der Kirche los. Gründung der Anglikanischen Kirche.

1534 Der protestantische Jurist Jean Calvin muss aus Paris nach Basel fliehen. In Genf reformiert er die Kirche.

1536 Der Maler Holbein d.J. (der jüngere) wird Hofmaler bei King Henry VIII.

1534 Jacques Cartier entdeckt Kanada und bringt französische Kolonisten an den St.-Lorenz-Strom.

1549 Der Jesuitenorden kommt nach Deutschland, als Kämpfer der Gegenreformation.

1549 Der Protestantismus wird in England eingeführt. Das *Common Prayer Book*, ein Volksgebetbuch, wird in der Kirche gebraucht. Ketzerverfolgungen werden abgeschafft. Als 1553 Maria Tudor (die Katholische), Tochter von Henry VIII., den englischen Thron besteigt, beginnen schreckliche Protestantenverfolgungen. 1558 stirbt Maria Tudor und Elizabeth I. wird Königin von England. Sie setzt die anglikanische Kirche wieder ein[68].

1551 Der Kapellmeister Palestrina an der Peterskirche in Rom löst mit seiner polyphonen Musik den gregorianischen Gesang ab. Man nennt ihn den „Retter der Kirchenmusik". Er gilt als Hauptrepräsentant der Kirchenmusik im 16. Jahrhundert.

1553 François Rabelais stirbt[69].

1554 „Das Leben des Lazarillo de Tormes" (*La vida de Lazarillo de Tormes*), der erste Schelmenroman, erscheint in Spanien. Autor unbekannt.

1555 Auf dem *Augsburger Religionsfrieden* (Reichstag zu Augsburg) wird der Protestantismus neben dem Katholizismus als gleichberechtigt anerkannt. Die Fürsten in jedem Land haben das Recht, die Konfession in ihrem Gebiet zu bestimmen.

---

68 Sie war eine gebildete, sehr begabte Frau. Sie prägte den Begriff *Gentleman*, der den Mann beschreibt, der in jeder Lebenslage die höchsten Anstandsformen bewahrt.

69 Er war Geistlicher und Arzt und führte ein abenteuerliches Leben. Von der Kirche wurde er öfters gemaßregelt wegen seines Spottes und seiner Derbheiten in seinen Schriften. Er wird berühmt durch seinen Roman von den Riesen *Gargantua et Pantagruel*.

1556 Karl V. dankt ab. Auf deutschem Gebiet geht die Kaiserwürde auf seinen Bruder Ferdinand I. über und in Spanien wird sein Sohn Philipp II. König. Spanien geht es wirtschaftlich nicht gut: zu viele Kriege, Vertreibung aller Andersgläubigen (siehe *Reconquista*, die 1492 beendet wurde) und die Auswanderungen in die neuen Kolonien.

1560 In Schottland setzt sich der Calvinismus durch.

1562 Verfolgungen der Hugenotten in Frankreich führen zum Blutbad von Vassy, wo alle Hugenotten der Gegend umgebracht werden[70]. Fünf Jahre später, als die Verfolgungen immer noch wüten, schickt die deutsche Pfalz, die calvinistisch ist, ihre Truppen nach Frankreich, um den Hugenotten zu helfen. Aber 1572 werden weitere Tausende in der *Bartolomäusnacht* hingerichtet. Frankreich scheint sich 1576 in einen katholischen Norden und hugenottischen Süden zu teilen. Neue Hugenottenkriege beginnen.

1564 Philipp II. von Spanien beginnt mit dem Bau des *Escorial*. Es wird Königsresidenz und ist das schönste, repräsentativste Bauwerk der spanischen Renaissance.

1564 Michelangelo stirbt in Rom[71].

1566 Die Adligen der Niederlande bitten die spanische Krone, ihnen Glaubensfreiheit zu gewähren. Sie werden in Brüssel abgewiesen und *gueux* (Bettler) genannt. Seitdem nennen sie sich selbst stolz auf Niederländisch „die Geusen". Im nächsten Jahr schickt Spanien Herzog Alba als Verwalter in die Niederlande. Seine blutigen Verfolgungen lösen Massenauswanderungen aus. Die Grafen Hoorn und Egmont werden hingerichtet[72]. Holländische Provinzen ernennen Prinz Wilhelm von Oranien zum Statthalter[73], ohne den spanischen König zu fragen. Die grausamen Verfolgungen Andersgläubiger führen zu einem kurzen Aufstand der Moriscos in Spanien. Das sind zum katholischen Glauben gezwungene Mauren. Auch sie werden von der Inquisition verfolgt. 1576 plündern meuternde spanische Soldaten Antwerpen. 1584 erobern die Spanier Antwerpen. Wilhelm von Oraniens Sohn Moritz führt die Nordprovinzen. Als 1588 die spanische Armada gegen England in einer Seeschlacht verwickelt ist, verhindern holländische Schiffe bei Dünkirchen die Ausfahrt der spanischen Hilfstruppen. England gewinnt unter den Admiralen Howard und Drake. Spanien verliert seine Seeherrschaft an England

1575 Spanien ist bankrott. König Philipp II. kann seine Schulden an die Augsburger Fugger (wieder einmal die Fugger) nicht zurückbezahlen. Das Bankhaus Fugger hatte Spanien 75% seines gesamten Kapitals geliehen. Spanien hat jetzt alle Hoffnung auf internationalen Kredit verloren. Dazu schickt 1577 Königin Elizabeth I. den Seefahrer Francis Drake aus, den spanischen Handel im Pazifik zu stören.

1582 Papst Gregor XIII. führt den gregorianischen Kalender ein, nach dem es nun Schaltjahre gibt. Der Kalender setzt sich zuerst nur in den katholischen Ländern durch.

---

70 Hugenotten, Anhänger des Calvinismus, der in Genf unter Jean Calvin entstanden war.

71 Er gilt als Hauptvertreter der Renaissance und Vorläufer des Barock.

72 Vgl. Schillers *Don Carlos*, Verdis Oper *Don Carlos*, Goethes *Egmont* und Beethovens *Egmont* Ouvertüre

73 Stellvertreter eines Monarchen in einer Provinz oder in einem Landesteil

1587 Das Volksbuch *Historia von Dr. Johann Fausten* erscheint.[74]

1589 In Frankreich kommt Henri IV. (von Navarra) auf den Thron. Die protestantische Minderheit in Frankreich (jetzt nur noch 12%) erhofft Unterstützung von ihm. Zuerst muss er aber gegen Spanien kämpfen, das einen Gegenkönig aufgestellt hat, aus dem Haus der Bourbonen. Philipp II. von Spanien versucht nämlich, Frankreich zu einem spanischen Vasallenstaat (Protektorat) zu machen. Er hatte aber keinen Erfolg damit. Der Niedergang der spanischen Macht ist nicht mehr aufzuhalten. Dafür wütet aber die Inquisition ganz besonders schlimm in Spanien und vernichtet oder vertreibt alle Moriscos (die konvertierten Mauren), Protestanten und Spaniolen (spanische Juden).

1593 In Frankreich konvertiert der calvinistische Henri IV. zum Katholizismus, in der Hoffnung, die Glaubenskriege beenden zu können[75]. Und wahrhaftig: die Hugenottenkriege gehen zu Ende. 1598 erklärt er in seinem *Edikt von Nantes*, dass Religionsfreiheit herrsche, dass die Parlamente konfessionell gemischt sein dürften und dass die Hugenotten ihre politischen und religiösen Organisationen behalten dürften. Henri IV. wird sehr beliebt. Die Wirtschaft in Frankreich erholt sich.

---

74 Der Faust-Stoff hatte jahrhundertelange internationale Faszination. Vgl. Christopher Marlowes *Dr. Faustus*, Goethes *Faust*, Thomas Manns *Doktor Faustus*, Christian Grabbes *Don Juan und Faust*, Paul Valérys *Mon Faust*

75 Er soll gesagt haben: „Paris ist eine Messe wert", d.h. „Um in Paris herrschen zu dürfen, lohnt es sich, katholisch zu werden".

VI

Das Zeitalter des Dreißigjährigen Kriegs und das Barock 1600 – 1700

Die Orgel in der Frauenkirche zu Dresden

Geschichte und Kultur

Die Gegenreformation
Der Krieg
Deutschland nach dem Krieg
Das Barock
Das Leben in der Barockzeit
Barock in den Nachbarländern
Barocke Kunst und Architektur
Der Roman aus Spanien.
Übungen

Sprache

Kleiner Rückblick
Überlebenschancen der deutschen Sprache
Die Sprachreiniger
Die Grammatiker
Die barocke Literatursprache
Übungen

Literatur

Roman:	Grimmelshausen
Lyrik:	Opitz, Gryphius, Hofmannswaldau
Religiöse Dichtung:	Friedrich von Spee
Lieder:	Paul Gerhardt

Volkslied
Übungen

Zeittafel

Geschichte und Kultur

Die Gegenreformation

Wie der Name schon sagt, arbeitete die Bewegung gegen die Reformation. Wir meinen damit die Zeit im 16. und 17. Jahrhundert, als die katholische Kirche sich um die Abschaffung der Missstände innerhalb der Kirche kümmerte und auch um die vielen Probleme, die mit der Reformation kamen.

Die Korruption der Bischöfe und ihre eigennützigen politischen Motive, die Unwissenheit und der Aberglaube des niederen Klerus, die lockeren moralischen Einstellungen in den Klöstern und die Kritiken, die direkt gegen den Papst gerichtet warden von Leuten wie Savonarola - all dies gab der katholischen Kirche Anregungen, an einer eigenen inneren Reform zu arbeiten.

Meistens betonen wir die negativen Aspekte, wenn wir über diese Zeit sprechen, wie z.B. die Verbrennung der verbotenen Bücher oder die grausame Inquisition. Wir denken auch an die Politik in der Neuen Welt und an die Evangelisierung der neuen Territorien, vor allem in Nord- und Südamerika. In diese Zeit fallen aber auch die Einrichtungen der Jesuiten-Schulen und viele Wohltätigkeitswerke. Ein neues Interesse erwacht an der Mystik.[1]

Im späten 16. und frühen 17. Jahrhundert war es der Gegenreformation gelungen, die Verbreitung des Protestantismus in Frankreich, Polen und den habsburgischen Ländern aufzuhalten. Die Bemühungen der Habsburger um katholische Vorherrschaft in Deutschland und Böhmen führte allerdings zum 30jährigen Krieg.

Der Krieg

Seit der Reformation gab es unaufhörlich religiöse Spannungen. Sicher, der Augsburger Religionsfrieden von 1555 hatte versucht, wenigstens den Fürsten das Recht zu geben, ihre Religion selbst zu wählen. Aber damit war noch längst keine Ruhe im Land. Die katholische Kirche versuchte mit der Gegenreformation nicht nur die Menschen zur katholischen Kirche zurückzuführen, sondern sie wollte auch ganze Gebiete zurückgewinnen, die protestantisch geworden waren.

Der habsburgische deutsche Kaiser sah es gar nicht gern, dass die Fürsten so mächtig waren. Außerdem war er sehr daran interessiert, selbst mehr Land für sich zu gewinnen, und wurde darin vom Papst unterstützt und von Spanien, das mit dem Haus Habs-

---

1   Die bekannteste Mystikerin in Spanien war Teresa von Avila.

burg verwandt war. Die protestantischen Fürsten fürchteten sich vor einem Angriff von katholischer Seite und bildeten einen Bund, die sogenannte Union, um sich im Notfall gegen den Kaiser zu wehren. Daraufhin bildete sich ein kaiserlicher katholischer Bund, die Liga.

Es gab immer wieder Streitigkeiten zwischen den beiden Parteien, bis es dann 1618 passierte: zwei kaiserliche Gesandte kamen nach Böhmen und überbrachten den Protestanten und Hussiten die Nachricht, dass sie ihre Rechte verlieren sollten. Die Rechte, die sie vom Kaiser erhalten hatten. Aus Zorn warfen sie die zwei kaiserlichen Gesandten aus dem Fenster. Auf diese Staatsbeleidigung hin brach der Krieg aus. Zuerst in Böhmen, dann in ganz Deutschland. Die Spanier kamen, um auf der Seite des katholischen Kaisers Ferdinand II. zu kämpfen. 1621 hielt die katholische Liga Blutgericht in Böhmen: 27 tschechische und deutsche Führer wurden hingerichtet, protestantische Pfarrer wurden aus dem Land vertrieben. 150 000 Protestanten verließen Böhmen, und das Land war bald wirtschaftlich ruiniert.

Jetzt aber wird der Krieg international:

- Dänemark kommt mit 20 000 Mann nach Niedersachsen, um den Protestanten zu helfen.

- Jetzt verlangt das kaiserliche Reformationsmandat, dass alle protestantischen Adligen in Böhmen ihr Land verlassen müssten.

- In Frankreich brechen wieder erneute Hugenottenkriege aus.

- Jetzt kommt Schweden unter König Gustav Adolf, um auf protestantischer Seite zu kämpfen. Die Schweden werden aber von den kaiserlichen und spanischen Truppen besiegt.

- Die Kaiserlichen (katholische Seite) besetzen Süd- und Westdeutschland.

- Die protestantische Union bricht auseinander.

- Frankreich verspricht den Niederländern finanzielle Unterstützung, wenn sie gegen Spanien weiterkämpfen (die Niederländer wehrten sich schon seit langem gegen die spanische Unterdrückung). Die Niederlande und Frankreich fürchteten sich nämlich beide vor der Macht der Habsburger, vor der habsburgischen Expansion.

- Dann verbündet sich Frankreich mit Schweden gegen das Haus Habsburg und erklärt Spanien den Krieg.

- In den letzten 13 Jahren war der Krieg nichts anderes als ein Machtkampf der Habsburger mit Österreich und Spanien auf einer Seite und Frankreich und Schweden auf der anderen Seite.

- Schweden und Frankreich zusammen erobern Bayern.

- Schweden zieht dann in Böhmen ein und plündert Prag.

Aber endlich ist 1648 Ruhe. In Münster (im heutigen Bundesland Nordrhein-Westfalen) wird der *Westfälische Friede* geschlossen.

Deutschland nach dem Krieg

Wie sah es jetzt in Deutschland aus?

Deutschland, der Kampfplatz der Nationen, war völlig verwüstet. Ungefähr 40% der Bevölkerung war ums Leben gekommen. 15 000 deutsche Dörfer waren zerstört und damit auch die Landwirtschaft. Jeder Fürst, sei er evangelisch, katholisch oder calvinistisch, konnte seine Religion und die Religion seiner Untertanen selbst wählen, wie vor hundert Jahren im Augsburger Religionsfrieden. Die Schweiz und die Niederlande lösten sich vom Reich. Sie wurden selbständig. Deutschland bestand jetzt aus über 300 Fürstentümern. Die Fürsten waren sehr, sehr mächtig. Sie waren so mächtig, dass sie sogar Bündnisse mit dem Ausland schließen durften (solange sie nicht gegen den Kaiser gerichtet waren).

Frankreich ist jetzt europäische Großmacht. Frankreich ist tonangebend. Man richtet sich in kultureller Hinsicht nach Frankreich. Louis XIV., der Sonnenkönig, ist schon geboren und wird in seinem Leben das große Vorbild der deutschen Fürsten werden. Jeder wäre gern selbst ein kleiner Sonnenkönig, der absolut regiert. Mode, Essen, Manieren und sogar die Sprache richten sich nach französischem Vorbild. Mit Corneille, Racine und Molière ist Frankreich auch in der Literatur tonangebend.

Während sich in Frankreich die absolutistische Staatsidee entwickelt und in England die parlamentarisch-demokratische, ist Deutschland damit beschäftigt, sich von den ungeheuren seelischen und materiellen Schäden des Krieges zu erholen.

Das Barock

Das Wort kommt aus dem Portugiesischen und bedeutet «unregelmäßig geformte Perle". Die Kunst soll wunderschön glänzen wie eine Perle, aber in ihren Formen keine Ruhe finden. Wenn man in einer barocken Kirche sitzt, können die Augen stundenlang über die Wände, Fenster, Fresken und Standbilder wandern und immer

Das größte Barockschloss der Bundesrepublik in Ludwigsburg

wieder etwas Neues entdecken. Überall gibt es immer wieder ungeahnte visuelle Effekte.

In den katholischen Gegenden Deutschlands, also vor allem im Süden, finden wir die meisten barocken Kirchen. Während der Zeit der Gegenreformation bemühte sich die katholische Kirche unter anderem, durch lebhafte und faszinierende Bilder und Statuen die Gläubigen in die wunderschön gebauten Kirchen zurückzuführen. Die barocken Künstler schafften fantastische Effekte in Kunst und Architektur

Die barocke Gartenkunst will eigentlich Beides: Geometrie und Natur. Daraus entstehen zwei Gartentypen, der mathematisch genau berechnete geometrisch angelegte Garten[2] und der Landschaftsgarten[3]. Was uns aber hauptsächlich in den deutschen Gärten auffällt, sind die geometrischen Formen. Sie wirken wie ein Ruhepol zu den kurvenreichen Bauformen.

Auch Fürstenpaläste sollten in ihrer Schönheit glänzen[4]. Die barocke Kultur war eine Hofkultur. Fürstenhöfe und adlige Kreise zeigten sich in ihrer Pracht. Die gesamte barocke Kultur war eine einzigartige Prachtentfaltung. Sie diente in der Literatur, in Malerei, Skulptur und Architektur der höfischen Prunkwelt. Im Kirchenbau allerdings diente sie der katholischen Kirche.

Das Barock steckt voller Antithesen. In der ersten Hälfte des 17. Jahrhunderts wütete der schreckliche Dreißigjährige Krieg in Deutschland, der den Menschen ständig an sein Ende erinnerte. Neben dem barocken Mystiker, der in tiefster Religiosität den Weg zu Gott sucht, steht aber der weltfrohe Schelm, der das Abenteuer des Soldatenlebens genießt. Neben einer Besinnung auf das Jenseits steht der Genuß weltlicher Freuden. Die Angst vor einem frühzeitigen Tod wechselt sich ab mit einer ausgelassenen Lebensfreude, die alles Irdische ergreifen will, solange es noch ergreifbar ist. Schlagwörter für das Barock sind daher:

---

2   Vor allem in Frankreich und Deutschland
3   Vor allem in England
4   Die barocke Kunst drückt sich in den verschiedenen Ländern unterschiedlich aus. In Spanien und Portugal beschäftigte sich das Barock vor allem mit religiösen Themen.

„Memento mori", [5] eine Besinnung auf das Jenseits und

„Carpe diem"[6], der Genuß weltlicher Freuden.

„Vanitas", die Vergänglichkeit und Vergeblichkeit alles
Irdischen und

„Fortuna", die Göttin des Zufalls, denn kein menschliches
Planen regelt unser Leben.

„Fortitudo", Stärke und

„Constantia", Standhaftigkeit, besonders im Leiden.

Die Literatur drückt dieses Lebensgefühl der Zerrissenheit durch Antithesen oder Gegensätze aus. Dabei treffen wir immer wieder auf neue sprachliche Effekte, genauso wie in der Architektur immer wieder neue visuelle Effekte entstehen. Wir finden zwischen 1580 und 1680 einen literarischen Stil, der sich wie die Kunst und Architektur mit großartigen Ornamenten und Verzierungen präsentiert. Das literarische Barock, besonders in der Poesie, zeichnet sich durch Übertreibungen, abstraktes Denken und Anhäufungen von Adjektiven aus. Die Adjektive können sich - im Sinn der Antithese - auch widersprechen. Hier und da ein Oxymoron[7], und man hat ein Sprachgebilde von ganz eigenwilliger Form.

Das Leben in der Barockzeit

In den katholischen Gegenden des Südens und Süd-Ostens entstehen einzigartige Kirchen. Sie präsentieren den barocken Kunststil mit seinem Überfluss an Bewegung und Verzierung. Der Begriff der Residenzstadt kommt auf, d.h. der Landesfürst baut sein Schloss in der Stadt, von wo er residiert, und man siedelt sich um dieses Schloss herum an. Das Schloss liegt also in der Mitte der Stadt, im Gegensatz zu der mittelalterlichen Burg auf dem Berg. Das Schloss wird der Mittelpunkt des gesellschaftlichen Lebens. Die Straßen gehen sternförmig davon aus. Die Kultur blüht in jeder Residenzstadt und jede Residenzstadt hat ein Residenz- oder Hoftheater.

Die Fürsten konnten sich einen luxuriösen Lebensstil erlauben, denn sie verlangten von ihren Untertanen hohe Steuern. Manchmal verliehen sie ihre Soldaten sogar ans Ausland. Der Herzog von Kassel bekam einmal drei Millionen Pfund für die Ausleihung seiner Truppen an den englischen König.

Die kleinen Fürsten ahmten die großen nach, und alle ahmten Louis XIV. von Frankreich nach. Der französische König hatte die

---

5   „Denk an den Tod".

6   „Lebe diesen Tag so schön wie möglich".

7   [7]ein Widerspruch, zwei Begriffe, die sich logisch widersprechen, wie „kalte Glut" oder „traurigfroh"

Staatsgewalt ganz in seiner Hand. Er regierte absolut. In Deutschland bauten sich die Fürsten ihre Schlösser auf kleinstem Gebiet. Die Adligen, die sich um ihre Fürsten scharten, hatten besondere Privilegien. Die Titelsucht verbreitete sich. Bald konnte man sich sogar in den unteren Adelsstand einkaufen und damit dem Familiennamen einen Titel anhängen.

Den meisten Bauern ging es immer noch erbärmlich. Viele waren Leibeigene. Wie gering sie geschätzt wurden, beweist die wissenschaftliche Frage, die schließlich 1786 diskutiert wurde: «Können die Bauern als menschliche Wesen betrachtet werden?"

Barock in den Nachbarländern

Aus Spanien war der «Schelmenroman" gekommen. Spanien stand in seiner literarischen Blütezeit. Der Spanier Luis de Góngora hat um 1600 den barocken Stil mit einer Fülle von überraschenden Bildern überladen, dazu eine Unmenge an Fremdwörtern gebraucht und alles zusammen in eine lateinisch nachgeahmte Satzbildung gebracht. Diesen virtuosen barocken Stil fand man schön. Auch außerhalb Spaniens ahmte man ihn nach. In Deutschland nennen wir ihn «Gongorismus". Aus Italien kam zu ungefähr der selben Zeit ein ähnlicher Stil des Italieners Marino, genannt «Marinismus".

Die französische Kultur florierte in Deutschland und drang mit ihrer Sprache tief in das Leben der Deutschen ein. Zur selben Zeit ließen sich die deutschen Puristen hören, die ihre Sprache «säubern" wollten. Es entstanden zu diesem Zweck «Sprachgesellschaften".

Beispiele barocker Kunst in den Nachbarländern sind in Spanien Murillos Gemälde *Unbefleckte Empfängnis* 1660 und die Kathedrale *Santiago de Compostela*, deren Bau erst 1750 beendet wurde. In Frankreich kam das Barock nicht stark zur Blüte - mit der Gotik gar nicht zu vergleichen. Aber das Schloss *Versailles*, das 1669 begonnen wurde, ist ein schönes Beispiel eines klassisch-barocken Bauwerks. In den Niederlanden finden wir diese Kunstrichtung in Skulptur und Malerei (Rembrandt) und im protestantischen England finden wir einen gemäßigten Barockstil in den großen Landhäusern und in der *St. Pauls Kathedrale*, deren Bau 1675 begonnen wurde. In voller Pracht entfaltete sich die barocke Architektur aber in Deutschland, vor allem im Süden.

Barocke Kunst und Architektur

Der Geist der Gegenreformation spiegelt sich in der barocken Kunst und Architektur wider. In Süddeutschland baute die katholische Kirche großartige, prunkvolle und phantasievolle Gotteshäuser. Sie sollten sowohl der Ehre Gottes dienen als auch durch ihre

Schönheit die Menschen zum Gottesdienst anziehen. Diese Architektur gab den katholischen Städten Europas im 17. Jahrhundert ein ganz neues Gesicht. *Sankt Peters Basilica* in Rom stand dafür Modell. Kirchen und weltliche Residenzen wurden in diesem Barockstil gebaut.

Der Ausdruck „Barock" bezeichnet eine ganz bestimmte Kunstrichtung im 17. Jahrhundert. Wir finden starke religiöse Gefühle, viel Pathos und eine Unmenge an Dekorationen. Der Anstoß kam wohl aus Rom, breitete sich aber über Europa aus und bis in die europäischen Kolonien in Amerika und Indien.

Eingangshalle im Neuen Schloss in Meersburg am Bodensee

Zu den bedeutendsten Malern gehören Rembrandt, Rubens und Van Dyck, Poussin und Claude Lorrain, Bernini[8] und Velásquez. Sie alle lebten zwischen 1577 und 1682.

Als neue Kunstform in der Musik erschien die Oper (Monteverdi, Schütz). Gegen Ende des Jahrhunderts wurden Bach und Händel geboren, die mit ihrer kirchlichen und weltlichen Musik neue Höhen erreichten.

Der Roman aus Spanien

Der Amadís-Roman wurde ein Lieblingsbuch der Zeit und wirkte noch lange nach. Goethe schrieb ganz begeistert darüber an Schiller. Er sagte, in diesem Roman hätten wir ein Muster an höfischer Erziehung, an Anstand, gesittetem Benehmen und dem eleganten Ton der Rede.[9]

1508 war die erste Version der ritterlichen Liebesgeschichte *Amadís de Gaula* von Rodríguez de Montalvo erschienen. Der Stoff dieser Erzählung kursierte schon seit dem 13. Jahrhundert in Spanien. Er erinnert an keltische Erzählungen, wie an die Geschichten um König Artus. Amadis ist der bestaussehende, ehrlichste, treueste, galanteste aller Ritter, der fair kämpft und immer Sieger bleibt. Wie ein Leitfaden zieht sich seine Liebe zu Oriana, einer englischen Prinzessin, durch seine Kampf- und Liebesabenteuer. Erotische

---

8   Bernini war auch Bildhauer und Architekt.

9   Der Münchner Beamte Ägidius Albertinus übersetzte um 1600 eine Menge Schriften des spanischen Franziskanerbischofs Guerva, die ebenfall als Muster höfischer Erziehung galten.

Situationen werden ganz offen ausgemalt und die Reize der Liebe und die Lust am irdischen Dasein werden gefeiert. Obwohl das Thema in das späte Mittelalter passt, hören wir aber vom mittelalterlichen Lehnswesen oder Feudalismus nichts mehr. Die Monarchie beginnt eine Rolle zu spielen. Man bekommt einen Vorgeschmack auf den Absolutismus. Vielleicht war das einer der Gründe, warum der Amadís-Roman einen starken Einfluss auf die deutsche Literatur des Barock ausübte[10].

Im 17. Jahrhundert war es Spanien, dessen barocke Literatur die deutschen Schriftsteller stark beeindruckte. Man nahm sich Beispiele an Góngora, Lope de Vega und Calderón. Im 18. Jahrhundert übernahm Frankreich die Modellrolle.

Warum Spanien? Die naheliegenden Gründe sind:

a) Die Habsburger herrschten im spanischen und im deutschen Reich;

b) Spanien brachte hervorragende, reichhaltige Literatur hervor;

c) Der pikareske[11] Roman erschien zuerst in Spanien.

Die nicht so naheliegenden Gründe sind:

a) Der spanische Jesuiten-Orden betonte den Katholizismus und dadurch ganz intensive Religionsgefühle. Das fand Anklang bei den Deutschen, die sich mit dem Leben nach dem Tod beschäftigten. Man lebte ja unter den Auswirkungen des 30jährigen Krieges. Die Ermahnung „memento mori" (denk an den Tod oder bereite dich auf das Jenseits vor) gehörte zum täglichen Leben.

b) Der spanische Pikaro (der pikareske Romanheld) imponierte der lebensfrohen Seite der Menschen. Die Haltung des „carpe diem"(lebe diesen Tag so gut du kannst) war nämlich ebenso eine Auswirkung des schrecklichen Krieges. Da man nicht wusste, was der morgige Tag bringen würde, wollte man so gut wie möglich heute leben.

Spanien erlebte von der Mitte des 16. bis ins späte 17. Jahrhundert sein goldenes Zeitalter, das „Siglo de Oro". Seine Charakteristika

---

10 Andere Einflüsse kamen aus Italien (Petrarca), Frankreich (Ronsard), England (Sidney) und Holland (Grotius). Sie galten als Vorlage für Übersetzungen und Beispiele zur Nachahmung.

11 Span. *Picaro* = Schelm, Gauner. Bezeichnung für den im Spanien des 16. Jahrhunderts entstandenen Schelmenromans, der in ganz Europa beliebt wurde

hatten sich schon mehrere Jahrhunderte durch die spanischen Literatur gezogen: Heldenmotive, die Spannung zwischen Idealismus und zynischem Realismus, zeitkritische Satire neben tiefempfundenem Patriotismus und eine Mischung von Tradition und Neuem. Aber im 16. Jahrhundert war es vor allem der spanische Roman, der die Literatur der Nachbarländer beeinflusste.

Der Roman *Lazarillo de Tormes* von einem unbekannten Verfasser (1554), übte den größten Einfluß aus. Er war der erste hervorragende pikareske Roman. Nach seinem Vorbild schrieb der deutsche Grimmelshausen den ersten deutschen Schelmenroman „Simplizissimus". Ein etwas späteres spanisches Werk, das besonders die französische und englische Literatur im 18. Jahrhundert beeinflusste, war *Das Leben des Landstörtzers Guzmán von Alfarache* von Mateo Alemán (2 Bände, 1599 und 1604).

Übungen

Fragen zur Geschichte und Kultur

Die Gegenreformation

1. Die katholische Kirche richtete die Gegenreformation nicht nur gegen die Reformation, sondern hatte auch noch ein anderes, sehr wichtiges Ziel. Was wollte sie?

2. War die Gegenreformation für die katholische Kirche erfolgreich?

Der Krieg

1. Seit wann durften sich die Fürsten ihre Religion selbst wählen?

2. Was war der Zweck der Gegenreformation?

3. Wie kommt es, dass Spanien den deutschen Kaiser unterstützte?

4. Wie nennt man den Bund, den die deutschen protestantischen Fürsten schließen?

5. Welchen Bund hatte der Kaiser mit den katholischen Fürsten?

6. Wann und wo brach der Krieg aus?

7. Was passierte drei Jahre nach Ausbruch des Krieges mit den böhmischen Protestanten?

8. Warum trat Dänemark in den Krieg ein?

9. Geben Sie ein Beispiel, dass manchmal Protestanten und Katholiken auf der derselben Seite kämpften. Warum taten sie das?

Deutschland nach dem Krieg

1. Beschreiben Sie Deutschland nach dem 30jährigen Krieg.
2. Welche Länder gehörten nach dem Krieg nicht mehr zum Deutschen Reich?
3. Welcher König wurde zum Vorbild für europäische Könige und Fürsten?
4. In welcher Beziehung wurde Frankreich tonangebend in Deutschland?

Das Barock

1. Kontrastieren Sie die barocke Architektur mit der barocken Gartenkunst.
2. Suchen Sie ein anderes deutsches Wort für „Antithese".
3. Geben Sie ein Beispiel für eine Antithese in der barocken Literatur.

Das Leben in der Barockzeit

1. In welchem Teil Deutschlands findet man die meisten Barockkirchen?
2. Wo in der Residenzstadt baute der Fürst sein Schloss?
3. Wie konnten die Fürsten sich ihren luxuriösen Lebensstil erlauben?
4. Wie konnte man einen adligen Namen bekommen, auch wenn man nicht in den Adelsstand geboren worden war?
5. Wie war die Lebenslage der Bauern?

Barock in den Nachbarländern

1. Aus welchem Land kommt das Vorbild für den deutschen „Schelmenroman"?
2. Was haben „Gongorimus" und „Marinismus" miteinander zu tun?
3. Aus welchem Grund gründete man „Sprachgesellschaften"?
4. Nennen Sie ein barockes Gebäude in Spanien und eins in Frankreich.
5. Nennen Sie einen niederländischen Maler des Barock.

Barocke Kunst und Architektur

1. Welches italienische Gebäude war das Vorbild für die barocke Architektur in Deutschland?
2. Was sind charakteristische Kennzeichen der barocken Architektur?

3. Konnte man barocke Baukunst auch außerhalb Europas finden?

4. Wie heißen einige bekannte Maler des Barock?

5. Welche Komponisten haben im Stil der Barockmusik komponiert?

Der Roman aus Spanien

1. Was fand Goethe noch nach ca. 270 Jahren an dem Amadis-Roman so bewundernswert?

2. Woher wissen wir, dass Goethe von dem Amadis-Roman so begeistert war?

3. Wovon handelt der Amadis-Roman?

4. Aus welchem Grund ist die Rittererzählung des Amadis-Romans nicht mehr typisch mittelalterlich?

5. Nennen Sie drei spanische Schriftsteller, die in Deutschland sehr bewundert wurden.

6. Was sind einige Gründe dafür, dass Deutschland sich für spanische Literatur interessiert?

7. Welcher spanische Roman war das Vorbild für den deutschen pikaresken oder Schelmenroman *„Simplizissimus"*?

Etwas zum Überlegen

○ Warum finden wir in Norddeutschland so wenig barocke Architektur?

○ Warum machte Deutschland nicht ebensolche kulturellen Fortschritte wie Frankreich? Warum konnte Deutschland nicht zum Vorbild in Europa werden?

Sprache

Kleiner Rückblick

In seiner gesamten Geschichte hat die deutsche Sprache Fremd-wörter aufgenommen: In den ersten Jahrhunderten bis ins 9. Jahr-hundert war es Latein, in der höfischen Zeit das Französische.

Über die Jahrhunderte hinweg waren die ersten Wort-Importe ganz ins Deutsche assimiliert worden, wie Wein, Münzen, Straße, Kampf, Mauer, Fenster. Als die germanischen Stämme christia-nisiert wurden, kamen natürlich solche Ausdrücke ins Deutsche, die mit Kirche und Religion zu tun haben, wie: Mönch, Nonne, Abt, Kloster, Schule, schreiben. Sie klingen ganz und gar deutsch. Andere Wörter, wie z.B. solche, die aus dem Griechischen stammen, behielten ihren fremden Klang, aber wurden und werden heute noch von allen verstanden: Evangelium, Bischof, Katholik, Apostel. Sie erscheinen uns nicht fremd.

Überlebenschancen der deutschen Sprache

„Sonsten sein wir alle wohlauf und werden morgen por los años de la reyna ein comedia española halten... es una comedia española y por esto ya es mejor de todas las otras fiestas".

So schrieb der habsburgische Kaiser Leopold I. 1667 in Wien an Graf Pötting, seinen Gesandten am spanischen Hof.

An den deutschen königlichen oder kaiserlichen Hofen wurde selten Deutsch gesprochen. Seit Karl V., der von 1519 bis 1556 regierte, haben die habsburgischen Herrscher im Reich lieber eine romanische Sprache gesprochen. Karl V., der auch über Spanien herrschte, sprach lieber Spanisch. Auch während der Regierungszeit von Joseph I., 1705 bis 1711, sprach man Italienisch am Hof von Wien, und Friedrich der Große, der Preußen von 1740 bis 1786 regierte, sprach und schrieb Französisch. Unter diesen Verhältnissen muss es wohl ziemlich schwierig gewesen sein, die adligen Kreise für die Entwicklung einer kultivierten deutschen Sprache zu interessie-ren.

Im 17. Jahrhundert schaute man nach Frankreich, nach Ver-sailles, nach Paris. Dort blühte eine einzigartige Literatur, dort führte man ein vorbildliches Hofleben. Dort regierte der Sonnen-könig Louis XIV. von 1661 bis 1715 und alle deutschen Fürsten folgten seinem Vorbild. Der deutsche Adel wollte auch mitmachen. Man ahmte die französische Kultur nach, in allem, was sie zu bie-ten hatte, und vor allem in der Sprache. Aus den adligen Kreisen sickerten die neuen Ausdrücke schnell in die bürgerlichen Kreise. Allgemein üblich waren Ausdrücke wie Madame, Monsieur, Mademoiselle, Demoiselle. Sogar die Familienangehörigen waren nicht mehr Oheim, Muhme, Vetter und Base, sondern Onkel, Tante, Cousin und Cousine (Kusine). Man aß jetzt à la française sein Omelette, Frikassé, Kotelett, und durch den Garten lief eine Allée , wo die Birnen am Spalier reiften.

Die Sprachreiniger

Einerseits drang das Französische in jede Lebensphase ein, die Literatur nicht ausgenommen. Andererseits ließen sich aber auch laute Stimmen hören, die davor warnten, dass die deutsche Sprache von französischen Fremdwörtern überflutet und damit ruiniert würde. Leibnitz warnte sogar, dass das Deutsche in Deutschland ebenso verloren gehen könne wie das Angelsächsische in England. Rist schrieb sein Buch „Rettung der deutschen Sprache". Es entstanden Sprachgesellschaften wie „Die fruchtbringende Gesellschaft" in Weimar, „Die aufrichtige Gesellschaft von der Tannen" in Straßburg und andere, die sich mit dem Fremdwörter-Problem beschäftigten. Die meisten Schriftsteller des 17. Jahrhunderts gehörten einer solchen Gesellschaft an, unter ihnen Andreas Gryphius und Martin Opitz. So kommt es, dass die deutsche Literatur des 17. Jahrhunderts ziemlich frei von fremden Einflüssen ist. Für viele Lehnwörter, die sich schon ganz im Deutschen etabliert - oder festgesetzt- hatten, wurden neue deutsche Synonyme erfunden. Heutzutage existieren oft beide Ausdrücke nebeneinander:

Lehnwort	Deutsches Wort
Adresse	Anschrift
Moment	Augenblick
Korrespondenz	Briefwechsel
Teleskop	Fernglas
Dialekt	Mundart
Tragödie	Trauerspiel
Grammatik	Sprachlehre
Labyrinth	Irrgarten

Worterfindungen wie diese hatten Erfolg. Andere waren so grotesk oder komisch, dass sie unmöglich überleben konnten: die Nase wurde ein *Gesichtserker*, Fieber wurde das *Zitterweh* und das Nonnenkloster sollte *Jungfernzwinger* heißen. Die Sprachenreiniger waren in ihrem Enthusiasmus zu weit gegangen, wenn sie Wörter wie Nase und Fieber verbannen wollten, die schon seit althochdeutscher Zeit im deutschen Sprachgebrauch waren.

Die Grammatiker

Unter den Grammatikern dieser Zeit hatte Wolfgang Ratichius (1571-1635) mit seinen bahnbrechenden Ideen einen Erfolg. Er meinte nämlich, dass die deutsche Grammatik an allen Grundschulen gelehrt werden sollte. Erstens könnte man mit guten deutschen Grammatikkenntnissen eine Fremdsprache leichter lernen und zweitens wäre damit der Traum einer einheitlichen deutschen Sprache zu verwirklichen. 1612 wurde die Grammatiklehre in den Grundschulklassen einiger deutscher Länder eingeführt.

Immer mehr Grammatiker machten sich hörbar, bis schließlich der bekannteste unter ihnen, Johann Christoph Gottsched (1700-66) internationalen Ruhm erlangte. Seine Grammatik hieß: „Grundlegung einer Deutschen Sprachkunst, nach den Mustern der besten Schriftsteller des vorigen und jetzigen Jahrhunderts". Dieses Buch erschien 1748 und wurde auf Holländisch, Französisch, Ungarisch, Lateinisch und Russisch übersetzt.[12]

Die barocke Literatursprache

In deutschen Literaturgeschichten nennt man die Periode von 1600-1700 „barock". Der Ausdruck „barock", der zuerst einen besonderen Architekturstil bezeichnete, bezieht sich in der Literatur auf die typische Sprache dieser Zeit: verziert, metaphorisch, bombastisch-übertrieben, voller Parallelen und Antithesen und sehr phantasievoll. Man sucht nach Ausdrucksweisen, die noch kein anderer gebraucht hat. Alltägliche Ausdrücke wurden nicht geduldet. Der Mond wurde zur *Kammermagd der Sonne*, eine Perle war ein *Muschelkind* und die Brust einer Frau war das *Zeughaus süßer Lust*. Man baute sich neue Komposita zusammen, wie: *Lilienbrüste* und *Korallenmund, Augenstrahl, Seelenschatz* und *Schwanenschnee*. Besonders beliebt wurden Zusammensetzungen von Adjektiven, die ganz verblüffende Bilder hervorbrachten: *rasendtoll* und *schwarzgewölkt* oder partizipienartige Adjektive wie *bepalmt* und *beschaumt*.

Gab es gegen solche linguistischen Eskapaden Kritik? Ganz sicher. Das ändert aber wenig an der Tatsache, dass die barocke Periode beweisen konnte, dass das Deutsche ein echtes Potential hatte, sich zu einer vielseitigen und flexiblen Kunstsprache[13] zu entwickeln.

---

12 Es gab noch viele andere Grammatiker, die sich alle auf ihre eigene Weise um eine standardisierte deutsche Sprache bemühten, die international neben anderen Literatursprachen als ebenbürtig anerkannt werden sollte. Unter ihnen waren Christian Gueintz, Justus Georg Schottel, Johann Bödiker, Hieronymus Freyer, Johann Christoph Adelung und andere.

13 Diese Sprache hat der deutschen Literatur zu Weltruhm verholfen.

Übungen

Fragen zur Sprache

Kleiner Rückblick

1. Welche beiden Fremdsprachen haben das Deutsche stark beeinflusst? Wann war das?

Überlebenschancen der deutschen Sprache

1. Warum schrieb Kaiser Leopold I. in Wien seinen Brief nicht ganz auf deutsch?
2. Geben Sie vier Beispiele, die zeigen, dass das französische Wort das deutsche Wort aus der alltäglichen Sprache verdrängt hat.

Die Sprachreiniger

1. War man in allen deutschen Kreisen damit zufrieden, dass das Französische einen so großen Einfluss auf die deutsche Sprache ausübte? Begründen Sie Ihre Antwort.
2. Was für eine Aufgabe hatten sich die Sprachgesellschaften gesetzt?
3. Warum haben sich viele Worterfindungen der Sprachreiniger nicht durchgesetzt?
4. Nennen Sie zwei Wort-Neuschöpfungen, die sich erhalten haben und zwei, die nicht überlebt haben.

Die Grammatiker

1. Wozu soll das Lernen der Grammatik gut sein?
2. Seit wann gibt es Grammatikunterricht in einigen deutschen Schulen?
3. Woher wissen wir, dass sich im nächsten Jahrhundert auch das Ausland für deutsche Grammatik interessierte?

Die barocke Literatursprache

1. Warum haben barocke Dichter oft so ganz ausgefallene, selbstgemachte Ausdrücke gebraucht?
2. Welchen Ausdruck findet man in der Barockliteratur für den Mond und die Perle?

Etwas zum Nachdenken

✪ Warum haben die deutschen Königs- und Kaiserhöfe den Deutschen kein sprachliches Vorbild gegeben?

✪ Warum waren „Straße" und „Fenster" ursprünglich keine deutschen Wörter?

Literatur

Roman

Hans Jakob Christoffel von Grimmelshausen (1621-1676)

Wir kennen ihn vor allem durch seinen Roman *Simplizius Simplizissimus*. Manche nennen ihn einen pikaresken Roman[14] oder Schelmenroman, andere einen Entwicklungsroman, der an *Parzival* erinnert. Er ist der erste deutsche Prosaroman, der in der Ich-Form geschrieben ist.

Simplizius ist ein naiver Bauernjunge, der im Dreißigjährigen Krieg aufwächst. Es ist ein Leben voller Gefahren und Unbeständigkeit. Eines Tages rauben rauhe Soldaten ihm seine Eltern und sein Heim. Ein Einsiedler lehrt ihn an Gott glauben (ähnlich wie im *Parzival*). Gegensätze, so typisch für das Barock, ziehen sich durch den ganzen Roman: Sein Soldatenleben und seine Ehe, wilde Liebe und Kriegsgefangenschaft, Heirat und Verlust von Frau und Kind, das Böse (Olivier) und der gute Freund (Herzbruder), seine Bekanntschaft mit dem Seeprinzen, was an ein Märchen anklingt, und seine Weltklugheit, sein Drang, das Leben voll zu genießen, und schließlich sein Leben als Einsiedler, das er nur Gott und seinem Seelenheil widmet.

Zum Teil ist der Roman autobiographisch. Als Grimmelshausen selbst 12 Jahre alt war, raubten ihn wahrscheinlich kroatische Truppen. Im Wirbel des Dreißigjährigen Kriegs kämpfte er mal auf katholisch-kaiserlicher Seite, mal als protestantisch-schwedischer Soldat. Grimmelshausen hat seine eigenen Erlebnisse und andere Geschichten, die er kannte, im *Simplizissimus* verschmolzen. Daraus wurde der Erlebnisroman eines Menschen, der nach einem wilden Leben voll weltlicher Lust und großen Abenteuern zu Gott findet.

Aus dem *Simplizissimus*:

> Obwohl ich den friedliebenden Leser nicht gern mit folgenden Ereignissen bekannt mache — denn es ist gar zu schlimm dabei hergegangen, — so erfordert meine Lebensgeschichte, daß ich der Posterität hinterlasse, was für ganz unerhörte Grausamkeiten in diesem unsern Teutschen Krieg verübet worden, zumal ich es mit meinem eigenen Exempel bezeugen kann.

---

14 Aus dem Spanischen „picaro", der Schelm. Vorbild war *Lazarillo de Tormes*, 1554, Autor unbekannt.

Das erste, was die wilden Reiter taten (als sie zum Hofe kamen), war, dass sie ihre Pferde in den Zimmern unseres Hauses einstellten; dann ging ein jeder an seine eigene, sonderbare Arbeit, deren jede lauter Schrecken und Verderben für uns bedeutete. Einige der Soldaten fingen an zu schlachten, zu sieden und zu braten, als ob sie ein Bankett halten wollten. Andere durchstürmten das Haus von oben bis unten, krochen in alle Winkel, um Beute zu machen. Wieder andere packten zusammen, was ihnen von Kleidern, Leinen und Hausgerät unter die Finger kam. Was sie nicht einpacken konnten, zerschlugen sie. Sie durchstachen Heu und Stroh mit ihren Degen, schlugen Öfen und Fenster ein, verbrannten Betten, Tische, Stühle und Bänke und zerbrachen Schüsseln und Gläser.

Unsere Magd misshandelten sie so fürchterlich, dass sie nicht mehr gehen konnte. Unseren Knecht legten sie gebunden auf die Erde, zwängten ein Stück Holz in seinen Mund und schütteten ihm dann einen Kübel schmutziges Wasser in den Leib. Das nannten sie einen «schwedischen Trunk».

Sie folterten die armen Bauern, als ob es Hexen und Teufel wären. Einen von ihnen steckten sie in den Backofen und zündeten Feuer hinter ihm an. Einem andern schlangen sie ein Seil um den Kopf und zogen es immer fester zu, dass er anfing, aus Mund und Nase und Ohren zu bluten. Mein Pflegevater kam noch am besten davon — so dachte ich dummer Junge — weil er mit lachendem Munde bekannte, was andere mit Schmerzen und Wehklagen sagen mussten. Sie setzten ihn nämlich zu einem Feuer, banden ihn, dass er weder Hände noch Füße regen konnte, und rieben seine Fußsohlen mit feuchtem Salz. Das musste ihm unsere alte Geiß wieder ablecken, was ihn so furchtbar kitzelte, dass er fast vor Lachen starb. Mir kam die Sache gar lustig vor — denn ich hatte meinen Pflegevater noch nie so lachen hören — dass ich gesellschaftshalber, weil ich's nicht besser verstand, von Herzen mitlachte. In solchem Gelächter bekannte er nun, wo seine Schätze verborgen waren, und die Soldaten fanden viel mehr an Gold, Perlen und anderen

Schmuckstücken, als sie bei einem Bauern gesucht hätten.

Wohl noch schlechter ging es den Frauen und Mädchen. Mitten in diesem Elend blieb ich unbekümmert. Ich verstand ja noch nicht, was das alles bedeutete. Am Nachmittag half ich sogar den Reitern die Pferde tränken. Dabei kam ich auch einmal zu unserer Magd in den Stall. Ich erkannte sie fast nicht mehr. Mit zitternder, gebrochener Stimme flehte sie mich an. „O Bub, lauf weg, sonst nehmen dich die Reiter mit! Du siehst ja, wie schlecht es uns allen geht". Dann konnte sie nicht mehr sprechen. Da lief ich fort und versteckte mich im Walde.

Simplizissimus gelingt es zu fliehen. Er kommt zu einem Einsiedler, der ihn freundlich aufnimmt:

Einsiedler: Wie heißt du?
Simplicius: Ich heiße Bub.
Eins.:   Ich sehe wohl, dass du kein Mägdlein bist, wie hat dir aber dein Vater und Mutter gerufen?
Simpl.:   Ich habe keinen Vater oder Mutter gehabt.
Eins.:   Wer hat dir denn das Hemd geben?
Simpl.:   Ei, mein Meuder.
Eins.:   Wie heißt[15] dich denn dein Meuder?
Simpl.:   Sie hat mich Bub geheißen, auch Schelm, ungeschickter Tölpel und Galgenvogel.
Eins.:   Wer ist denn deiner Mutter Mann gewesen?
Simpl.:   Niemand.
Eins.:   Bei wem hat denn dein Meuder des Nachts geschlafen?
Simpl.:   Bei meinem Knan.
Eins.:   Wie hat dich denn dein Knan geheißen?
Simpl.:   Er hat mich auch Bub genannt.
Eins.:   Wie hieß aber dein Knan?
Simpl.:   Er heißt Knan.
Eins.:   Wie hat ihn aber dein Meuder gerufen?
Simpl.:   Knan, und auch Meister.
Eins.:   Hat sie ihn niemals anders genannt?

---

15 nennt

Simpl.: Ja, sie hat.

Eins.: Wie denn?

Simpl.: Rülp, grober Bengel, volle Sau, und noch wohl anders, wenn sie mit ihm schimpfte.

Eins.: Du bist wohl ein unwissender Tropf, dass du weder den Namen deiner Eltern noch deinen eignen Namen weißt!

Simpl.: Ei, du weißt es doch auch nicht.

Eins.: Kannst du auch beten?

Simpl.: Nein, unser Ann und mein Meuder haben immer das Bett gemacht.

Eins.: Ich frage nicht hiernach, sondern ob du das Vaterunser kannst?

Simpl.: Ja, ich.

Eins.: Nun so sprich's denn.

Simpl.: Unser lieber Vater, der du bist Himmel, heiliget werde Nam, zu kommes d'Reich, dein Will scheh Himmel ad Erden, gib uns Schuld, als wir unsern Schuldigern geba, führ uns nicht in kein bös Versucha, sondern erlös uns von dem Reich, und die Kraft, und die Herrlichkeit, in Ewigkeit, Ama.[16]

Eins.: Bist du nie in die Kirchen gegangen?

Simpl.: Ja, ich kann gut klettern, und hab mir oft Kirschen vom Baum geholt.

Eins.: Ich sage nicht von Kirschen, sondern von der Kirchen.

Simpl.: Haha, Kriechen; das sind so kleine Pfläumlein?

Eins.: Ach dass Gott walte, weißt du nichts von unserm Herrn Gott?

Simpl.: Ja, er ist daheim an unserer Stubentür gestanden, mein Meuder hat ihn von der Kirchweih[17] mitgebracht und hingeklebt.

Eins.: Höre du Simpl (denn anders kann ich dich nicht nennen), wenn du das Vaterunser betest, so musst du also sprechen:

---

16 Das Aufsagen des Gebets zeigt, dass Simplizissimus nichts versteht von dem, was er sagt.

17 Kirchenfest

Vater unser, der du bist im Himmel, geheiligt werde dein Name, dein Reich komme, dein Wille geschehe auf Erden wie im Himmel. Unser täglich Brot gib uns heut, und —

Simpl.: Gelt du, auch Käse dazu?

Eins.: Ach liebes Kind, schweige und lerne, solches ist dir viel nötiger als Käse. Wüsste ich nur, wo deine Eltern wohnten, so wollte ich dich gerne wieder hinbringen, und sie zugleich lehren, wie sie Kinder erziehen sollten.

Simpl.: Ich weiß nicht, wo ich hin soll — unser Haus ist verbrannt, und mein Meuder und mein Knan sind weg, und unser Magd ist krank gewesen, und ist im Stall gelegen.

Eins.: Wer hat denn das Haus verbrannt?

Simpl.: Ha, es sind so eiserne Männer gekommen, die sind so auf Dingern gesessen, groß wie Ochsen, haben aber keine Hörner, dieselben Männer haben Schafe und Kühe und Säue gestochen, und da bin ich auch weggelaufen, und da ist danach das Haus verbrannt gewesen.

Eins.: Wo war denn dein Knan?

Simpl.: Ha, die eisernen Männer haben ihn angebunden, da hat ihm unsere alte Geiß[18] die Füß geleckt, da hat mein Knan lachen müssen, und hat denselben eisernen Männern alles gegeben, was sie wollten.

Eins.: Wann ist dies geschehen?

Simpl.: Ei, als ich die Schafe hüten sollte.

Eins.: Wann hast du die Schaf hüten sollen?

Simpl.: Ei, hörst du's nicht, da die eisernen Männer gekommen sind, und danach hat unsere Ann gesagt, ich soll auch weglaufen, sonst würden mich die Krieger mitnehmen, sie hat aber die eisernen

18 Ziege

	Männer gemeint, und da bin ich wegge- laufen, und bin hierher gekommen.
Eins.:	Wo hinaus willst du aber jetzt?
Simpl.:	Ich weiß nicht, ich will bei dir hier blei- ben.
Eins.:	Dich hier behalten kann ich nicht. Iss, dann will ich dich wieder zu Leuten führen.
Simpl.:	Ei, so sag mir denn auch, was Leute für Dinger sind?
Eins.:	Leute sind Menschen wie ich und du, dein Knan, dein Meuder und euere Ann sind Menschen, und wenn von denen viel beieinander sind, so werden sie Leute genannt.
Simpl.:	Haha.
Eins.:	Nun geh und iss. Dies war unser Diskurs, unter welchem mich der Einsiedel oft mit den allerti- efsten Seufzern anschaute.

In einer Fortsetzung des Romans wird Simplizissimus schiffbrüchig und lebt auf einer einsamen Insel.
Eines Tages landet dort ein holländischer Schiffska-
pitän und bietet Simplizissimus an, ihn nach Europa
zurück zu nehmen. Simplizissimus entschließt sich
aber zu bleiben:

Hier ist Friede; dort ist Krieg; hier weiß ich nichts von
Hoffart, vom Geiz, vom Zorn, vom Neid, vom Eifer,
von Falschheit, von Betrug, von allerhand Sorgen
sowohl um Nahrung und Kleidung als um Ehre und
Reputation; hier ist eine stille Einsamkeit ohne Zorn,
Streit und Zank, eine Sicherheit vor eitlen Begierden,
eine Festung wider alles unordentliche Verlangen,
ein Schutz wider die vielfältigen Stricke der Welt und
eine stille Ruhe, darin man dem Allerhöchsten allein
dienen, seine Wunder betrachten und ihn loben und
preisen kann.

Lyrik

Martin Opitz (1597-1639)

Er war Dichter und Literaturtheoretiker. Er ist dafür bekannt, dass er der deutschen Dichtkunst Regeln gegeben hat. 1629 wurde er Mitglied der „Fruchtbringenden Gesellschaft", der größten Sprachgesellschaft des Barocks, die sich damit befasste, die deutsche Sprache zu reformieren und vor allem von französischen Einflüssen zu „reinigen". Sein einflußreiches *Buch von der deutschen Poeterey* stellte Regel auf für die Reinheit der Sprache, den Stil, die Verse und Reime in der Dichtkunst. Eine betonte Silbe in der natürlichen Umgangssprache musste z.B. auch eine betonte Silbe im Vers sein. Damit war die natürliche Betonung im Gedicht eingeführt.

In seinem *Buch von der deutschen Poeterey* wollte Opitz beweisen, dass die deutsche Sprache und Literatur auf dem selben Rang stünde wie die seiner Nachbarn. Deutschland könne „so gut wie irgendein anderer Ort unter der Sonne" erstklassige Poesie hervorbringen. Außerdem ginge die deutsche Dichtkunst weit in die Geschichte zurück, denn

> „ *...Tacitus meldet, auch der alten Cimbrer[19] und Dänen ebenmäßiger Gebrauch, die von ihren Helden schöne und geistreiche Lieder erdichtet haben, deren nicht wenige von alten Jahren her in Dänemark noch vorhanden sind und von vielen gesungen werden*".

Andreas Gryphius (1616-1664)

Seine Lyrik drückt das gesamte schreckliche Kriegserlebnis aus. Sie ist düster und schwermütig. Gryphius war erst zwei Jahre alt, als der Krieg begann. Seine Eltern starben früh und er floh nach Holland, dann Frankreich und Italien. In seinen Gedichten beschreibt er ein Leben, das von brutalen Gewalten und sinnlosen Zufällen regiert ist, das unberechenbar ist und sich immerzu wandelt, wo ein ständig lauernder Tod den Menschen plötzlich aus dem höchsten irdischen Glück wegreißt. Seine lyrische Sprache, die sich manchmal in ein großes Pathos steigert, findet endlose Gleichnisse und Kontraste. Und über allem liegt ein Gefühl der Dunkelheit und der Traurigkeit:

---

19 Die Kimbern, ein germanisches Volk, aus Jütland, zogen mit Teutonen durch Böhmen, SW Deutschland und Gallien, wo sie mehrfach über die Römer siegten. Sie zogen weiter nach Spanien. Zuletzt wurden sie in Italien, 101 B.C., von Marius vernichtet.

Die Herrlichkeit auf Erden
Muss Rauch und Asche werden,
Kein Fels, kein Erz kann stehn.
Dies, was uns kann ergetzen[20],
Was wir für ewig schätzen,
Wird als[21] ein leichter Traum vergehn.

Es ist alles eitel (1643)

Du siehst, wohin du siehst, nur Eitelkeit auf Erden.
Was dieser heute baut, reißt jener morgen ein.
Wo jetzund[22] Städte stehn, wird eine Wiese sein,
auf der ein Schäferskind wird spielen mit den Herden.

Was jetzund prächtig blüht, soll bald zertreten werden;
was jetzt so pocht und trotzt[23], ist morgen Asch' und Bein[24];
nichts ist, das ewig sei, kein Erz, kein Marmorstein.
Jetzt lacht das Glück uns an, bald donnern die Beschwerden.

Der hohen Taten Ruhm muß wie ein Traum vergehn.
Soll denn[25] das Spiel der Zeit, der leichte[26] Mensch, bestehn?
Ach, was ist alles dies, was wir für köstlich achten,

als schlechte Nichtigkeit[27], als Schatten, Staub und Wind,
als eine Wiesenblum', die man nicht wieder findt!
Noch[28] will, was ewig ist, kein einzig Mensch betrachten.

---

20 erfreuen
21 wie
22 jetzt
23 schlägt und kämpft
24 Knochen
25 dann
26 unwichtig
27 einfach nichts
28 zu dieser Zeit

Christian Hofman von Hofmannswaldau (1618-1679)

Seine überladene Sprache und der Bilderreichtum, seine ausgefallenen Vergleiche zeigen den Einfluss des schwülstigen Stils des Spaniers Gongora und des Italieners Marino.

> **Vergänglichkeit der Schönheit (1695)**
>
> Es wird der bleiche Tod mit seiner kalten Hand
> dir endlich mit der Zeit um deine Brüste streichen,
> der liebliche Korall der Lippen wird verbleichen;
> der Schultern warmer Schnee wird werden kalter Sand.
>
> Der Augen süßer Blitz, die Kräfte deiner Hand,
> für welchen solches fällt[29], die werden zeitlich[30] weichen[31].
> Das Haar, das jetzund kann des Goldes Glanz erreichen,
> tilgt endlich Tag und Jahr als ein gemeines Band[32].
>
> Der wohlgesetzte[33] Fuß, die lieblichen Gebärden,
> die werden teils zu Staub, teils nichts und nichtig werden,
> dann opfert keiner mehr der Gottheit deiner Pracht.
>
> Dies und noch mehr als dies muß endlich untergehen.
> Dein Herze kann allein zu aller Zeit bestehen,
> dieweil[34] es die Natur aus Diamant gemacht.

Religiöse Dichtung

Friedrich von Spee (1591-1635)

Er war Jesuit. Sein Leben lang kämpfte er gegen den Wahnsinn der Hexenprozesse. Liebevoll pflegte er Pestkranke. Liebevoll behandelt er auch die Natur in seinen Gedichten. Mit mystischer Hingabe wendet er sich zu Gott. Dabei wechseln schöne Naturbilder einander ab mit Schmerz und Seligkeit.

Vierzehn Jahre nach seinem Tod veröffentlichte man seine Gedichtsammlung *Trutznachtigal*. In einem dieser Gedichte spricht von Spee zu Jesus in einem ganz persönlichen Ton:

---

29 vor welchen so viel niederfällt
30 wenn es an der Zeit ist
31 fliehen, entweichen
32 die Zeit wird das Haar vernichten wie ein gewöhnliches Band
33 zierlich, wohlgeformt
34 da, weil

Eya lasset uns spatzieren[35]
JESU viel geliebter mein
Weil die gärten sich nun zieren
Weil die Blümlein offen seyn[36]
Weil die grüne Wiesen lachen
Weil die pflanzen voller zweig
Weil die vögel nester machen
Kinderbettlein zart und weich.

In seinem *Traurgesang von der Not Christi*[37] *am Ölberg in dem Garten*[38] spricht Jesus zu Gott und der Mutter Maria. Von Spee scheint sich selbst in Jesus hineinzuversetzen, wenn er mit ganz menschlicher Verzweiflung und Angst an sein Ende denkt.

Ach Vater, liebster Vater mein.
Und muss den Kelch ich trinken?
Und mags[39] denn ja nit[40] anders sein,
Mein Seel nit lass versinken.

Ade[41], ade zu guter Nacht,
Maria, Mutter milte![42]
Ist niemand, der dann mit mir wacht
In dieser Wüsten[43] wilde?

Lieder

Paul Gerhardt (1607-1676)

Er war Protestant. Er war vielleicht der größte protestantische Liederdichter nach Luther. Sein Verhältnis zu Gott zeigt keine mystischen Züge. Gerhardt zeigt einen festen Glauben an die Gnade Gottes und ein gesundes Verhältnis zum irdischen Dasein. Der problematische Dualismus zwischen Jenseits und Diesseits, zwischen Seelenheil und Leben auf Erden sind ihm fremd. In seinen Liedern klingt oft eine rührende, kindliche Fröhlichkeit am Dasein und eine Freude und Zuversicht, die, im Angesicht des Dreißigjährigen

---

35 spazieren. Die Rechtschreibregeln sind noch nicht festgesetzt.
36 sind
37 Genitiv von Christus
38 Markus 14:32-36.
39 mag es, kann es
40 nicht
41 Aus dem Französischen, Adieu = à Dieu = zu Gott = Auf Wiedersehen
42 mild
43 Wüste

Kriegs, einfach ergreifend ist. Mitten in dieser schrecklichen Zeit zieht sich durch seine Lieder ein Trostgedanke:

«es muss doch besser werden,
denn wir sind in Gottes Hand".

Aus dem *Neujahrsgesang* spricht die Überzeugung, dass Gott alles zum Guten kehren wird:

Nun lasst uns gehn und treten
Mit Singen und mit Beten
Zum Herrn, der unserm Leben
Bis hierher Kraft gegeben.

Wir gehn dahin und wandern
Von einem Jahr zum andern:
Wir leben und gedeihen
Vom alten zu dem Neuen.

Denn wie von treuen Müttern
In schweren Ungewittern
Die Kindlein hier auf Erden
Mit Fleiß bewahret[44] werden

Also auch, und nichts minder,
Lässt Gott ihm seine Kinder,
Wenn Not und Trübsal blitzen,
In seinem Schoße sitzen.

Gelobt sei deine Treue,
Die alle Morgen neue!
Lob sei den starken Händen,
Die alles Herzleid wenden!

Aus seinem *Abendlied:*

Breit' aus die Flüglein beide,
O Jesu, meine Freude,
Und nimm dein Küchlein ein[45]:
Will Satan mich verschlingen,
So lass die Engel singen,
Dies Kind soll unverletzt sein.

---

44 verschont
45 Beschütze dein kleines Küken

Volkslied

Es ist ein Schnitter, heißt der Tod

Es ist ein Schnit-ter, der heißt Tod, hat G'walt vom gro-ßen Gott. Heut wetzt er das Mes-ser, es schneid't schon viel bes-ser, bald wird er drein-schneiden, wir müs-sens nur lei-den. Hüt dich, schön's Blü-me-lein!

2. Was heut' noch grün und frisch dasteht,
Wird morgen schon hinweg gemäht:
Die edlen Narzissen,
Die Zierden der Wiesen,
Die schön' Hyazinthen,
Und türkischen Winden.
Hüt dich, schön's Blümelein!

3. Viel hunderttausend ungezählt,
Was nur unter die Sichel fällt:
Ihr Rosen, ihr Lilien,
Euch wird er austiligen,
Auch die Kaiserkronen,
Wird er nicht verschonen.
Hüt dich, schön's Blümelein!

4. Das himmelfarbe Ehrenpreis,
Die Tulipanen gelb und weiß,
Die silbernen Glocken,
Die goldenen Flocken,
Sinkt alles zu Erden:
Was wird draus werden?
Hüt dich, schön's Blümelein!

5. Ihr hübsch Lavendel, Rasmareien,
Ihr vielfarbigen Röselein,
Ihr stolzen Schwertlilien,
Ihr krausen Basilien,
Ihr zarten Violen,
Man wird euch bald holen.
Hüt dich, schön's Blümelein!

Der Text dieses Liedes wurde auf einem fliegenden Blatt von 1638 gefunden. Die Melodie dazu komponierte im selben Jahr der Augsburger Hofprediger und Professor Jacob Balde[46].

---

46 Spätere Melodien wurden von Felix Mendelssohn-Bartholdy (1809-1847) und Robert Schumann (1810-1856) komponiert.

Übungen

Roman

Von Grimmelshausen

Fragen

1. Wie kann man den *Simplizissimus* mit *Parzival* vergleichen?
2. Was für eine Rolle spielt der Einsiedler im *Simplizissimus*?
3. Wo finden wir Simplizissimus am Ende seines Lebens?
4. Nennen Sie einige barocke Gegensätze im Leben des Simplizissimus.
5. Warum war von Grimmelshausen sehr gut in der Lage, über den Krieg zu schreiben?

Simplizius Simplizissimus

A. Stellen Sie jemandem in der Klasse die folgenden Fragen:
   1. Was die Reiter am Hof machten (nur 3-4 Beispiele).
   2. Was die Reiter mit dem Vater von Simplizissimus taten.
   3. Was die Magd zu Simplizissimus sagte.
   4. Wohin Simplizissimus floh.
   5. Drei Fragen, die der Einsiedler dem Simplizissimus stellt.
B. Schreiben Sie eine kurzen Bericht über eins der folgenden Themen:
   1. Simplizissimus in seiner Jugend.
   2. Simplizissimus beim Einsiedler.

Lyrik

Martin Opitz

Fragen

1. Was für Regeln legte Opitz in seinem *Buch von der deutschen Poeterey* fest?
2. Was für eine Aufgabe hatten sich die barocken Sprachgesellschaften gesetzt?
3. Woran erkennen wir, dass Opitz auf die deutsche Dichtkunst stolz war?

Andreas Gryphius

Aufgabe

Suchen Sie in den beiden Gedichten von Gryphius, „Die Herrlichkeit auf Erden" und „Es ist alles eitel", Ausdrücke für folgende Bilder:

a. Vergänglichkeit und Verwesung

b. das Leben ist unberechenbar

c. das Leben fliegt ganz schnell vorbei

d. aller Ruhm ist eitel

e. Düsternis

f. Antithesen

Christian Hofmann von Hofmannswaldau

Aufgabe

In dem Gedicht „Vergänglichkeit der Schönheit" von Hofmannswaldau suchen Sie

a) Antithesen

b) Ausdrücke der Vergänglichkeit

Religiöse Dichtung

Friedrich von Spee

„Eya, lasset..."

1. Welche Jahreszeit ist es in diesem Gedicht? Warum meinen Sie das?

2. Wozu fordert er Jesus auf?

3. Was für eine Stimmung liegt über diesem Gedicht?

„Ach Vater, ..."

1. In welcher Zeile lesen wir, dass Jesus sein Schicksal hinnimmt?

2. Wo lesen wir, dass Jesus Angst vor dem Ende hat?

3. Finden Sie in diesem Gedicht übertriebene Sprache und seltsame Wortschöpfungen?

Etwas zum Überlegen

✿ Was ist wohl der Grund dafür, dass Blümlein und Wiesen und Kinderbettlein groß geschrieben, aber Gärten, Pflanzen und Vögel klein geschrieben sind?

Lieder

Paul Gerhardt

Neujahrsgesang

1. Wo finden Sie Gerhardts festen Glauben an Gottes Güte?
2. Welche Stellen in diesem Gedicht erscheinen Ihnen optimistisch?

Abendlied

1. An wen ist dieses Lied gerichtet?
2. Worin besteht die Bitte in diesem Lied?

Volkslied

Es ist ein Schnitter, heißt der Tod

Fragen

1. Warum passt dieses Lied sehr gut in die Zeit des Dreißigjährigen Kriegs?
2. Wo lesen wir, dass der Tod keinen Unterschied macht, wen er holt.

Aufgabe

Schreiben Sie in fünf Sätzen, wovon dieses Lied erzählt.

Ewas zum Nachdenken

✿ Welcher der barocken Dichter, über die Sie jetzt gelesen haben, wurde wohl in den meisten deutschen Familien am bekanntesten? Woran kann das liegen?

✿ Bei welchem barocken Dichter finden Sie am wenigsten Zerrissenheit und Antithetik?

Zeittafel

1600 Der Philosoph und ehemalige Dominikaner Giordano Bruno hatte mit der Kirche gebrochen und das kopernikanische Weltbild in seine pantheistische Weltanschauung übernommen. Er wird in Rom als Ketzer verbrannt.

1602 Spanien und Portugal erlauben keine holländischen Schiffe in ihren Häfen - aus Angst um die Vorherrschaft in den Kolonialgebieten.

Die Niederlande gründen die Ostindienkompanie, die erste moderne Aktiengesellschaft.

El Greco ist auf der Höhe seines Schaffens und führt die spanische Malerei zur Weltgeltung.

1605 Miguel de Cervantes schreibt seinen gesellschaftskritischen Ritterroman *Don Quixote*[47].

1609 Im „Majestätsbrief" erkennt Kaiser Rudolf II. (ein Habsburger) in Böhmen die Rechte der nicht-katholischen Gruppen an, d.h. sie haben volle Religionsfreiheit und dürfen sich kirchlich und politisch organisieren.

1615 In Frankreich gibt es neue Aufstände des Adels und der Hugenotten.

1616 Die Kirche verdammt die Lehren von Kopernikus und Galilei. Galilei verspricht, der Kirche zu gehorchen.

William Shakespeare stirbt.

1618 Der „Majestätsbrief" wird gebrochen und zwei kaiserliche Räte waren in Prag aus dem Fenster geworfen. Die erste Phase des 30jährigen Kriegs beginnt.

1624 Cardinal Richelieu übernimmt die Staatsführung in Frankreich. Er verbündet sich mit England und den Niederlanden gegen Spanien.

1627 Die erste deutsche Oper *Daphne* von Heinrich Schütz wird in Torgau uraufgeführt.

1630 Johannes Kepler, Entdecker der Gesetze der Planetenbewegung, stirbt.

1632 Galilei diskutiert die Vorteile des kopernikanischen Weltbildes. Im folgenden Jahr verurteilt die Inquisition ihn als Ketzer. Er wird eingesperrt und stirbt 1642 als Gefangener.

1635 Der spanische Dichter Lope de Vega stirbt[48].

1637 Der französische Mathematiker und Philosoph Descartes begründet die analytische Geometrie.

1641 Van Dyck stirbt, neben Rubens der bedeutendste flämische Barockmaler.

1648 Im Rathaus von Münster in Westfalen wird der *Westfälische Friede* geschlossen. Der 30jährige Krieg ist zu Ende.

1651 Deutsche Gelehrte gründen die Akademie der Naturforscher, unter ihnen die Dichter Grimmelshausen, Gryphius und von Logau.

1660 Der spanische Maler Velázquez stirbt.[49]

---

47 *Don Quixote* ist eine Parodie auf die überholten Ideale des Rittertums und ein Spiegel der Zeit im niedergehenden Spanien.

48 Lope de Vega war Priester und führte ein sehr ausschweifendes Leben. Mit seinen 1500 Theaterstücken (500 davon erhalten) wurde er der Begründer des spanischen Nationaltheaters. Seine Theaterstücke werden immer noch auf deutschen Bühnen aufgeführt.

49 Neben Goya und El Greco der bedeutendste spanische Maler

1667 Der französische König Louis XIV. beginnt seine Eroberungskriege gegen die spanischen Niederlande. Er sagt, Spanien habe keine rechtlichen Erbansprüche auf die Niederlande.

1669 Der norddeutsche Hansebund löst sich auf.

1670 In Frankreich wirken die Theaterdichter Molière und Racine.

1679 In Berlin wird der Botanische Garten gegründet und in Hamburg das erste deutsche Opernhaus und das erste deutsche Kaffeehaus.

1685 Louis XIV. hebt das Edikt von Nantes[50] auf. Hunderttausende von Hugenotten fliehen nach Deutschland, Holland und England.

1687 Isaac Newton schreibt seine *Principia Mathematica Philosophiae Naturalis*. Der englische Physiker und Mathematiker gilt als Begründer der theoretischen Physik und der Naturwissenschaft der Neuzeit.

1692 Hexenverfolgungen in Salem, Massachusetts, erreichen ihren Höhepunkt.

---

50 1598 hatte der französische König Henri IV. Religionsfreiheit versprochen.

VII

Die Aufklärung
18. Jahrhundert

J.S. Bach spielt vor Friedrich II. in Potsdam im Jahre 1747

Geschichte und Kultur

Die Folgen des Kriegs und ein optimistischeres Lebensgefühl

Deutschland war durch den 30jährigen Krieg in seiner Entwicklung stark zurückgeworfen worden. Politisch war es in über 300 kleine und kleinste Territorien aufgeteilt, deren Einwohner oft von rücksichtslosen, absolutistisch regierenden Fürsten ausgebeutet wurden. Nur zwei davon hatten eine Chance, sich zu selbständigen Staaten zu entwickeln: Österreich und Brandenburg-Preußen. Wirtschaftlich erholte sich das Deutsche Reich nur langsam und ohne die Vorteile, die seine Nachbarländer hatten. Deutschland hatte keine überseeischen Handelswege. Es hatte nicht einmal eine Hauptstadt.

Im Laufe des 18. Jahrhunderts erlebte Europa eine Geistesbewegung, deren Anfänge wir bereits in der Reformation und Renaissance sahen. Man nennt sie „Aufklärung" oder auch „das Zeitalter der Vernunft". In Frankreich spricht man vom „siècle de la raison" oder dem „siècle cartésien"[1]. Das Symbol der Aufklärung ist die aufgehende Sonne. Schon gegen Ende des 17. Jahrhunderts hatte sich ein neues, optimistischeres Lebensgefühl bemerkbar gemacht, eine Sehnsucht nach Frieden und ein Verlangen nach gesteigertem Lebensgenuss. Die barocke Spannung von „memento mori" und „carpe diem" begann zu verschwinden.

Im Reich Friedrichs II., des Großen[2]

Friedrich II, der Große, nahm sich, wie alle europäischen Fürsten, den französischen König. Louis XIV., zum Vorbild. Louis verkörperte den Absolutismus, die Staatsform, die von ungefähr 1650-1750 in Europa ihren Höhepunkt erlebte. Friedrich übernahm diese Staatsform. Dazu gehörten ein ständig einsatzbereites Heer sowie eine zentralisierte Regierung des Staates, die von qualifizierten Beamten geleitet wurde und vom König abhängig war. Außerdem durfte der ziemlich selbständige Adel nicht zu mächtig werden. Sein Vater hatte dafür schon gute Vorarbeit geleistet, indem er dem Adel besondere Aufgaben zugewiesen hatte. Friedrich verwaltete seine Hohenzollern-Monarchie Preußen zentralistisch und straff. Preußen war groß genug dazu und eignete sich besser als die

---

1 Man ehrte damit den Vater des modernen Denkens, René Descartes (1596-1650). Er hat die Grundformel des Rationalismus ausgesprochen: „Ich denke, also bin ich", oder auf Lateinisch „Cogito ergo sum".

2 Die Deutschen nennen ihn „der Alte Fritz".

habsburgische Monarchie in Österreich und Ungarn, die in einen Vielvölkerstaat aufgeteilt war.

Friedrich gelang es, die Wirtschaftsform des Absolutismus, den Merkantilismus[3], in seinem Land zu festigen. Der Merkantilismus sorgte dafür, dass der Staat Monopole auf Manufakturen[4] hatte. Am besten sollte alles im Lande produziert werden, um es mit großem Gewinn ins Ausland zu verkaufen. Berliner sollten keine holsteinische Butter kaufen, sondern preußische! Schlesisches Leinen wurde teuer in Portugal verkauft und auf Portwein lag ein hoher Einfuhrzoll. Die Steuern und Abgaben aus diesem Wirtschaftsleben bildeten die finanzielle Grundlage Preußens.

Als Friedrich II. an die Macht kam, setzte er sofort die Folter ab, außer bei Mord und Hochverrat. Er erlaubte freie Rede und verordnete religiöse Toleranz: „In meinem Reich soll jeder nach seiner Façon[5] selig werden". Polnische Juden, französische Hugenotten und andere religiös Verfolgte durften in Preußen schon seit dem Großen Kurfürsten[6] eine neue Heimat finden. Friedrich garantierte ihnen ihre religiöse Freiheit weiter. In den Tälern der Oder und Weichsel ließ er die Sümpfe trocken legen, ließ Wälder aufforsten und gab 300 000 eingewanderten Bauern neuen Lebensraum.

1732 hatte Friedrichs Vater, der „Soldatenkönig", allgemeine Wehrpflicht eingeführt. Bauernsöhne wurden Soldaten. Ab 18 Jahren konnte jeder Mann eingezogen werden. Jede adlige Familie schickte einen ihrer Söhne in die Offiziersschule. Freiwillige wurden im Ausland angeworben. Die Infanterie wurde der ganze Stolz des Königs; sie war ein Vorbild für Disziplin, marschierte mit größter Präzision und bestand aus ausgezeichneten Scharfschützen.

Friedrich II. hätte viel lieber musiziert als marschiert. Sein Vater hatte kein Verständnis für die Interessen seines Sohnes, die feinen Künste, die Wissenschaft und Musik. Er sorgte dafür, dass sein Sohn eines Tages die Staatsführung und die Leitung des Militärs übernehmen konnte. Nach einem Fluchtversuche ließ er den Freund seines Sohnes hinrichten, und einige Jahre darauf verheiratete er den jungen Friedrich aus politischen Gründen mit einer Frau, die Friedrich nie lieben konnte.

---

3 Man nennt diese Wirtschaftsform auch „Colbertismus". Colbert war der Finanzminister unter Louis XIV., der das finanzielle und wirtschaftliche Leben in Frankreich reformierte. Er war der bedeutendste Vertreter des Merkantilismus in Frankreich.

4 heißt eigentlich „Handarbeit". Das ist eine Betriebsart, in der die Handarbeit die wichtigste Rolle spielt, z.B. die Herstellung von Porzellanwaren, Teppichen und Spitzen.

5 Art und Weise

6 im 17. Jahrhundert

In seinen jungen Jahren hatte Friedrich - auf Französisch - darüber geschrieben, wie er sich den idealen Herrscher vorstellte: er sollte friedliebend und pflichtbewusst regieren, er sollte gebildet sein und Kunst und Wissenschaft fördern; er sollte die Schulen verbessern und die Wirtschaft seines Landes fördern; in seinem Land sollten Meinungsfreiheit und Religionsfreiheit herrschen; er sollte sein Land in einen paradiesischen Zustand führen, wo es keine Kriege mehr gäbe. Dieser Idealzustand trat nicht ein, aber man sieht, wie sehr Friedrich II. sich von seinem despotischen Vater Friedrich Wilhelm I. unterschied. Friedrich II., der Große, bemühte sich immer, seinen Untertanen gegenüber fair und verständnisvoll zu sein. Deshalb soll er auch gesagt haben: „Ich bin der erste Diener meines Staates".[7]

Ein Teil von Schloss Sanssouci bei Potsdam

Im Gegensatz zu Friedrich dem Großen sympathisierten viele Fürsten gar nicht mit den aufklärerischen Gedanken von Freiheit und Toleranz. Sie fürchteten sich, dass sich das Volk gegen sie wenden könnte. Aber Friedrich der Große in Preußen ließ sich stark von den Aufklärern beeinflussen. Er korrespondierte mit dem französischen Philosophen der Aufklärung, Voltaire, und lud ihn für längere Zeit an seinen Hof in Sanssouci bei Potsdam ein.

Maria Theresia von Österreich-Ungarn und Friedrich der Große

Die zwei großen Herrscher, die sich im Deutschen Reich behaupten wollten, waren Maria Theresia und Friedrich II., König von Preußen (Friedrich der Große).[8] Sie bekämpften sich in mehrerem Kriegen. Beide traten 1740 ihre Regierung an. Maria Theresia starb 1780 und Friedrich sechs Jahre später.

Maria Theresia war Erzherzogin von Österreich, Kaiserin des Heiligen Römischen Reichs und Königin von Ungarn und Böhmen.

---

7 ganz im Gegensatz zu Louis XIV., dem Sonnenkönig, der gesagt haben soll: „Der Staat bin ich", oder zu seinem Vater, der gesagt hatte: „Wir sind König und tun, was wir wollen".

8 Maria Theresia gehört zu den katholischen Habsburgern und Friedrich II. zu den protestantischen Hohenzollern.

In der 650jährigen Geschichte der Habsburger Dynastie war sie die einzige weibliche Regentin und eine der erfolgreichsten habsburgischen Herrscher.

Als ihr Vater, Kaiser Karl VI. starb, befand sich die österreichische Monarchie in finanziellen Schwiergkeiten und ihre Armee war durch vorhergehende Kriege geschwächt. Maria Theresias Vater hatte sie nicht in den Regierungskünsten unterrichtet, und so musste sie sich auf ihr eigenes Gefühl und ihre Charakterstärke verlassen. Kaum war ihr Vater gestorben, als sie auch schon gegen ihren ersten Angreifer kämpfen musste: König Friedrich II. von Preußen. Er besetzte Schlesien. Dann kamen Bayern und Frankreich aus dem Westen und fielen in Maria Theresias Land ein. Sie verlor Schlesien an Friedrich II.

In ihren vierzig Jahren Regierungszeit widmete sich Maria Theresia nicht nur den Staatsgeschäften, sondern setzte sich auch für soziale Gerechtigkeit und menschliche Rechte ein. 1771 regulierte sie z.B. wieviel Arbeit die Lehensherren von Bauern und Leibeigenen verlangen durften. Maria Theresia, die ihren Jugendfreund Herzog Franz Stephan von Lothringen geheiratet hatte, führte eine vorbildlich glückliche Ehe, aus der sechzehn Kinder hervorgingen. Eine Tochter, Marie Antoinette, heiratete später den französischen König Louis XVI. und wurde in der französischen Revolution hingerichtet.

Friedrich II. erbte nach dem Tod seines Vaters ein ansehnliches Staatsvermögen und ein großes Heer: 1 Soldat auf je 32 Einwohner. Er hatte den Ehrgeiz seines Vater geerbt, was die Worte in seinem Buch *Geschichte meiner Zeit* zeigen. Dort steht über seinen Regierungsantritt am 31. Mai 1740: „Ich fasste sofort den Entschluss, die Fürstentümer Schlesiens in Anspruch zu nehmen.... Das war ein unfehlbares Mittel, die Macht meines Hauses zu vermehren und Ruhm zu erwerben, wenn das Glück meinen Unternehmungen zu Hilfe kam".

Auch Friedrich lag – wie Maria Theresia – das Wohlergehen seiner Untertanen am Herzen. Außer Religionsfreiheit war ihm auch die Gleichheit vor dem Gericht ungeheur wichtig. Kein Gerichtshof war gerechter als das preußische Kammergericht.

Man nannte ihn nicht zu Unrecht „den Großen". Aber etwas fehlte diesem deutschen König, und zwar die Liebe zur deutschen Sprache und Literatur. Er sprach und schrieb auf Französisch, die Sprache an seinem Hof war Französisch, sein Schloss in Potsdam hieß *Sanssouci* (ohne Sorge), und seine Verachtung der zeitgenössischen deutschen Dichter ließ erst im hohen Alter nach.

Das Zeitalter des Absolutismus näherte sich in Deutschland seinem Ende. Ein neues Zeitalter begann mit der amerikanischen Unabhängigkeitserklärung 1776 und vor allem mit der Französischen Revolution 1789.

Die Vernunft

Die Aufklärer glaubten, dass die Vernunft den Menschen zum Menschen mache, dass sie ihn „richtig" denken und „gut" handeln lasse. Sie sagten, der Mensch sei von Natur aus gut und vernünftig. Sie glaubten ganz fest an einen Fortschritt des Individuums und der Gesellschaft. In diesem Glauben wuchs das Selbstbewusstsein der Menschen. Sie fühlten sich als Höhepunkt in Gottes wunderbarer Schöpfung. Das Aufkommen eines solchen Lebensgefühls hatte mit der Renaissance und dem Humanismus begonnen und setzte sich jetzt verstärkt fort. Jeder Mensch hatte eine angeborene Würde, jeder hatte Rechte. Jeder, vom König bis zum Bettler. Der englische Philosoph John Locke schrieb: „Die Vernunft lehrt die Menschen, dass wir alle gleich und unabhängig sind". Jeder Mensch ist von Natur aus gut, er muss nur seine Vorurteile beseitigen und vernünftig denken und handeln. Wenn alle das tun, dann kann auf Erden ein Paradies entstehen.

Mit der Aufklärung siegte das neue Menschenbild über das alte Menschenbild des Mittelalters. Anstatt blind zu gehorchen, sollten alle Menschen selbständig urteilen und handeln. Mit dem selbständigen Denken kam auch kritisches Prüfen, immer mit dem Ziel, die menschliche Gesellschaft zu verbessern.

Die folgenden Ideen sind für das Zeitalter der Vernunft charakteristisch:

- Alle Menschen sind gleich. Alle Rassen und Religionen haben ihre gleichen Rechte.
- Jeder Mensch muss lernen, kritisch zu denken, und damit seinen Geist selbständig machen.
- Durch gute Erziehung kann der Mensch lernen, besser zu werden.
- Die menschliche Vernunft ist fähig, alle Phänomene der Welt zu erklären.
- Die Menschheit macht ständig Fortschritte und befindet sich auf dem Weg in eine bessere Welt.

Philosophen und Schriftsteller der Aufklärung

Immanuel Kant

Der Philosoph Gottfried Wilhelm Leibnitz (1646-1716) sagte, Gott habe die „beste aller möglichen Welten geschaffen". Das Übel haben wir nur deshalb, damit wir dadurch das Gute und Schöne umso mehr schätzen.

Leibnitz nach war die Welt eine einzigartig schöne Schöpfung Gottes. Natur und Mensch waren die großen Themen der Dichtung, denn in ihnen lebte Gott. Als Aufklärer war er von einem großen Optimismus beherrscht, er glaubte an die Kraft der Vernunft, an die sinnvolle Ordnung in der Natur, an einen allgemeinen Fortschritt der Menschheit, der letzten Endes einen Idealzustand erreichen wird.

Mit Vernunft und Logik könnte man fast alles erklären. Wenn der Mensch vernünftig und sittlich handelte, dürfte er sich an seinem irdischen Glück erfreuen.

Wenn man an die Aufklärung in Deutschland denkt, denkt man an den Philosophen Immanuel Kant (1724-1804). Er hat die Frage beantwortet:„Was ist Aufklärung? "

> „Aufklärung ist der Ausgang des Menschen aus seiner selbstverschuldeten Unmündigkeit.[9] Unmündigkeit ist das Unvermögen, sich seines Verstandes ohne Leitung eines anderen zu bedienen. Selbstverschuldet ist diese Unmündigkeit, wenn die Ursache derselben nicht am Mangel des Verstandes, sondern der Entschließung und des Mutes liegt, sich seiner ohne Leitung eines anderen zu bedienen. *Sapere aude*! Habe Mut, dich deines eigenen Verstandes zu bedienen! ist also der Wahlspruch der Aufklärung..."

In allen Dingen soll der Mensch sich seiner Vernunft bedienen, er soll selbständig denken, ohne von anderen geleitet zu werden.

Für Kant war gut und sittlich zu handeln eine menschliche Pflicht. Später schrieb er in seiner *Kritik der praktischen Vernunft*: „Handle so, dass die Maxime deines Willens jederzeit zugleich als Prinzip einer allgemeinen Gesetzgebung gelten könne". Aber was den Glauben anbetrifft, da hülfe keine Vernunft, meinte er. Er sagte, man könne Gott und die Unsterblichkeit nicht mit Vernunftgründen beweisen, sondern das sei eine Sache der Glaubensüberzeugung.

---

9 self-incurred immaturity

Gotthold Ephraim Lessing (1729-1781) hat die Entwicklung der Menschheit zu einem sittlichen Idealzustand in drei Epochen gesehen:

1. Stufe: Kindesalter.
   Das Kind muss durch Strafen und Belohnungen zum Guten gezwungen werden (Altes Testament).

2. Stufe: Jünglingsalter.
   Christus kam und versprach die Unsterblichkeit der Seele und Belohnung und Strafe im Jenseits. Der Mensch tut Gutes, aber immer noch aus Furcht vor Strafe oder Hoffnung auf Belohnung.

3. Stufe: Mannesalter.
   Der Höhepunkt der Erziehung. Der Mensch tut Gutes aus der Einsicht, dass es das Richtige ist. Strafe und Belohnung sind keine Gründe mehr.

Kunst

Friedrich der Große hatte bis ins hohe Alter kein besonderes Interesse an der deutschen Literatur gezeigt. Aber für Kunst und Musik hatte er von Jugend auf ein offenes Herz. Er selbst war ein ausgezeichneter Flötenspieler und guter Komponist. In der Musik wirkten zu dieser Zeit Bach, Haydn und Händel. Leopold Mozart[10] schrieb seine musikpädagogischen Schriften und Willibald Gluck reformierte die Opernaufführungen.[11] Wolfgang Amadeus Mozart komponierte seine unsterbliche Musik. Als Friedrich starb, war Beethoven 16 Jahre alt.

Rokoko-Engelchen

Der venezianische Maler Tiepolo schmückte spätbarocke Gebäude mit seiner Monumentalmalerei aus, z.B. die Würzburger Residenz. Im frühen 18. Jahrhundert führte der Barockstil in den überaus dekorativen Rokokostil über. Der Rokokostil stammte aus Italien und zeigt sich in den Ausschmückungen der Innenräume besonders von Palästen und Kirchen. Seine Stilmerkmale sind freie Formen, Asymmetrie, geschmeidige Kurven, naturalistische Motive

Rokoko-Engelchen

---

10 Vater von Wolfgang Amadeus Mozart

11 Er überwand den herkömmlichen Opernstil mit der Reformoper „Orfeo ed Euridice". Der italienische Dichter Calzabigi schrieb das Libretto dazu.

Benediktinerstift Melk 1702-1738

aus der Pflanzenwelt und aus Ostasien.[12] Wir finden sie in den monumentalen Deckengemälden und Skulpturen.

Das Rokoko wird manchmal einfach als das Ende des Barock angesehen. Die grundlegenden Formen haben sie auch gemeinsam, aber es gibt doch Unterschiede: das Rokoko zeigt mehr Fantasie, es ist unbeschwert und noch gekünstelter und verspielter als das Barock. Diese Kunstformen spiegeln sich sowie in der barocken Musik als auch in der Ausschmückung wider, die Friedrich II. seinem Schloss sans souci liebte.

Musik

Der französische Komponist Rameau[13] veröffentlichte 1722 seine „Abhandlung über die Harmonie", in der er das moderne System der Harmonie kodifizierte[14]. Die Musik im 18. Jahrhunderts basiert auf dieser Harmonie. Sie brachte Genies hervor, deren Musik unsterblich ist. Hier trifft sich die spätbarocke Musik eines Bach mit den klassischen Kompositionen von Mozart und Beethoven.

Johann Sebastian Bach[15] wirkte als Musikdirektor der St. Thomaskirche in Leipzig. Er wurde zum musikalischen Genie seiner Zeit, was seine Zeitgenossen aber noch nicht erkannten. Seine weltlichen Kompositionen wie die „Brandenburgischen Konzerte" und seine „Fugen" faszinieren durch ihren strengen, mathematischen Aufbau. Seine Passionen und Kantaten strömen eine überwältigend religiöse Kraft aus, die uns auch heute noch ergreift.

Georg Friedrich Händel[16] arbeitete zuerst in Hamburg, wo er lernte, Opernmusik zu komponieren. Während seiner Zeit als Musikdirektor in Hannover machte er eine Reise nach London und kehrte nur noch für kurze Besuche wieder nach Deutschland zurück.

---

12 die Chinoiserie, ein Dekorationsstil, der durch die Einfuhr von chinesischen Kunstgegenständen entstand. Er zeigt sich besonders in Porzellangegenständen und in Möbeln.

13 Jean-Philippe Rameau (1683-1764)

14 Dabei wurden 12 Töne in gleichmäßigen Abstand gesetzt und formten zusammen eine Oktave. Das sind die weißen und schwarzen Tasten auf dem Klavier. Zwischen jeder Taste gibt es einen Halbton. Dabei gibt es zwei Tonleitern, die Dur-Tonleiter (das bekannte „do-re-mi") und die Moll-Tonleiter, eine Modifikation davon. Das Musikstück in Dur klingt gewöhnlich fröhlicher als das etwas düstere, tristere in Moll.

15 1685-1750

16 1685-1759

Der Kurfürst von Hannover war zum englischen König George I. gekrönt worden und wollte Händel in London behalten.

Franz Joseph Haydn[17] gehört ebenfalls zu den großen Komponisten dieser Zeit. Unsterblich sind seine Symphonien und Streichquartette, Klaviersonaten und Kammermusik, Messen und Choralmusik[18].

Bürgerliches Leben

Das deutsche Bürgertum im 18. Jahrhundert war politisch so gut wie machtlos. Am Gesellschaftsleben konnte es auch nicht teilnehmen. Im Militär war das Offizierscorps den Adligen vorbehalten. Theologiestudenten konnten oft keine feste Anstellung finden und wurden Hauslehrer in adligen Familien. Die Zunftordnung des späten Mittelalters wurde zerstört und durch den gut organisierten Merkantilismus ersetzt. Aber auf kulturellem Gebiet konnten sich die Bürger betätigen, sodass fast alle großen Komponisten und Schriftsteller aus bürgerlichen Kreisen kamen.

Für die Aufklärer war die gute Erziehung eine ganz wichtige Aufgabe. Gute Erziehung führte zur Bildung eines Menschen. Die rechte Bildung würde schließlich zur Freiheit des Individuums führen, Standesgrenzen abschaffen, und der Adel durch Geburt würde durch einen Bildungsadel ersetzt werden. Schließlich sollte die Gesellschaft nicht mehr in Adel, Bürger, Bauern unterteilt werden, sondern in Gebildete und Ungebildete. Der «gebildete Mensch» genoss Ansehen, wie auch heute noch in Deutschland. Die Aufgabe der Erziehung und Bildung fiel dem Bürgertum zu. In den Universitäten lehrten Professoren, die aus bürgerlichen Familien stammten, und der Pfarrer, der von der Kanzel seine Sonntagspredigt hielt, war auch Bürgerlicher.

Das Familienleben und die Gefühle des Einzelnen begannen, eine wichtigere Rolle zu spielen. Ehen wurden immer noch aus praktischen Gründen geschlossen, aber wenn möglich, sollten sich die Partner jetzt auch mögen, vielleicht sogar lieben. Über den Konflikt von Pflicht und Liebe kann man in vielen literarischen Werken dieser Zeit lesen.

Von einer Emanzipation der Frau konnte noch lange nicht die Rede sein, aber die Anfänge machten sich bemerkbar. Der aufgeklärte Friedrich der Große gab 1754 seine Zustimmung, dass Dorothea Erxleben als erste Frau an der Universität Halle ihren Dr. med.

---

17 1732-1809. Mozart und Beethoven bewunderten Haydn und wurden von ihm beeinflusst.

18 The *Boston Handel and Haydn Society* wurde 1815 gegründet und übte einen großen Einfluss auf die amerikanische Kirchenmusik aus.

machte. Dr. Erxleben, Deutschlands erste Ärztin, war eine 39jährige Witwe mit vier Kindern.

Der Pietismus[19]

Das Bürgertum stand weit ab von der französisch beeinflussten Hofkultur. Einige sehr reiche Bürger versuchten den höfischen Stil nachzuahmen, aber im Allgemeinen fehlten ihnen die Mittel dazu. So zog sich der Bürger in sein Eigenleben zurück, in eine Welt, die ihm vertraut war: die religiöse. Hier konnte er seiner gefühlsbetonten Gläubigkeit bis zur Schwärmerei freien Lauf lassen. Das war schon in vorigen Jahrhunderten typisch deutsch gewesen[20]. Wir nennen diese religiöse Bewegung „Pietismus". Welches Ausdrucksmittel eignete sich besser dazu, seine religiösen Gefühle auszudrücken, als Musik? Musik unterlag keiner Zensur. Nicht umsonst erlebte die Kirchenmusik jetzt ihre große Blütezeit.

Der Pietismus geht auf die lutherische Auffassung von Religion zurück und betont eine Religiosität, die aus dem Herzen kommt, hohe moralische Werte, Tätigkeit in der Nächstenliebe und die Ausübung einer echten Seelsorge anstatt des Befolgens von dogmatischen Lehren. Diese Herzensreligion fand schnell Anhänger, besonders nachdem unter Professor August Hermann Francke die Universität Halle zu einem pietistischen Zentrum geworden war. Dort gründete er auch - ganz im Sinne der Nächstenliebe - ein Waisenhaus.

Graf von Zinzendorf[21] war ein Student von Francke. Er half auf seine Art, den Pietismus zu verbreiten[22]. In Herrenhut[23], bei Dresden, gab er den religiös verfolgten Böhmern eine neue Heimat. Von hier aus begann eine rege Missionstätigkeit über die ganze Welt[24]. Seit 1735 hatten sie Gemeinden in Georgia, Pennsylvania und North Carolina. 1740 wurde im Sinne des Pietismus in Savannah, Georgia, das erste Waisenhaus in Amerika gegründet. Das *Bethesda Home for Boys* besteht heute noch.

Die Pietisten des 17. und 18. Jahrhunderts versuchten „das Unaussprechliche auszusprechen". Sie hatten sich dieselbe Aufgabe gesetzt wie ihre mittelalterlichen Gleichgesinnten: das Spirituelle und ihre religiösen Visionen in Worte zu fassen. Während sich viele

Stern und Kerze als Sinnbilder der Herrnhuter Gemeinde

---

19 Der Pietismus war eine protestantische Bewegung, genannt nach Philip J. Spencers *Pia desideria*.

20 vgl. die Mystiker

21 1700-1760

22 Die Methodistenkirche und presbyterianische Kirche sind in ihrer Struktur ähnlich.

23 Man nennt sie auch *Herrnhuter Gemeinde* und auf English *Moravians*.

24 Im 21. Jahrhundert lebt die Hälfte der 740 000 Moravians in Tansania.

barocke Dichter mit Schwulst und Prunk umgaben und in Hyperbeln Freud und Leid des Daseins beschrieben, versuchten die Pietisten die Innigkeit ihrer Gefühle einfach auszudrücken.

Wortformationen mit ein- wie *einleuchten* - als Licht in etwas eindringen - und *einsehen* - in etwas hineinsehen, verstehen, erkennen - sind charakteristisch für die Mystiker und Pietisten.

Übungen

Fragen zur Geschichte und Kultur

Die Folgen des Kriegs und ein optimistischeres Lebensgefühl

1. Aus wie vielen kleinen „Ländern" bestand Deutschland nach 1648?
2. Welche beiden „Länder" hatten die beste Chance, sich entwickeln zu können?
3. Warum hatte sich Deutschland im 17. Jahrhundert nicht so schnell entwickeln können wie andere Länder in Westeuropa? Oder: Warum konnte es Deutschland wirtschaftlich nicht so gut gehen wie seinen Nachbarländern?
4. Von wem und wie wurden die vielen „Länder" in Deutschland regiert?
5. Von welchem Land breitete sich der Gedanke der Aufklärung aus?
6. Wie unterscheidet sich das Lebensgefühl des 18. Jahrhunderts von dem des 17. Jahrhunderts?

Im Reich Friedrich II., des Großen

1. Welcher König war für die europäischen Fürsten ein Vorbild?
2. Was sind einige Merkmale einer absolutistischen Regierung?
3. Wie profitiert der Staat von einem gutgehenden Merkantilismus?
4. Welcher Ausspruch beweist, dass Friedrich II. auf religiösem Gebiet sehr tolerant war?
5. Wie stellte Friedrich sich den idealen Herrscher vor?
6. Was für Beziehungen hatte Friedrich zu Voltaire?
7. In welcher Sprache haben sich Friedrich II. und Voltaire unterhalten? Warum meinen Sie das?

Maria Theresia von Österreich-Ungarn und Friedrich der Große

1. Welche Religionsangehörigkeit hatten die Hohenzollern und welche die Habsburger?
2. Wurde in der österreichischen Monarchie nur Deutsch gesprochen? Warum (nicht)?
3. Um welches Land kämpften Maria Theresia und Friedrich? Wer bekam es schließlich?
4. Wie unterschieden sich die finanzielle Lage des Landes und der Zustand des Militärs bei Regierungsantritt von Maria Theresia und Friderich II.?
5. Wie wurde Maria Theresia von ihrem Vater in den Künsten der Staatsführung unterrichtet und wie Friedrich II.?
6. Woran sehen wir, dass Maria Theresia und Friedrich II. sich für die menschlichen Rechte eingesetzt haben?
7. Wie kann man das Eheleben der beiden Regenten vergleichen?
8. Wie stand Friedrich II. zur deutschen Sprache und Literatur?
9. An welchen beiden weltbewegenden Ereignissen erkennen wir, dass die Regierungsform des Absolutismus das Ende des Jahrhunderts nicht mehr überleben wird?

Die Vernunft

1. Was, glauben die Aufklärer, ist das Resultat von richtigem, vernünftigem Denken und gutem Handeln?
2. Der Mensch des Mittelalters musste gehorchen. Was wurde vom Menschen der Aufklärung verlangt?
3. Was, glauben die Aufklärer, ist das Resultat einer guten Erziehung?

Philosophen und Schriftsteller der Aufklärung

1. Wie sieht der Philosoph Leibnitz unsere Welt?
2. Beschreiben Sie mit Ihren eigenen Worten, was Kant mit „Unmündigkeit" meint.
3. Wozu fordert Kant uns auf? Was sollen wir mit unserem Verstand tun?
4. Glauben alle Aufklärer, dass man vernünftiges Denken auch auf die Religion anwenden kann? Wie steht Kant dazu?

5. Wie sieht Lessing die Entwicklung des Menschen zu einem moralisch-sittlichen Wesen?

Kunst

1. Woher wissen wir, dass Friedrich der Große sich für Musik interessierte?
2. Nennen Sie fünf Komponisten, die zur Zeit Friedrichs des Großen lebten.
3. Wofür ist der Maler Tiepolo bekannt?
4. Mit welchem Kunststil hat das Barock sehr große Ähnlichkeit?

Musik

1. Zu welcher Musikepoche gehört Johann Sebastian Bach?
2. Was für religiöse Musik hat Bach geschrieben?
3. Zu welcher Musikepoche gehören Mozart und Beethoven?
4. Wie kam es, dass Händel Deutschland verließ?
5. Welchen Komponisten haben Mozart und Beethoven bewundert?

Bürgerliches Leben

1. Wie groß war der Einfluss der Bürger auf das politische Leben?
2. Auf welchem Gebiet haben sich die Bürger besonders engagiert?
3. Aus welchem Grund wurden Erziehung und Bildung als besonders wichtig betrachtet?
4. Spielen persönliche Gefühle jetzt eine größere oder kleinere Rolle als in früheren Zeiten?
5. Beweisen Sie an einem Beispiel, dass Friedrich der Große daran glaubte, dass auch eine Frau im Berufsleben Karriere machen kann.

Der Pietismus

1. Warum war es den Bürgern nicht möglich, im Stil der französischen Hofkultur zu leben?
2. Warum eignete sich die Musik besonders gut dazu, religiöse Gefühle auszudrücken?
3. Welche Auffassung von Religion war der Ausgangspunkt des Pietismus?

4. Welche Rolle spielte die Universität Halle für den Pietismus?

5. Blieben die Ideen des Pietismus in Deutschland, oder finden wir sie auch in anderen Teilen der Welt?

6. Was hatten die Pietisten mit den Mystikern gemeinsam?

Etwas zum Nachdenken

✿ Sehen Sie eine Parallele zwischen dem Denken der Aufklärer und dem der Humanisten?

✿ Wählen Sie eine Idee, die für das Zeitalter der Vernunft charakteristisch ist und die es schwer hat, sich heutzutage durchzusetzen. Geben Sie Beispiele.

Sprache

Französisch als Umgangssprache.

Im 17. Jahrhundert, im literarischen Barock, hatte man erfolgreich viele französische Ausdrücke aus der Literatur vertrieben, aber der französische Einfluss in der gesprochenen Sprache war geblieben. Thomasius[25] beklagte sich:

> *„Bey uns Teutschen ist die französische Sprache so gemein[26] geworden, daß an vielen Orten bereits Schuster und Schneider, Kinder und Gesinde[27] dieselbige gut genug reden..."*

Im Jahre 1769, als Lessing vierzig, Goethe zwanzig und Schiller zehn Jahre alt waren, schrieb Zimmermann über das Gesellschaftsleben:

> *„Kein anderes Wort wird gesprochen als Französisch. Auf Französisch wird kokettiert, auf Französisch wird gescherzt, auf Französisch wird geküsst".*

Gottsched und die deutsche Sprache

Gottsched[28], Leiter der *Deutsch übenden poetischen Gesellschaft* in Leipzig, wollte, dass alle Deutschen gut deutsch redeten und schrie-

---

25 (1655-1728) Professor der Jura an der Universität Leipzig

26 allgemein

27 Dienstpersonal

28 (1700-1766)

ben. Das Hochdeutsch der besten deutschen Bücher sollte schon von Kindesalter an ein Vorbild für jeden Deutschen sein.

Aber: War das denn salonfähig? Als Mitglied der Gesellschaft sprach man doch Französisch. Gottscheds Verlobte konnte das auch gar nicht begreifen und schrieb in einem Brief an ihn:

> *„Aber warum wollen Sie nicht erlauben, dass ich französisch schreibe? Sie sagen, es sei unverantwortlich, in einer fremden Sprache besser als in seiner eigenen zu schreiben. Aber meine Lehrmeister haben mich versichert, es sei nichts gemeiner als deutsche Briefe; alle wohlgesitteten Menschen schrieben französisch".*

Gottsched wurde von dem Grammatiker Adelung unterstützt. Adelungs *Deutsche Sprachlehre zum Gebrauch der Schulen in den Königlichen Preußischen Landen* wurde maßgebend für den Deutschunterricht bis in die Mitte des 19. Jahrhunderts. Goethe richtete sich auch nach ihm.

Adelung, wie seine Vorgänger im 17. Jhdt., bemühte sich um die „Reinheit" der deutschen Sprache. Das bewog ihn dazu, das erste ausführliche deutsche Wörterbuch zu schreiben, *Versuch eines vollständigen grammatisch-kritischen Wörterbuches der hochdeutschen Mundart, mit beständiger Vergleichung der übrigen Mundarten, besonders aber der oberdeutschen.* Adelung sah die Zeit zwischen 1740 und 1760 als „klassisch" in der Entwicklung der literarischen Standardsprache. Diese Schriftsprache wurde auch zum großen Teil von den höheren Schichten gesprochen, wenn sie nicht französisch sprachen. Der gewöhnliche Deutsche sprach aber weiter seinen lokalen oder regionalen Dialekt.

Es dauerte noch einige Zeit, bis alle deutschsprachigen Länder eine gemeinsame deutsche Schriftsprache annahmen[29]. Das katholische Bayern sträubte sich noch lange, das „Lutherdeutsch" anzunehmen. Schließlich waren es die Druckereien, die für die Verbreitung einer Schriftsprache sorgten. Leipzig und Frankfurt übernahmen dabei die führende Rolle. Sie wurden als Buchdruckzentren noch wichtiger als Wittenberg.

Die zeitgenössische deutsche Literatur spielte eine große Rolle in der Verbreitung einer einheitlicheren deutschen Sprache.

Im 16. Jhdt. lesen wir zum großen Teil einfaches Vokabular, einfachen Satzbau und alltägliche Metaphern der Umgangssprache.

Im 17. Jahrhundert, in der barocken Periode, wurde die Sprache elegant, ausgeschmückt, metaphorisch, manchmal bombastisch

---

29 Das gesprochene Deutsche unterscheidet sich auch heute noch ganz stark zwischen Nord und Süd, Ost und West.

oder manieriert. Sie spielte mit neuem Vokabular und ungewöhnlichen Ausdrücken.

Im 18. Jhdt. ermahnte Gottsched, in seiner *Ausführlichen Redekunst* 1728, dass man mit der unnatürlichen, übertriebenen Redeweise des Barock Schluss machen solle:

> *«...es ist nichts lächerlicher, als wenn sich einfältige Stilisten immer mit ihrem obwohl, jedoch, ...also, nachdem, als...daher...behelfen: gerade als ob man nicht ohne diese Umschweife seine Gedanken ausdrücken könnte. Man wird auch dergestalt[30] viel deutlicher reden und schreiben, als wenn man immer eine Menge von Gedanken in einem weitläufigen Satz zusammen bindet».*

Gottsched fordert uns auf «deutlich und verständlich zu reden. Er ermahnt uns:

> *« Man denke nicht: Es klingt doch hübsch, oder neu, oder hoch! Was nicht vernünftig ist, das taugt gar nicht[31]».*

Gottscheds Lehren waren wohl vernünftig, allerdings ohne lebendige Wärme. Denn wer schöpferisch schreibt, der hält nicht an, um sich zu überlegen, ob seine Ausdrucksweise «vernünftig» ist. Wie soll man das Phantastische, Irrationale, Individuelle «vernünftig» ausdrücken? Als Wegbereiter zu einer einheitlichen deutschen Sprache hat er aber viel geleistet:

- er lehnte alles Mundartliche ab (sodass Deutsch ebenso in der deutschen Schweiz wie in Österreich und in Norddeutschland verstanden werden konnte),

- er bekämpfte gewagte Wortneubildungen, wie sie im Barock üblich waren,

- er versuchte das Französische aus dem Deutschen zu vertreiben,

- er predigte gegen den umständlichen Satzbau, der von der Kanzleisprache herkam,

- er setzte Regeln in der Rechtschreibung ein: kein ck, ff und tz nach einem Konsonanten, sz und ss müssen voneinander unterschieden werden, und anderes.

Nach 400jährigem Bemühen hatte man jetzt so etwas wie eine theoretische Regelung der deutschen Gemeinsprache.

---

30 so

31 das ist nichts wert

Das 18. Jahrhundert erlebte schließlich, dass die Herrschaft des Französischen als Umgangssprache, besonders in den gebildeten Kreisen, gebrochen wurde. Als Deutschland seine eigene National-literatur hervorbrachte, trat das Interesse an der deutschen Sprache und am deutschen Schrifttum immer mehr in den Vordergrund. Ein deutsches Nationalbewusstsein begann sich heranzubilden.

Die deutsche Grammatik wird einfacher.

Im Großen und Ganzen erlebte die Grammatik zwischen dem 16. und 18. Jahrhundert eine Vereinfachung. In der Grammatik hatten sich einige Dinge durchgesetzt, für die der Deutschstudent heute dankbar ist: z.B. hatte sich eine Verbform durchgesetzt:

16. Jahrhundert	18. Jahrhundert
kunnen oder können	können
ich sang -wir sungen	ich sang - wir sangen
ich was - wir waren[32]	ich war - wir waren

Viele Pluralformen unterscheiden sich jetzt von Singularfor-men:

singular: Mann,	singular: Mann,
plural: Mann[33]	plural: Männer

Deutsch verdrängt Latein als Sprache der Wissenschaft

Im 17. und 18. Jahrhundert sehen wir schon Anfänge, wie Deutsch in der Sprache der Wissenschaften Latein zu verdrängen beginnt. Wir lesen:

„Es ist die Weisheit an keine Sprach gebunden" [34].

und:

„Warum sollte ich nicht in Teutscher Sprache eben-sowohl lernen können, wie ich einem Kranken helfen könne, auf Teutsch als [35] *auf Griechisch oder Arabisch? Die Franzosen und Italiener lehren und lernen alle Facultäten* [36] *und Freie Künste* [37] *in ihrer Mutterspra-che"* [38].

---

32 vgl. Englisch: *I was - we were*
33 alte Form überlebt in heutigen Ausdrücken: 1000 Mann
34 Joh. Balth. Schupp 1610-1661
35 ebenso wie
36 Wissensbereiche
37 *Liberal Arts*
38 Chr. Thomasius (1655-1728)

Der schweizer Arzt Paracelsus[39] hatte für kurze Zeit seine Vorlesungen an der Universität von Basel auf Deutsch gehalten. Aber der erste Professor, der jahrelang auf Deutsch lehrte, war Thomasius. Seine Vorlesungen über Ethik an der Universität Leipzig „über die Grundregeln, vernünftig, klug, und artig[40] zu leben" waren auf Deutsch. Er gab auch die erste deutsche literarische Zeitschrift heraus, *Monatsgespräche*.

Neben Thomasius hat Christian Wolff[41] bewiesen, dass sich die deutsche Sprache ausgezeichnet als Sprache der Philosophie eignete. Zu seinen philosophischen Begriffen, die heute im Umgangsdeutsch sind, gehören: Beweggrund, Bewusstsein, Begriff, Aufmerksamkeit, Verständnis, Umfang.

Die lateinische Sprache blieb aber bis ins 19. Jahrhundert die allgemeine Sprache für wissenschaftliche Schriften. Viele lateinische und griechische Wörter in Theologie, Jura, Medizin und Philosophie hatten sich im 18. Jahrhundert schon so festgesetzt, dass sie bis heute geblieben sind: Absolution, Kathedrale, Inquisition, Hypothek, Doktor, Fakultät, Medizin, Student, Arterie, Rezept, Sekte, Apotheke, Zirkel, Text und viele andere.

Übungen

Fragen zur Sprache

Französisch als Umgangssprache

1. Hatte man vor Gottsched schon versucht, französisches Vokabular aus der deutschen Sprache zu vertreiben?
2. Wurde Französisch nur in der Gesellschaft gesprochen? Begründen Sie Ihre Antwort.

Gottsched und die deutsche Sprache

1. Warum kann Gottscheds Verlobte gar nicht verstehen, dass sie Deutsch schreiben soll?
2. Wer schrieb eine deutsche Sprachlehre für Schulkinder und das erste ausführliche deutsche Wörterbuch?
3. Ist die „Schriftsprache" nur eine geschriebene Sprache?
4. Wie unterschied sich die deutsche Sprache der Gesellschaft von der Sprache des einfachen Volks?

---

39 1493-1541
40 anständig
41 1679-1754

5. Nennen Sie drei deutsche Zentren des Buchdrucks.

6. Was ist charakteristisch an der Literatursprache des 16. Jahrhunderts?

7. Was ist charakteristisch an der Literatursprache des 17. Jahrhunderts?

8. Was ist charakteristisch an der Literatursprache des 18. Jahrhunderts?

9. Finden Sie alles an Gottscheds Regelung der deutschen Sprache positiv? Begründen Sie Ihre Antwort.

Die deutsche Grammatik wird einfacher

1. Zeigen Sie an ein paar Beispielen, wie sich die Grammatik seit dem 16. Jahrhundert vereinfacht hat.

Deutsch verdrängt Latein als Sprache des Wissenschaft

1. Erklären Sie mit Ihren eigenen Worten, was Schupp meinte, als er sagte: «Es ist die Weisheit an keine Sprach gebunden".

2. Wie hieß die erste deutsche literarische Zeitschrift und wer hat sie herausgegeben?

3. Nennen Sie je drei lateinische Ausdrücke, die noch heute gebraucht werden
   a. in der Medizin
   b. in der Theologie
   c. im Universtätsbereich

Etwas zum Nachdenken

✿ Was für eine Verbindung sehen Sie zwischen dem Wachsen der deutschen Nationalliteratur und dem Interesse an der deutschen Sprache?

Literatur

Christian Fürchtegott Gellert (1715-1769)

Friedrich hielt nicht viel von der deutschen Literatur. Es gab aber einen deutschen Dichter, der vor seinen Augen Gnade fand: Christian Fürchtegott Gellert, Professor der Philosophie an der Universität Leipzig.

Aus einer Unterhaltung des Königs mit Gellert:

Der König: Ist Er Professor Gellert? Ich habe Ihn gern sprechen wollen. Der englische Gesandte hat mir Seine Schriften noch heute gelobt. Sind sie denn wirklich schön?

Ich: Ob meine Schriften schön sind, das kann ich selbst nicht mit sagen, Sire; aber ganz Deutschland sagt es und ist mit mir zufrieden; ich selbst bin es nicht.

König: Er ist sehr bescheiden.

Ich: Diese Tugend, Ihre Majestät, ist mir natürlich, und ein guter Autor kann niemals glauben, daß er schön genug geschrieben habe.

König: Er mag wohl ein guter Mann sein. Aber weiß Er, was Ihm fehlt? Er sollte reisen und die große Welt kennen lernen; dieses hilft schreiben.

Ich: Ich glaube es sehr wohl, Majestät. Aber ich bin zu alt und zu krank zum Reisen und auch nicht reich genug dazu.

König: Ja, die deutschen Dichter mögen wohl selten unterstützt werden. Es ist nicht gut. . . . Hat Er den La Fontaine nachgeahmt?

Ich: Nein, Sire, ich bin ein Original; das kann ich ohne Eitelkeit sagen; aber darum sage ich doch nicht, daß ich ein gutes Original bin.

Der Major: Ja, Ihre Majestät. Man hat in Paris die Gellertschen Fabeln übersetzt und ihn für den deutschen La Fontaine erklärt.

König: Das ist viel. Aber warum ist Er krank? Er scheint mir die Hypochondrie zu haben.

Ich: Leider, seit zwanzig Jahren.

König: Ich habe sie auch gehabt, und ich will Ihn kurieren.

(Nunmehr schlug er mir eine Menge Mittel vor)

Ich: Ihre Regeln, Sire, wie man gut schreiben soll, die werde ich in acht nehmen und habe sie auch schon in acht genommen; aber Ihren medizinischen Vorschriften werde ich nicht gehorchen, sie scheinen mir eine zweite Krankheit zu sein. Ich lebe schon sehr diät, und ich bin zufrieden, wenn ich ruhig sterbe, gesetzt, daß ich auch nicht gesund werde.

König: Wie alt ist Er?

Ich: Fünfundvierzig Jahre.

König: Das ist kein Alter. Er muß noch schreiben, für die Welt leben.

Ich: Ich habe es getan, und ich habe schon zu viel geschrieben. Es ist eine große Geschicklichkeit zu rechter Zeit aufzuhören; und endlich liegt mir an der Unsterblichkeit wenig, wenn ich nur genützet habe.

König: Weiß Er keine von Seinen Fabeln auswendig?

Ich: Nein.

König: Besinne Er sich. Ich will etliche Mal im Zimmer auf- und abgehen. —

Ich: Nunmehr kann ich Ihrer Majestät eine sagen.

(Ich sagte ihm die Fabel vom Maler in Athen.)

König: Das ist gut; das ist sehr gut. Ich muß Ihn loben. Das habe ich nicht gedacht; nein, das ist sehr schön, natürlich, gut und kurz. Wo hat Er so schreiben lernen? Es klingt fein; sonst hasse ich die deutsche Sprache.

Ich: Das ist ein Unglück für uns, wenn Sie die deutsche Sprache hassen.

König: Nein, Ihn lobe ich.

Ich: Das Lob eines Kenners und Königs ist eine große Belohnung.

König: Der König wird wohl nicht viel dazu beitragen.

Ich: Ja, wenn der König ein Kenner ist, so wird das Lob vollwichtig.

König: Wenn ich hier bleibe, so besuche Er mich wieder und stecke Er Seine Fabeln zu sich und lese Er mir welche vor.

Da die Literatur des 18. Jahrhunderts lehren und unterhalten sollte, findet man besonders in dieser Zeit viele Fabeln. Diese Art von Vers- oder Prosadichtung entspricht ganz dem Gedanken der Aufklärung: sie hat einen moralischen Lehrsatz. Man kann daraus lernen. Die Handlung spielt oft in der Tierwelt. Menschliche Eigenschaften werden auf Tiere übertragen und der Schriftsteller kann dabei alle und alles kritisieren, ohne mit Strafe rechnen zu müssen. Denn es sind ja Tiere, die hier sprechen.[42]

Gellerts Fabeln waren von Anfang an beliebt:

Die beiden Hunde

Zween[43] Hunde dienten einem Herrn,
Der eine von den beiden Tieren,
Joli, verstund[44] die Kunst, sich lustig aufzuführen,
Und wer ihn sah, vertrug ihn gern[45].
Er holte die verlornen Dinge,
Und spielte voller Ungestüm[46].
Man lobte seinen Scherz, belachte seine Sprünge;
Seht, hieß es, alles lebt an ihm!
Oft biß er mitten in dem Streicheln:
So falsch und boshaft war sein Herz;
Gleich fing er wieder an zu schmeicheln:
Dann hieß sein Biß ein feiner Scherz.
Er war verzagt[47] und ungezogen;
Doch ob[48] er gleich zur Unzeit bellt und schrie:
So blieb ihm doch das ganze Haus gewogen[49]:
Er hieß der lustige Joli.
Mit ihm vergnügte sich Lisette,
Er sprang mit ihr zu Tisch und Bette;
Und beide teilten ihre Zeit
In Schlaf, in Scherz und Lustbarkeit;
Sie aber übertraf ihn weit.

---

42 Der französische Fabeldichter La Fontaine nutzte die Fabel ganz schlau, die herrschenden Stände zu kritisieren. Er übte aber auch Kritik an allgemein menschlichen Schwächen.

43 zwei

44 verstand

45 mochte ihn

46 Übermut

47 ohne Mut

48 auch wenn

49 Das ganze Hause mochte ihn.

Fidel, der andre Hund, war von ganz anderm Wesen.
Zum Witze nicht ersehn, zum Scherze nicht erlesen[50],
Sehr ernsthaft von Natur; doch wachsam um das Haus,
Ging öfters auf die Jagd mit aus;
War treu und herzhaft in Gefahr,
Und bellte nicht, als wenn[51] es nötig war.
Er stirbt. Man hört ihn kaum erwähnen,
Man trägt ihn ungerühmt[52] hinaus.
Joli stirbt auch. Da fließen Tränen!
Seht, ihn beklagt das ganze Haus.
Die ganze Nachbarschaft bezeiget ihren Schmerz.
So gilt ein bißchen Witz mehr, als ein gutes Herz!

Georg Christoph Lichtenberg (1742-1799)

Lichtenberg war Physiker, Astronom und Psychologe an der Universität Göttingen. Durch seine Satire und seinen beißenden Witz kam er öfter in Streitigkeiten mit seinen Zeitgenossen. Er beobachtete seine Umwelt mit Ironie und Schärfe, was sich besonders deutlich in seinen Aphorismen[53] zeigt.

- Was man so sehr prächtig Sonnenstäubchen[54] nennt sind doch eigentlich Dreckstäubchen.
- Wer nichts als Chemie versteht, versteht auch die nicht recht.
- Ein Buch ist ein Spiegel. Wenn ein Affe hineinguckt, kann kein Apostel heraussehen.
- Ist es nicht sonderbar, dass die Menschen so gern für die Religion fechten[55] und so ungern nach ihren Vorschriften leben?
- Man soll mit dem Licht der Wahrheit leuchten, ohne einem den Bart zu sengen[56].
- Die gefährlichsten Unwahrheiten sind Wahrheiten, mäßig[57] entstellt.

---

50 Witze und Scherze waren nicht seine Sache.

51 außer wenn

52 ohne Aufsehen, im Stillen

53 ein kurzer und kritischer Prosaausspruch

54 kleine Staubpartikel, die man entdeckt, wenn die Sonne sie bescheint

55 kämpfen, sich einsetzen

56 anbrennen

57 ein bisschen

- Ehe[58] man tadelt[59], sollte man immer versuchen, ob man nicht entschuldigen kann.
- Die Leute, die niemals Zeit haben, tun am wenigsten.
- Wenn die Menschen sagen, sie wollen nichts geschenkt haben, so ist es gewöhnlich ein Zeichen, dass sie etwas geschenkt haben wollen.
- Man muss[60] keinem Menschen trauen, der bei seinen Versicherungen die Hand auf das Herz legt.
- Es kommt nicht darauf an, ob die Sonne in eines Monarchen Staaten nicht untergeht, wie sich Spanien ehedem[61] rühmte[62], sondern was sie während ihres Laufes in diesen Staaten zu sehen bekommt.

Matthias Claudius (1740-1815)

Claudius ist ein sympathischer Mensch, dessen Dichtung aus dem Herzen kommt. Sie ist Volksdichtung, ungekünstelt und echt. Er fand Freude an dem Kleinen und Unscheinbaren. Was Claudius sagte, kam vom Herzen und ging zum Herzen. Er hatte einen großen Freundeskreis. Wenn er schrieb, hatte man das Gefühl, als wenn er im Kreise seiner Freunde erzählte. So natürlich ist sein Erzählstil. Als Herausgeber der Zeitschrift *Der Wandsbecker Bote* achtete er auf einen natürlichen und christlichen Ton, da sie im Sinne der Aufklärung «christlich-sittliche Bildung» verbreiten sollte. Er stellte menschliche Schwächen und Fehler dar, aber sie sollten nie jemanden verletzen. Man sollte nur daraus lernen. *Der Wandsbecker Bote* war die erste deutsche Volkszeitung. Mehrere berühmte Zeitgenossen arbeiteten an ihr mit[63]. Ihr volkstümliches Denken, ihre Einfachheit, Fröhlichkeit und ihr Humor machte sie bei allen beliebt, im Volk und auch in literarischen Kreisen.

Claudius' tiefe, innige Religiosität spricht aus dem kleinen Gedicht:

---

58 bevor

59 *accuse*

60 hier: darf oder soll

61 damals

62 Der deutsche Kaiser Karl V., der gleichzeitig König Carlos I. von Spanien war, soll gesagt haben:"In meinem Reich geht die Sonne nicht unter".

63 z.B. Lessing, Herder, Klopstock

Zeit und Ewigkeit

Der Mensch lebt und bestehet
Nur eine kleine Zeit,
Und alle Welt vergehet
Mit ihrer Herrlichkeit.
Es ist nur Einer ewig und an allen Enden,
Und wir in seinen Händen.

Die naive Kindlichkeit und tiefe Religiosität in Claudius'
Gedichten zeigt sich auch in seinen unsterblichen Liedern. Dazu
gehört das Abendlied.

Abendlied

Der Mond ist aufgegangen,
Die goldnen Sternlein prangen[64]
Am Himmel hell und klar;
Der Wald steht schwarz und schweiget,
Und aus den Wiesen steiget
Der weiße Nebel wunderbar.

Wie ist die Welt so stille,
Und in der Dämmrung Hülle
So traulich[65] und so hold[66]!
Als[67] eine stille Kammer,
Wo ihr des Tages Jammer
Verschlafen und vergessen sollt.

Seht ihr den Mond dort stehen?
Er ist nur halb zu sehen,
Und ist doch rund und schön!
So sind wohl manche Sachen,
Die wir getrost[68] belachen,
Weil unsre Augen sie nicht sehn.

Wir stolze Menschenkinder
Sind eitel[69] arme Sünder
Und wissen gar nicht viel;

---

64 leuchten
65 gemütlich, vertraut, anheimelnd
66 anmutig, lieblich
67 wie
68 ohne nachzudenken
69 wertlose

Illustration von Ludwig Richter, 19. Jahrhundert

Wir spinnen Luftgespinste
Und suchen viele Künste
Und kommen weiter von dem Ziel.

Wollst[70] endlich sonder Grämen[71]
Aus dieser Welt uns nehmen
Durch einen sanften Tod!
Und, wenn du uns genommen,
Laß uns in Himmel kommen,
Du unser Herr und unser Gott!

So legt euch denn, ihr Brüder,
In Gottes Namen nieder;
Kalt ist der Abendhauch.
Verschon uns, Gott! mit Strafen,
Und laß uns ruhig schlafen!
Und unsern kranken Nachbar auch!

Claudius zeigt aber sein gutmütiges Wesen vielleicht am besten in dem Brief an seinen Sohn Johannes, in dem er ihm gute Ratschläge mit auf den Lebensweg gibt:

Lieber Johannes!

Die Zeit kommt allgemach[72] heran, daß ich den Weg gehen muß, den man nicht wiederkömmt. Ich kann Dich nicht mitnehmen; und lasse Dich in einer Welt zurück, wo guter Rat nicht überflüssig ist.

Es ist nicht alles Gold, lieber Sohn, was glänzet, und ich habe manchen Stern vom Himmel fallen und manchen Stab, auf den man sich verließ, brechen sehen.

Halte Dich zu gut, Böses zu tun.

Hänge Dein Herz an kein vergänglich Ding.

Lerne gerne von anderen, und wo von Wahrheit, Menschenglück, Licht, Freiheit, Tugend usw. geredet wird, da höre fleißig zu.

---

70 willst du
71 ohne Schmerz
72 allmählich, langsam

Verachte keine Religion, denn sie ist dem Geist gemeint, und Du weißt nicht, was unter unansehnlichen Bildern verborgen sein könne.

Es ist leicht, zu verachten, mein Sohn, und verstehen ist viel besser.

Schmeichle niemand und laß Dir nicht schmeicheln.

Tue keinem Mädchen Leides, und denke, daß Deine Mutter auch ein Mädchen gewesen ist.

Sage nicht alles, was Du weißt, aber wisse immer, was Du sagst.

Sitze nicht, wo die Spötter sitzen, denn sie sind die elendsten aller Kreaturen.

Habe immer etwas Gutes im Sinn.

Dein treuer Vater.

Gotthold Ephraim Lessing (1729-1781)

Lessing war der erste deutsche Dramatiker, der mit seinen Theaterstücken[73] die deutsche Literatur aus ihrer «Unmündigkeit» herausführte. Das deutsche Theater solle sich vor allem nicht nach den Franzosen richten. In seiner Literaturkritik lehnte er das Vorbild der Franzosen ab. Er meinte, die deutsche Seele sei einem Shakespeare viel mehr verwandt als einem Corneille or Racine[74].

Lessing, ein Pastorensohn, studierte zuerst Theologie in Leipzig und dann Medizin in Wittenberg. Im Alter von 31 Jahren studierte er Philosophie und Ästhetik in Breslau. Als er die Bekanntschaft mit der Theatergruppe der Neuberin[75] machte, schrieb er für sie einige Lustspiele[76]. Lessing ging dann als freier Schriftsteller nach Berlin und arbeitete dort als Mitarbeiter an mehreren verschiedenen Zei-

Gotthold Ephraim Lessing

73 Besonders bekannt sind *Minna von Barnhelm, Emilia Galotti* und *Nathan der Weise.*

74 Johann Christoph Gottsched, Professor der Poesie in Leipzig, nahm sich im Theater die Franzosen als Beispiel. Er kämpfte gegen den Shakespeare-Stil. Gottsched und Lessing hatten ganz unterschiedliche Vorstellungen darüber, wie sich das deutsche Theater entwickeln sollte.

75 Friedrike Caroline Neuber war Schauspielerin und Leiterin einer Theatergruppe. Sie stand auf Gottscheds Seite und wollte das Drama nach französischem Vorbild auf die deutsche Bühne bringen. Später aber trennte sich ganz von Gottsched.

76 u.a. *Der junge Gelehrte* 1747

St. Afra in Meiße, wo Lessing zur Schale ging

Die Bibliothek in Wolfenbüttel

Szene aus *Minna von Barnhelm*

tungen. Er hatte so sehr gehofft, vom König zum Bibliothekar ernannt zu werden. Aber daraus wurde nichts. Lessing bekam allerdings eine Bibliothekarenstelle in Wolfenbüttel, nachdem er einige Zeit am Deutschen Nationaltheater in Hamburg als Dramaturg und Kritiker gearbeitet hatte. Seine Ehe mit Eva König dauerte nur zwei Jahre. Sie starb bei der Geburt des ersten Kindes.

Man sagt, Lessing habe die deutsche Dichtung von den französischen Vorbildern befreit. Er entdeckte Shakespeare für seine Zeit und schrieb das erste bedeutende deutsche Lustspiel: *Minna von Barnhelm*. In allem, was Lessing schrieb, zeigen sich seine Toleranz, Humanität, Güte und seine Suche nach Wahrheit.

Als Lessing in Wolfenbüttel arbeitete, fiel er in heftige Streitigkeiten mit dem Hamburger Hauptpastor Goetze. Lessing hatte eine religionskritische Schrift herausgebracht, über die sich der Pastor mächtig ärgerte. Lessing betonte die Eigenverantwortlichkeit des Individuums, und Goetze fand das viel zu freidenkend. Er nannte Lessing Schriften „feindselige Angriffe auf unsere allerheiligste Religion und … die Heilige Schrift". Daraufhin verbot der Herzog von Braunschweig[77] Lessing alle weiteren theologischen Schriften.

Es gab für Lessing nur einen Ausweg: das Theater. Dort konnte er „predigen". Von der Zensur behindert, durch den Tod seiner Frau tief erschüttert, krank und in Sorge um sein tägliches Brot, begann Lessing sein letztes dramatisches Werk zu schreiben: *Nathan der Weise*. Er setzte darin die Intoleranz seiner christlichen Gegner gegen die Toleranz, Vernunft und Menschlichkeit des Juden Nathan. Als Schauplatz wählte Lessing Jerusalem zur Zeit des Waffenstillstands nach dem dritten Kreuzzug.

Der *Nathan* war ein Erfolg. Es ist ein echtes Humanitätsdrama. Nathan steht als Idealgestalt der Aufklärung. Mit dem Ethos seiner reinen Menschlichkeit konnten sich Christen und Juden identifizieren. Die Uraufführung fand zwei Jahre nach Lessings Tod statt.

In der Zeit des Nationalsozialismus, also im Dritten Reich, durfte das Stück natürlich nicht aufgeführt werden. Aber nach dem Krieg, 1945, was dies das erste Theaterstück, mit dem das Berliner Theater wieder eröffnet wurde.

77 Wolfenbüttel lag im Herzogtum Braunschweig.

Nathan der Weise

Lessing war ein Wahrheitssucher, der nach einer besseren Welt strebte. In seinem Drama *Nathan der Weise* predigte Lessing uneigennützige Nächstenliebe und Toleranz. Im Mittelpunkt steht die „Ringparabel", die als Beispiel dafür steht, dass nicht die Religionszugehörigkeit wichtig ist, sondern die reine Menschlichkeit.

Während der Zeit der Kreuzzüge hatte der reiche Jude Nathan seine Frau und sieben Söhne bei einem Überfall durch die Christen verloren. Danach hat er das christlich getaufte Waisenmädchen Recha adoptiert. Ein Tempelritter hatte es aus einem Feuer gerettet. Der Ritter verliebt sich in Recha und bittet Nathan, sie heiraten zu dürfen. Nathan zögert. Sultan Saladin will Nathan sein Geld abnehmen, aber nicht mit Gewalt, sondern er will ihn mit einer Fangfrage in die Falle locken. Er will von Nathan wissen, ob Islam, Christentum oder Judentum die wahre Religion sei. Darauf antwortet Nathan mit der Parabel von den drei Ringen[78]. Niemand konnte sagen, welcher der echte Ring sei. Saladin ist von Nathans Weisheit gerührt und bittet ihn, sein Freund zu sein. Es stellt sich auch heraus, dass der Tempelherr und Recha Geschwister sind, und zwar Kinder von dem verschollenen Bruder Saladins. Am Ende erscheinen Juden, Christen und Moslems als Mitglieder einer einzigen Familie.

Die Ringparabel

Nathan. Vor grauen[79] Jahren lebt' ein Mann in[80] Osten,
Der einen Ring von unschätzbarem Wert
Aus lieber Hand besaß. Der Stein war ein
Opal, der hundert schöne Farben spielte[81],
Und hatte die geheime Kraft, vor Gott
Und Menschen angenehm zu machen, wer
In dieser Zuversicht ihn trug. Was Wunder[82],
Daß ihn der Mann in Osten darum nie
Vom Finger ließ; und die Verfügung traf[83],
Auf ewig ihn bei seinem Hause zu
Erhalten? Nämlich so. Er ließ den Ring
Von seinen Söhnen dem geliebtesten[84];

---

78 Der Kern der Geschichte stammt aus der Novellensammlung *Decamerone* des Italieners Giovanni Boccaccio (1313-1375).

79 vielen

80 im

81 der in hundert schönen Farben glitzerte

82 kein Wunder

83 darauf achtete, dass

84 dem geliebtesten seiner Söhne

Und setzte fest, daß dieser wiederum
Den Ring von seinen Söhnen dem vermache,
Der ihm der liebste sei; und stets der liebste,
Ohn' Ansehn[85] der Geburt, in Kraft[86] allein
Des Rings, das Haupt, der Fürst des Hauses werde. –
Versteh mich, Sultan.
Saladin. Ich versteh dich. Weiter!
Nathan. So kam nun dieser Ring, von Sohn zu Sohn,
Auf einen Vater endlich von drei Söhnen;
Die alle drei ihm gleich gehorsam waren,
Die alle drei er folglich gleich zu lieben
Sich nicht entbrechen[87] konnte. Nur von Zeit
Zu Zeit schien ihm bald der, bald dieser, bald
Der dritte, - sowie jeder sich mit ihm
Allein befand, und sein ergießend Herz
Die andern zwei nicht teilten, - würdiger
Des Ringes; den er denn auch einem jeden
Die fromme Schwachheit hatte, zu versprechen[88].
Das ging nun so, solang es ging. – Allein[89]
Es kam zum Sterben, und der gute Vater
Kömmt[90] in Verlegenheit. Es schmerzt ihn, zwei
Von seinen Söhnen, die sich auf sein Wort
Verlassen, so zu kränken. - Was zu tun? –
Er sendet in geheim[91] zu einem Künstler,
Bei dem er, nach dem Muster seines Ringes,
Zwei andere bestellt, und weder Kosten
Noch Mühe sparen heißt, sie jenem[92] gleich,
Vollkommen gleich zu machen. Das gelingt
Dem Künstler. Da er ihm die Ringe bringt,
Kann selbst der Vater seinen Musterring
Nicht unterscheiden. Froh und freudig ruft
Er seine Söhne, jeden insbesondre[93];
Gibt jedem insbesondre seinen Segen, -

---

85 ohne Rücksicht auf
86 nur durch die Macht
87 konnt nicht anders als
88 Er hatte die fromme Schwachheit, jedem den Ring zu versprechen.
89 aber
90 kommt
91 ohne jemandem etwas davon zu sagen
92 seinem Musterring
93 jeden Sohn einzeln

Und seinen Ring, - und stirbt. - Du hörst doch, Sultan?
Saladin *(der sich betroffen von ihm gewandt).*
Ich hör, ich höre! - Komm mit deinem Märchen
Nur bald zu Ende. - Wird's?[94]
Nathan. Ich bin zu Ende.
Denn was noch folgt, versteht sich ja von selbst. –
Kaum war der Vater tot, so kömmt[95] ein jeder
Mit seinem Ring, und jeder will der Fürst
Des Hauses sein. Man untersucht, man zankt,
Man klagt. Umsonst; der rechte Ring war nicht
Erweislich; -
(nach einer Pause, in welcher er des Sultans Antwort erwartet)
Fast so unerweislich, als
Uns itzt[96] - der rechte Glaube.
Saladin. Wie? das soll
Die Antwort sein auf meine Frage? ...
Nathan. Soll
Mich bloß entschuldigen, wenn ich die Ringe
Mir nicht getrau zu unterscheiden, die
Der Vater in der Absicht machen ließ,
Damit sie nicht zu unterscheiden wären.
Saladin. Die Ringe! - Spiele nicht mit mir! - Ich dächte,
Daß die Religionen, die ich dir
Genannt, doch wohl zu unterscheiden wären.
Bis auf[97] die Kleidung, bis auf Speis' und Trank!
Nathan. Und nur von seiten ihrer Gründe[98] nicht.
Denn gründen alle sich nicht auf Geschichte?
Geschrieben oder überliefert! – Und
Geschichte muß doch wohl allein auf Treu
Und Glauben angenommen werden? - Nicht? –
Nun, wessen Treu und Glauben zieht man denn
Am wenigsten in Zweifel? Doch der Seinen?
Doch deren Blut wir sind?[99] doch deren, die
Von Kindheit an uns Proben ihrer Liebe
Gegeben? die uns nie getäuscht, als wo[100]
Getäuscht zu werden uns heilsamer war? –

---

94 (wird es bald?) wirst du nun?
95 kommt
96 jetzt
97 sogar
98 von ihrem Ursprung her
99 die Treue und den Glauben seines eigenen Geschlechts
100 außer wenn

Wie kann ich meinen Vätern weniger
Als du den deinen glauben? Oder umgekehrt. –
Kann ich von dir verlangen, daß du deine
Vorfahren Lügen strafst[101], um meinen nicht
Zu widersprechen? Oder umgekehrt.
Das nämliche gilt von den Christen. Nicht? -
Saladin. Bei dem Lebendigen![102] Der Mann hat recht.
Ich muß verstummen.
Nathan. Laß auf unsre Ring'
Uns wieder kommen. Wie gesagt: die Söhne
Verklagten sich[103]; und jeder schwur dem Richter,
Unmittelbar aus seines Vaters Hand
Den Ring zu haben. - Wie auch wahr![104] – Nachdem
Er von ihm lange das Versprechen schon
Gehabt, des Ringes Vorrecht einmal zu
Genießen. - Wie nicht minder wahr! - Der Vater,
Beteurt' jeder, könne gegen ihn
Nicht falsch gewesen sein; und eh' er dieses
Von ihm, von einem solchen lieben Vater,
Argwohnen lass': eh'[105] müss'[106] er seine Brüder,
So gern er sonst von ihnen nur das Beste
Bereit zu glauben sei, des falschen Spiels
Bezeihen;[107] und er wolle[108] die Verräter
Schon auszufinden wissen; sich schon rächen.
Saladin. Und nun, der Richter? - Mich verlangt zu hören,
Was du den Richter sagen lässest. Sprich!
Nathan. Der Richter sprach: Wenn ihr mir nun den Vater
Nicht bald zur Stelle schafft, so weis ich euch
Von meinem Stuhle[109]. Denkt ihr, daß ich Rätsel
Zu lösen da bin? Oder harret[110] ihr,
Bis daß der rechte Ring den Mund eröffne? –
Doch halt! Ich höre ja, der rechte Ring
Besitzt die Wunderkraft beliebt zu machen;

---

101 sagst, dass deine Vorfahren lügen
102 bei dem lebendigen Gott!
103 gingen zu Gericht
104 was auch die Wahrheit war
105 eher
106 müsste
107 des Betrugs beschuldigen
108 würde
109 ich entlasse euch aus meinem Gericht
110 wartet

Vor Gott und Menschen angenehm. Das muß
Entscheiden! Denn die falschen Ringe werden
Doch das nicht können! - Nun; wen lieben zwei
Von Euch am meisten? - Macht[111], sagt an! Ihr schweigt?
Die Ringe wirken nur zurück?[112] und nicht
Nach außen? Jeder liebt sich selber nur
Am meisten? - Oh, so seid ihr alle drei
Betrogene Betrüger! Eure Ringe
Sind alle drei nicht echt. Der echte Ring
Vermutlich ging verloren. Den Verlust
Zu bergen[113], zu ersetzen, ließ der Vater
Die drei für einen machen.
Saladin. Herrlich! herrlich!
Nathan. Und also, fuhr der Richter fort, wenn ihr
Nicht meinen Rat, statt meines Spruches[114], wollt:
Geht nur! - Mein Rat ist aber der: ihr nehmt
Die Sache völlig wie sie liegt. Hat von
Euch jeder seinen Ring von seinem Vater:
So glaube jeder sicher seinen Ring
Den echten. - Möglich; daß der Vater nun
Die Tyrannei des *einen* Rings nicht länger
In seinem Hause dulden wollen[115]! - Und gewiß;
Daß er euch alle drei geliebt, und gleich
Geliebt: indem er zwei nicht drücken[116] mögen,
Um einen zu begünstigen. - Wohlan!
Es eifre jeder seiner unbestochnen
Von Vorurteilen freien Liebe nach![117]
Es strebe von euch jeder um die Wette[118],
Die Kraft des Steins in seinem Ring' an Tag
Zu legen![119] komme dieser Kraft mit Sanftmut,
Mit herzlicher Verträglichkeit, mit Wohltun,
Mit innigster Ergebenheit in Gott

---

111 nun los, weiter
112 Bewirken die Ringe, dass ihre Besitzer nur sich selbst lieben und nicht die anderen?
113 verbergen, geheim halten
114 statt meines Richterspruchs
115 wollte
116 unterdrücken, benachteiligen
117 Jeder soll sich darum bemühen, dass er mit unverdorbener, vorurteilsloser Liebe handelt.
118 Jeder von euch soll darum wetteifern (danach streben).
119 ans Licht kommen zu lassen

Zu Hilf'![120] Und wenn sich dann der Steine Kräfte
Bei euern Kindes-Kindeskindern äußern:
So lad ich über tausend tausend Jahre
Sie wiederum vor diesen Stuhl. Da wird
Ein weisrer Mann auf diesem Stuhle sitzen
Als ich; und sprechen. Geht! - So sagte der
Bescheidne[121] Richter.
Saladin. Gott! Gott!
Nathan. Saladin, Wenn du dich fühlest, dieser weisere
Versprochne Mann zu sein: ...
Saladin *(der auf ihn zustürzt und seine Hand ergreift,
die er bis zu Ende nicht wieder fahren läßt).*
Ich Staub? Ich Nichts?
O Gott!
Nathan. Was ist dir, Sultan?
Saladin. Nathan, lieber Nathan! –
Die tausend tausend Jahre deines Richters
Sind noch nicht um[122]. – Sein Richterstuhl ist nicht
Der meine. - Geh! - Geh! - Aber sei mein Freund.

Fabeln

Der Besitzer des Bogens

Ein Mann hatte einen trefflichen[123] Bogen aus Eben-
holz, mit dem er sehr weit und sehr sicher schoss, und
den er ungemein wert hielt[124]. Einst aber, als er ihn aufmerksam betrachtete, sprach er: «Ein wenig plump bist
du doch! Alle deine Zierde ist die Glätte. Schade! Doch
dem ist abzuhelfen.»[125], fiel ihm ein. Ich will hingehen
und den besten Künstler Bilder in den Bogen schnit-
zen lassen". Er ging hin, und der Künstler schnitzte
eine ganze Jagd auf den Bogen, und was hätte sich besser auf einen Bogen geschickt als eine Jagd?

---

120 jeder soll dieser Kraft helfen
121 bescheiden (wahrscheinlich im Sinn von klug oder verständig)
122 zu Ende
123 ausgezeichneten
124 den er sehr in Ehren hielt, den er sehr schätzte, der ihm sehr lieb war
125 das können wir ändern

Der Mann war voller Freuden. «Du verdienst diese Zieraten[126], mein lieber Bogen". - Indem[127] will er ihn versuchen; er spannt - und der Bogen zerbricht.

Das Ross und der Stier

Auf einem feurigen Rosse flog stolz ein dreister[128] Knabe daher. Da rief ein wilder Stier dem Rosse zu: «Schande! Von einem Knaben ließe ich mich nicht regieren!" «Aber ich", versetzte das Ross, «denn was für Ehre könnte es mir bringen, einen Knaben abzuwerfen?"

Übungen

Christian Fürchtegott Gellert

Aus einer Unterhaltung des Königs mit Gellert.

1. Woran erkennen Sie Gellerts Bescheidenheit? Nennen Sie zwei oder drei Gründe.
2. Der Franzose La Fontaine hat Fabeln geschrieben. Gellert hat auch Fabeln geschrieben. Welche Frage des Königs deutet darauf hin, dass zwischen den Beiden eine Beziehung bestehen könnte?
3. Glauben Sie, der König ist an Gellerts Gesundheitszustand interessiert?
4. Friedrich der Große mochte die französische Sprache viel lieber als die deutsche. Gibt er das offen zu?
5. Welche Worte des Königs zeigen, dass Gellert ihm gefällt und dass er ihn einmal wiedersehen möchte?

Etwas zum Nachdenken

☼ Warum spricht der König mit Gellert in der dritten Person Singular? «Ist Er Professor Gellert?"

☼ Was halten Sie davon, dass ein deutscher König lieber Französisch spricht und schreibt als Deutsch und dass er die deutsche Literatur missachtet? Finden Sie das ungewöhnlich?

---

126 Verzierung, Schmuck
127 da
128 kühn

Die beiden Hunde

Welche Redewendung sagt dasselbe?

1. Joli verstund die Kunst, sich lustig aufzuführen.
   a. wusste, wie man die Leute zum Lachen bringen konnte
   b. hatte ein Verständnis für Kunst
   c. konnte Aufführungen verstehen
2. Mit ihm vergnügte sich Lisette.
   a. Lisette brachte ihn zum Lachen
   b. er hatte sein Vergnügen an Lisette
   c. Lisette hatte Spaß an ihm
3. Und beide teilten ihre Zeit in Schlaf, in Scherz und Lustbarkeit.
   a. die Zeit der beiden wurde eingeteilt in schlafen, scherzen und lustig sein
   b. Lisette und Joli waren Tag und Nacht beisammen
   c. wenn einer von den beiden schlief, konnte der andere scherzen und lustig sein
4. Er stirbt. Man hört ihn kaum erwähnen.
   a. man hört ihn nicht mehr bellen
   b. kaum hat man ihn erwähnt, da stirbt er
   c. als er starb, sprach fast niemand von ihm

Georg Christoph Lichtenberg

Setzen Sie ein Substantiv, Verb oder Adjektiv ein, das in die Wortfamilie des kursivgedruckten Wortes gehört.

1. Wer nichts als Chemie *versteht*, versteht auch die nicht recht.

   Ich habe kein _____ (*understanding*) für Chemie.
2. Ist es nicht sonderbar, dass die Menschen so gern für die Religion fechten, und so ungern nach ihren *Vorschriften* leben?

   Wer streng nach seiner Religion lebt, tut das, was sie ihm _____ (*dictates*).
3. Die gefährlichsten Unwahrheiten sind Wahrheiten, mäßig *entstellt*.

   Eine kleine _____ (*misrepresentation*) der Wahrheit kann zu einer gefährlichen Unwahrheit führen.

4. Ehe man *tadelt*, sollte man immer versuchen, ob man nicht *entschuldigen* kann.

   Eine _____ (*pardon*) ist besser als ein _____ (*accusation*).

5. Wenn die Leute sagen, sie wollen nichts *geschenkt* haben, so ist es gewöhnlich ein *Zeichen*, dass sie etwas geschenkt haben wollen.

   Wenn die Leute sagen, sie wollen kein _____ (*present*) haben, so _____ (*show*) sie gewöhnlich damit, dass sie etwas geschenkt haben wollen.

6. Man muss keinem Menschen *trauen*, der bei seinen Versicherungen die Hand auf das Herz legt.

   Schenke keinem Menschen dein _____ (*trust*), der bei seinen Versicherungen die Hand aus das Herz legt.

Mit welchem Aphorismus drückt Lichtenberg die folgenden Gedanken aus?

1. Mit einem geschickten Euphemismus kann man auch das Schlechte gut erscheinen lassen.

2. Man kann einen Menschen belehren, ohne ihm seine Gefühle dabei zu verletzen.

3. Es kommt nicht darauf an, was man besitzt, sondern was man daraus macht.

Matthias Claudius

Zeit und Ewigkeit

Wie drückt Claudius das aus?

1. der Mensch existiert
2. kurz
3. alles Irdische ist vergänglich
4. es gibt nur einen ewigwährenden Gott
5. Gott ist überall
6. Gott beschützt uns

Abendlied

Ersetzen Sie die kursivgedruckten Wörter durch Synonyme, die unten aufgelistet sind:

1. Der Mond *ist aufgegangen*
2. Die goldnen Sternlein *prangen*

3. Der Wald steht schwarz und *schweiget*

4. Als eine stille *Kammer*

5. Er (der Mond) ist nur *halb zu sehen*

6. Wir *spinnen Luftgespinste*

7. So *legt euch* denn, ihr Brüder, in Gottes Namen *nieder*

8. Kalt ist der *Abendhauch*

wir haben Halbmond / Zimmer / bauen Luftschlösser / steht am Himmel / abendliche Wind / leuchten / ist ganz still /

Aufgaben

1. Beschreiben Sie die Naturstimmung in der ersten Strophe.

2. Womit vergleicht Claudius die Tatsache, dass wir manchmal nur einen Halbmond sehen, obwohl der Mond ein ganzer Mond ist?

3. Können Sie sich denken, was Claudius in der vierten Strophe mit dem „Ziel" meint?

4. In der fünften Strophe bittet Claudius Gott um zwei Dinge. Welche sind das?

5. Mit welchen Worten drückt Claudius in der letzten Strophe die Nächstenliebe aus?

Brief an seinen Sohn Johannes

Wie drückt Claudius aus, dass

1. er bald sterben wird

2. Johannes andere Religionen achten soll, denn er weiß nicht, was in ihren Tiefen liegt

3. es sich nicht lohnt, sich zu sehr an weltliche Dinge zu klammern

4. Johannes immer ganz sicher sein soll, dass er weiß, wovon er redet

5. Johannes vorsichtig sein soll, solchen Menschen zu glauben, die ihm nur Angenehmes sagen

6. was uns an der Oberfläche als edel erscheint, nicht immer so ist

7. gute Gedanken seinen Johannes täglich begleiten sollen

8. es viel besser ist, sich zu bemühen, etwas zu verstehen, als etwas zu verachten, was wir nicht verstehen

9. Johannes von solchen Menschen lernen soll, die über positive Dinge reden

10. Johannes sich als Mensch für zu gut halten soll, anderen etwas Böses anzutun

11. Johannes sich von solchen Menschen fernhalten soll, die gern verspotten

12. Johannes Frauen achten soll

Etwas zum Nachdenken

✿ Finden Sie in Claudius' Brief Ermahnungen, die für das Zeitalter der Aufklärung typisch sind?

Gotthold Ephraim Lessing

Fragen

1. Im Theaterwesen lehnte Lessing das Vorbild der Franzosen ab. Nach wem sollte sich das deutsche Theater lieber richten?

2. Was wissen Sie über Lessings Eheleben?

3. Welche Ideale der Aufklärung zeigen sich in Lessings Werken?

4. Wie zeigte Lessing seine religiösen Anschauungen, nachdem ihm verboten wurde, sich weiter mit dem Pastor Goetze zu streiten?

Nathan der Weise

1. Zu welcher Zeit in der Geschichte spielt „Nathan"?

2. Wo spielt „Nathan"?

3. Welcher Religion gehört Nathan an?

4. Welcher Religion gehört der Tempelritter an?

5. Welcher Religion gehört der Sultan Saladin an?

6. Wie beantwortet der weise Nathan die Frage: 'Welches ist der rechte Glaube?"

7. Welche Zauberkraft hat der Ring?

8. Warum läßt der Vater zwei weitere, ganz identische Ringe anfertigen?

9. Was will Lessing damit sagen, wenn er am Ende Juden, Christen und Moslems als Mitglieder einer einzigen Familie zeigt?

Etwas zum Nachdenken

✿ Wie erklären Sie es sich, dass gerade der *Nathan* das erste Theaterstück war, das nach Kriegsende in Berlin gespielt wurde?

☼ Obwohl *Nathan der Weise* ein Theatererfolg war, wurde das Stück 150 Jahre später verboten. Warum?

☼ Inwiefern können wir Lessing als Vertreter der Aufklärung bezeichnen?

Der Besitzer des Bogens

1. War der Bogen ein guter Bogen?
2. Wollte sein Besitzer ihn verbessern oder verschönern? Warum?
3. Warum war die Schnitzerei einer Jagd besonders passend für den Bogen?
4. Wieso wäre es besser gewesen, wenn der Besitzer nichts am Bogen getan hätte?

Das Ross und der Stier

1. Glauben Sie, der Stier hätte den Knaben abgeworfen?
2. Könnte das Ross den Knaben abwerfen?
3. Warum käme es dem Ross nicht in den Sinn, den Knaben abzuwerfen?

Etwas zum Nachdenken

☼ Finden Sie in der einen oder anderen Fabel eine Lehre?

Zeittafel

1700 Leibnitz gründet die Preußische Akademie der Wissenschaften.

1701-1713 Spanischer Erbfolgekrieg. Der kinderlose Karl II. von Spanien stirbt 1700. Eine seiner Schwestern hatte Louis XIV. von Frankreich geheiratet und die andere hatte Leopold I., Kaiser des Heiligen Römischen Reichs geheiratet. Jetzt bestanden die französischen Bourbonen und die österreichischen Habsburger auf dem Recht, das spanische Reich zu regieren. Dazu gehörten die südlichen Niederlande, Neapel, Milan und große Teile Zentral- und Südamerikas.

1701 Man fürchtet, dass Frankreich durch die Thronfolge in Spanien zu mächtig wird. Österreich, das Deutsche Reich, die Niederlande und England schließen sich zu einer Großen Allianz zusammen. Die spanischen Provinzen Katalonien und Aragón schließen sich an.

1713 Die Franzosen hatten 1711 Madrid erobert. Am Ende des Kriegs wird Philipp V. als spanischer König anerkannt. Er ist ein Enkel des französischen Königs Louis XIV. Österreich bekommt die spanischen Niederlande, Mailand und Neapel. England bekommt Gibraltar, Menorca und die französischen Kolonialgebiete Neufundland, Akadien (Neuschottland) und die Hudson-Bay-Länder. Das ist das Ende der habsburgischen Herrschaft in Spanien.

1713 Friedrich Wilhelm I. (der Soldatenkönig) wird König von Preußen. Er bringt Zucht und Ordnung in das preußische Militär.

1714 Gabriel Daniel Fahrenheit aus Danzig konstruiert in den Niederlanden das erste Quecksilberthermometer.

1717 König Friedrich Wilhelm I. führt die Schulpflicht in Preußen ein. Man hat aber noch kaum geeignete Lehrer.

1719 Der englische Journalist Daniel Defoe schreibt seinen Abenteuerroman *Robinson Crusoe*.

1719 Georg Friedrich Händel wird Leiter der neugegründeten Londoner Oper.

1720 Georg Philipp Telemann wird Organist und Leiter des Kirchenchores in den fünf Hamburger Hauptkirchen.

1720 Johann Sebastian Bach komponiert seine Brandenburgischen Konzerte.

1723 Der Soldatenkönig Friedrich Wilhelm I. schafft einen absolutistisch regierten Militär- und Beamtenstaat. Offiziere bilden einen höheren Gesellschaftsstand. Ab 1725 sieht man den König nur noch in Uniform. Er wird zum Vorbild unermüdlicher Arbeit und größter Sparsamkeit. Die Preußen müssen unbedingten Gehorsam leisten und Pflichterfüllung wird eins der obersten Gebote.

1726 Der Engländer Jonathan Swift schreibt seinen satirischen Roman *Gullivers Reisen*. Hinter abenteuerlichen Wesen wie Riesen und Zwergen und hinter vernunftbegabten Tieren verstecken sich zeitgenössische Anspielungen: die Rolle Englands im spanischen Erbfolgekrieg, religiöser Streit und menschliche Schwächen im Allgemeinen.

1730 Der Sohn des Soldatenkönigs (der spätere Friedrich der Große) interessiert sich mehr für Musik und Literatur als für das Militär. Er kann die strenge Erziehung seines Vaters nicht mehr ertragen. Er und sein Freund Katte fliehen. Sie werden gefangen, und Friedrich muss die Hinrichtung seines Freundes ansehen.

1730 Johann Christoph Gottsched, Professor der Poesie in Leipzig, versucht, das deutsche Theater nach französischem Vorbild zu verbessern. Er kämpft gegen den Shakespeare-Stil. Man nennt ihn den „Literaturpapst".

1732 Der Erzbischof von Salzburg vertreibt 26 000 Protestanten aus seinem Land. Friedrich Wilhelm I. lässt 17 000 von ihnen nach Ostpreußen kommen, wo im Jahre 1709 in einer Pestepidemie 300 000 Menschen ums Leben gekommen waren.

1734 Die Zensur in Frankreich verbieten die Veröffentlichung von Voltaires *Lettres philosophiques*.

1737 Die Universität Göttingen wird gegründet.

1740 Maria Theresia wird Königin von Österreich und Ungarn.

1740 Friedrich II. wird König von Preußen. In Preußen wird die Folter abgeschafft. Die Pressezensur wird auch abgeschafft. Der König sagt: „Die Religionen müssen alle toleriert werden".

1740-1742 1. Erster Versuch Preußens im Krieg mit Österreich, Schlesien zu annektieren.

1742 Der Schwede Anders Celsius führt die Temperaturskala in „Celsius" ein. Angelsächsische Länder, inklusive Nordamerika, behalten die Fahrenheit-Skala.

1744-1745 2. Schlesischer Krieg. Große Teile Schlesiens kommen in preußischen Besitz.
Erst nach dem Siebenjährigen Krieg 1756-1763 gehört ganz Schlesien zu Preußen.

1746 Denis Diderot, Denker der französischen Aufklärung, schreibt seine *Pensées philosophiques* (philosophische Gedanken). Sie werden verbrannt.

1746 Christian Fürchtegott Gellert veröffentlicht seine *Fabeln und Erzählungen*.

1747 Das Schloss „Sanssouci" (ohne Sorgen) bei Potsdam wird für Friedrich den Großen vollendet. J. S. Bach besucht ihn dort und spielt ihm sein „Musikalisches Opfer" vor.

1749 Die letzte Hexe wird in Württemberg verbrannt. Die Hexenprozesse hören auf.

1749 Johann Wolfgang von Goethe wird geboren.